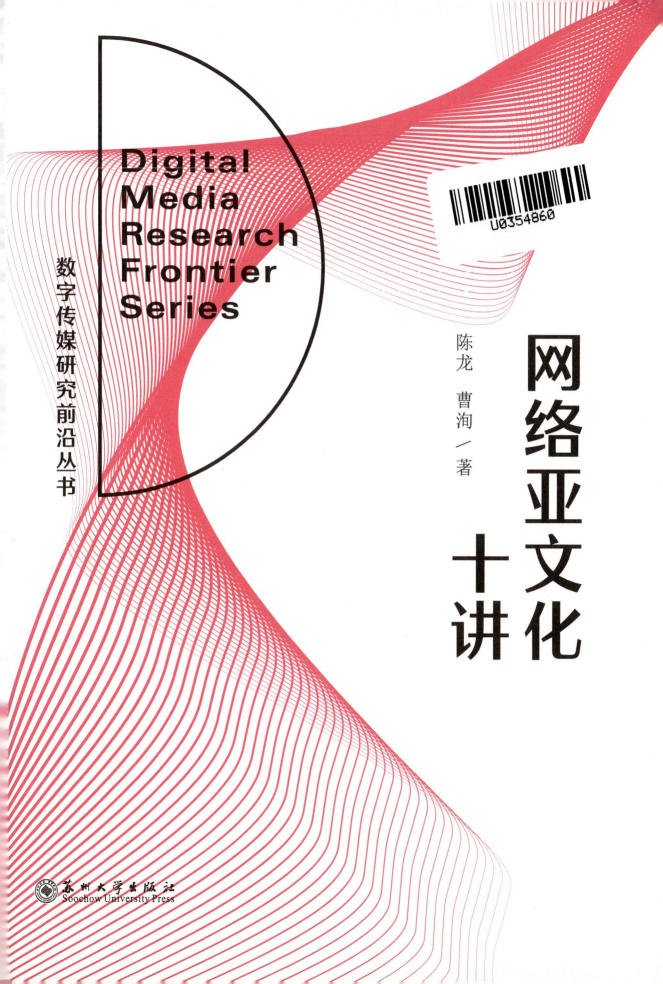

图书在版编目(CIP)数据

网络亚文化十讲 / 陈龙,曹洵著. --苏州：苏州大学出版社, 2024.7
（数字传媒研究前沿丛书）
ISBN 978-7-5672-4738-3

Ⅰ.①网… Ⅱ.①陈… ②曹… Ⅲ.①网络文化-亚文化-研究 Ⅳ.①G112

中国国家版本馆 CIP 数据核字（2024）第 106560 号

书　　名：	网络亚文化十讲 WANGLUO YAWENHUA SHI JIANG
著　　者：	陈　龙　曹　洵
责任编辑：	曹晓晴
装帧设计：	吴　钰
出版发行：	苏州大学出版社（Soochow University Press）
社　　址：	苏州市十梓街 1 号　邮编：215006
印　　装：	苏州市古得堡数码印刷有限公司
网　　址：	www.sudapress.com
邮　　箱：	sdcbs@suda.edu.cn
邮购热线：	0512-67480030
销售热线：	0512-67481020
开　　本：	787 mm×1 092 mm　1/16　印张：14.5　字数：309 千
版　　次：	2024 年 7 月第 1 版
印　　次：	2024 年 7 月第 1 次印刷
书　　号：	ISBN 978-7-5672-4738-3
定　　价：	58.00 元

凡购本社图书发现印装错误，请与本社联系调换。服务热线：0512-67481020

陈 龙

陈龙，1965年生，江苏扬中人，文学博士，教育部"长江学者"特聘教授。现任苏州大学传媒学院教授、博士生导师，执行院长。兼任中国高等院校影视学会媒介文化专业委员会主任委员、江苏省新闻传播学学会副会长、"传播与社会治理研究"江苏省哲学社会科学优秀创新团队负责人。主要从事大众传播理论、媒介文化研究。主持国家社科项目6项（其中国家重大招标项目2项）、省部级重点项目5项。获教育部社科优秀成果奖二等奖1项，江苏省社科优秀成果奖一等奖2项、二等奖2项；出版《转型时期的媒介文化议题：现代性视角的反思》《当代传媒中的民粹主义问题研究》等个人学术专著17部，在SSCI期刊及《新闻与传播研究》《文学评论》等刊物上发表论文120余篇；决策咨询报告获省部级以上单位采纳12种。

曹 洵

曹洵,浙江大学传播学博士、香港城市大学访问学者,现为苏州大学传媒学院副教授,研究方向为媒介文化、互联网舆论、政务新媒体、数字社区等。主持国家社科基金1项,省部级课题多项;出版专著、教材多部,专著《修辞、叙事与认同:网络公共议题中的话语政治》获江苏省第十七届哲学社会科学优秀成果奖二等奖。在《国际新闻界》、China Information等国内外期刊上发表论文数十篇,成果曾获评第六届全国新闻传播学优秀论文。

数字传媒研究前沿丛书
编委会

主 任 陈 龙　苏州大学
委 员（排名不分先后）
　　　　赵云泽　中国人民大学
　　　　全　燕　广东外语外贸大学
　　　　陈　霖　苏州大学
　　　　沈　阳　清华大学
　　　　陈　一　苏州大学
　　　　张　可　苏州大学
　　　　张洪忠　北京师范大学
　　　　杜晓红　三峡大学

前言

　　以青少年为主体、以青少年趣味为主导的网络亚文化作为一种新型媒介文化，正在走向历史舞台的中央，我们很难对其进行简单的价值判断，更不能漠视它的存在。这种文化逐渐成形，标志着文化领域的重新格式化已经完成。这对于我国的文化建设来说既是一场革命，也是一个发展机遇。文化发展的现实需要我们客观、冷静地看待这场革命。

　　从本质上看，网络亚文化传播是青少年群体的趣味圈层传播。圈层作为一种新型的社会组织方式和社交方式，是网络社会再结构化的产物。网络亚文化是交往行动的结果，是青少年社交的产物。绝大多数网民可以被划分到一定的亚文化圈层中，如电竞圈、二次元圈、耽美圈等。今天，网络空间中最为活跃的圈层是"饭圈"，各种饭圈的活动从散在状态走向组织化，渐渐具有了某种政治能量，各种饭圈之间的斗争也越来越激烈，而饭圈的异动常常被商业资本利用，成为一种特殊的社会现象。在复杂多变的互联网环境中，亚文化圈层呈现出更加显著的多元化、后现代性和流动性特征。当下，各种文化"玩法"令人目不暇接，网游、网红、短视频等成为媒介文化领域用户的新宠。网络亚文化传播本身是在一个自交流系统中进行的，趣味是维系这个自交流系统的纽带。趣味认同在网络空间呈现出迭代加快和分布多样化态势。这与传统阅读时代男女老幼趣味一致的文化格局大相径庭。网络亚文化缺少恒定的文化基模，UGC 文化自生产与模因传播，催化了迭代更新，也促使亚文化趣味向感性体验靠拢。建立在感性体验上的文化认同正逐渐成为一种趋势，这一趋势将直接冲击文化整体性建构。

　　网络亚文化的生产与消费具有个性化的特点。网络亚文化承继了传统青年亚文化的某些基因，往往以挑战主流文化、彰显自我个性的方式出场。新生代群体直接通过生产和消费来彰显个人的趣味、爱好，突出小众性的存在。在丰饶经济的背景下，他们的消费需求更倾向于现代、新奇的事物。在精神层面，新生代群体更强调独到的体验，因此其消费自然而然呈现出亚文化的特征，往往带有反叛成人（父母）文化、主流文化的特点,这种自建藩篱的取向显然具有亚文化的"仪式抵抗"意味。因此,新生代群体更喜欢追求偏离主流文化的亚文化,尤其是一些小众文化,以此来彰显自己的个性和反叛精神。但亚文化圈层内部又存在着从众性。当圈层内的意见领袖进行符合该圈层特性的消费时,圈层内部成员会自觉或不自觉地服从群体推动的力量进行从众消费,这种"个性化"与"从众性"双重特点并存的圈层消费是"95后"亚文化消费的独特现象。消费主义利用亚文化"共同体"内部的等级化和差异化心理让亚文化圈层内部形成身份区隔,从内部对亚文化"共同体"进行瓦解。

网络亚文化发展的驱动力是"物的体系"。青少年群体的消费需求和爱好是多样的,互联网空间中有许多种亚文化形式,而林林总总的亚文化能否流行全凭资本如何对其进行包装,资本会将亚文化所具有的新奇属性放大,这样可以培植亚文化消费群体。表面上是亚文化自然生成亚文化消费者,实际上是资本对亚文化进行收编。在消费社会,"物的体系"决定了亚文化生产者需要借助于资本的力量来增强自己的影响力和话语权。而一旦被资本收编,亚文化就必然放弃与资本对抗,放弃自己的原则和个性,只能按照资本的要求和消费者的趣味进行创作。近年来,随着"流量至上"的盛行,亚文化资本实现了经济资本与社会资本的互换,网络亚文化朝着流量最大化方向发展,"打榜"、网红、粉丝……这些不仅无法创造文化的社会价值,而且终将毁灭自我。粉丝文化中无底线追星、过度消费、为了流量"拉踩引战"甚至"人肉搜索"、网暴他人等恶性行为接二连三出现,给社会尤其是青少年价值观的养成带来极为消极的影响。

网络时代,商业势力主动形塑网络亚文化。作为一场文化的革命,21世纪的亚文化的一个显著变化是与商业结下了不解之缘。商业逻辑不再局限于借用、占有、嵌入亚文化的被动状态,商业可以主动激发、形塑网络亚文化。在社会转型期,商业文化与亚文化的关系越来越复杂。很明显,两者之间已不构成迪克·赫伯迪格所说的"生死对立"关系,不再是简单的"收编"与"被收编"的单向关系,甚至也不是胜负分明的"博弈"关系。

在新媒体传播语境下,商品已成为亚文化现象的催生和形塑者。值得注意的征兆是,商业正在有意图地设计所谓的"亚文化"新型风格,以标新立异的形式、炫目的虚拟场景获取亚文化群体的认同,从而催生和形塑了亚文化的新形态,建构了这个时代的消费亚文化景观。在以脸谱网(Facebook)、开心网、豆瓣为代表的社交网站(SNS)上,被精心建构起来的"部落"只是用于实现商家的"精准营销",而在其上运营的各种娱乐、应用软件则是为增加点击率、吸引广告投放而准备的。在虚拟社会的文化互动中,商业元素被嵌入亚文化,从而形塑出一种新的亚文化风格。

网络亚文化若缺少引领,则容易陷入"奶嘴战略"陷阱。兹比格涅夫·布热津斯基有一个改造世界的文化战略——"奶嘴战略",而网络亚文化是否充当了"奶嘴",从而影响了一代人?当前网络游戏、网络直播有愈演愈烈之势,似乎正在给出肯定的回答。

"奶嘴战略"通过向青少年输送功利主义思想和浮躁心态来消解他们的社会责任感,让他们在社会生活中逐渐沉迷于享乐、不思进取,丧失创新和创业的能力,这有损社会的文化生态。此外,"奶嘴战略"导致全民娱乐和社会低俗风气盛行,这扭曲了社会主流的价值观。

基于以上认识,我们认为网络亚文化发展要采取以下对策:

第一,从文化强国战略的高度来看网络亚文化引导的迫切性。对网络亚文化引导的认识必须上升到国家战略高度,体现在国家文化治理和国家文化发展两个层面。从治理的层面看,网络亚文化关系到国家文化发展的未来。部分带有颓废、低俗、堕落特点的网络亚文化会影响一代甚至几代人,若他们沉迷于低俗的文化,长此以往,社会风气就会恶化。这就需要对当前网络平台泥沙俱下的现象加以治理。从发展的层面看,为了确保网络亚文化健康、良性发展,需要对其加以引导。网络亚文化是最富有活力的文化形式之一,其主体是青少年群体,富有创造性的网络亚文化在转化为主流文化后,能够丰富文化市场,最终引领国家文化走向世界。

在互联网技术迅猛发展的今天,一方面,技术赋能使得网络亚文化成为一种新型文化形态,为青少年释放自身创造力和个人情绪提供了条件,使得亚文化转化为主流文化,最终成为大众喜闻乐见的文化形式;另一方面,技术赋权使得网络亚文化群体能够充分利用网络空间,表达自己的意见,创造自己喜闻乐见的文化样态。文化向何处去?这不是一个可以简单解决的问题,要解决这一问题,必须有一种时代紧迫感和责任感。基于这样的认识,应对网络亚文化的现实问题,必须有一种全新的视野。要以全球视野寻找文化间性,建构本土网络亚文化引导机制。

第二,从文化自信的高度来引导网络亚文化发展。文化自信作为一种精神文化现象,其最深层的力量源泉必定蕴藏于社会生产和生活的过程中,受社会生产力和社会经济发展水平制约。文化自信是民族文化整体的自信,同样也包括媒介文化。深度融合时代的媒介文化作为时代文化的主流,是民族文化的一部分,必然受主流价值观和主流意识形态的引导。如何引导作为文化发展战略的一个组成部分的媒介文化沿着民族文化主流轨道前行,是当下的一个重大命题。毫无疑问,以网络文化为主体的当代媒介文化也是中国特色社会主义文化的一部分,是中国人民文化自信价值观念的载体。人的全面发展要有文化思想的支撑,增进民众对文化核心价值的认知是融媒体传播的首要任务。同时,结合融媒体传播特征,亚文化的表现形式、传播模式和途径都要进行自适性调整,

"返本开新",这就需要我们客观对待民众的媒介使用习惯,尊重民众的审美和传播需要,在多元文化共享的新媒介环境中扩大影响力和感召力。显然,文化与融媒体结合不是对文化价值观念的否定、颠覆甚至异化,而是有着更大的文化增值空间,更有利于将本民族文化精髓发扬光大。

第三,以文化强国战略思维引导网络亚文化发展。在建设文化强国的伟大进程中,互联网在巩固主流意识形态主导地位、提高社会文明程度、提升公共文化服务水平、健全现代文化产业体系等方面有着不可或缺的功用。在互联网、新媒体成为价值观传播的主要阵地和主要渠道的背景下,在网络文化、数字创意文化成为极具潜力的文化产业和文化业态的前提下,需要充分发挥互联网、数字技术的优势,使其成为文化强国建设的"最大增量"。首先,推动互联网成为弘扬和传播主流价值观的主阵地。其次,以互联网技术提升公共文化服务供给能力与水平。最后,建设以创新为引领的网络文化内容生产体系。

第四,以"四新"推进跨界融合。"四新"即新理念、新载体、新内容、新方式。要促进线上和线下文化的跨界融合,发挥网络空间和网络社会本身拥有的独特优势。要加强文化信息资源共享,不断完善公共服务,扩展服务区域,逐步满足人民群众对公共服务和文化服务的多层次、多元化需求。同时,还要不断提高公共服务和文化服务的社会基本保障水平,不断改善民生,满足人民群众的需求。要提高社会治理水准和制度水平,打造和谐社会。这些都对促进社会的政治、经济发展具有深远意义。

第五,创造宽松的环境,释放网络亚文化的活力。借鉴西方社会对待亚文化的态度,对待网络亚文化要包容,要看到其活力和价值。例如,网络亚文化包含平等、民主、对话、分享的精神气质,以及反抗不公、不畏强权的青年气势等,这些积极的内容及其所传播的正能量能够和主流文化相兼容,只要稍加引导就能让青少年在喜闻乐见的氛围中,对主流社会的认同变得积极起来。鼓励青少年通过积极的形式参与社会活动,从而减轻其焦虑和压力,使其获得一种正面力量。新生代网民在文化上的活力需要被激发,其消极面亟待遏制。重要的是,要使其有积极意义的方面在社会主流中得到认同,从而发挥其积极作用,实现社会整合,传播正能量。这种新型文化形式不仅需要互联网与用户主动提升,更需要全社会共同努力。

第六,加强媒介素养教育,培养青少年的批判性思维。在网络空间,青少年的信息接受和处理面临着巨大的"信息茧房"危险,他们容易思维固化,难以接受其他观点和看法,往往只看自己想要看到的,也只相信自己愿意相信的。在媒介使用方面,也存在巨大的偏向。例如,有些粉丝为了提升明星的话题度、美誉度,花大精力"控评",甚至与其他粉丝群体互相谩骂、"拉踩引战",显示出对不同意见宽容度的缺失。在行为方面，唯偶像是从，没有标准、缺失底线，一方面绝对美化、抬高"爱豆"，另一方面无所不用其极地贬低、抹黑其他艺人。媒介素养理论对于解决实践问题具有重要的指导意义。西方国家较早开始新媒体素养教育，并基于自身情况自下而上地发展形成一套理论体系来指导实践。我国新媒体素养教育的理论建设尚处于译介与借鉴阶段，还没有形成自己的理论体系。本土理论的缺位导致新媒体素养教育存在一些不足。青少年群体普遍缺少对网络信息的辨识能力，缺少批判性思维。在数字传播时代，开展媒介素养教育尤为迫切，这是引导网络亚文化健康发展的首要任务。

目 录

- **第一讲 网络亚文化研究的前世今生** / 1
  - 第一节 芝加哥学派与城市民族志研究 / 3
  - 第二节 伯明翰学派与青年亚文化研究 / 10
  - 第三节 后亚文化研究 / 19
  - 第四节 网络亚文化研究 / 22

- **第二讲 网络亚文化的本体阐释** / 37
  - 第一节 亚文化本体溯源 / 39
  - 第二节 网络亚文化的本体特征 / 43
  - 第三节 网络亚文化的类型 / 45
  - 第四节 网络亚文化的交往行动属性 / 46
  - 第五节 媒介技术与网络亚文化的生成 / 47
  - 第六节 流动的现代性与游戏本体的亚文化 / 49

- **第三讲 社会心态与网络亚文化的表现** / 55
  - 第一节 "佛系文化"的三个维度 / 57
  - 第二节 "凡尔赛文学":青年对社会焦虑的另类表征 / 61
  - 第三节 "凡尔赛文学":青年对社会焦虑的象征性抵抗 / 70

- **第四讲 网络亚文化的圈层现象** / 77
  - 第一节 后亚文化"新部落"理论视野中的网络群体 / 80
  - 第二节 作为"新部落"的网络亚文化圈层 / 81
  - 第三节 网络亚文化圈层的"新部落"功能 / 84

- **第五讲 情感扮演、经济转化与隐性剥削:数字时代的情感劳动** / 91
  - 第一节 数字时代的情感劳动 / 94
  - 第二节 视频类社交平台的资本转化机制 / 96
  - 第三节 UP 主的情感适应与情感扮演 / 101

第四节　UP 主情感的经济转化与回馈　/ 106
第五节　情感劳动商业化中的隐性剥削　/ 108

第六讲　数字传播时代网络亚文化的区隔与分层　/ 115
第一节　趣味、圈层与区隔：数字传播技术下的文化实践　/ 117
第二节　数字传播：文化分层的"自动生产"　/ 119
第三节　算法系统与层级文化的权力不均　/ 124
第四节　对数字传播中文化区隔与分层的风险反思　/ 127

第七讲　网络亚文化的"趣味"及其价值意义　/ 131
第一节　作为"趣味文化"的网络亚文化　/ 133
第二节　区隔、习性与亚文化趣味特征　/ 135
第三节　新型文化资本与网络亚文化趣味的价值　/ 138
第四节　交往行动的文化实践与网络亚文化趣味的生成　/ 140

第八讲　技术作为网络亚文化的新型文化资本　/ 145
第一节　技术崇拜与新型文化资本生成　/ 148
第二节　技术作为文化资本的结构性诱因　/ 151
第三节　技术附魅：新型文化资本的隐性危机　/ 153
第四节　新型文化资本作为一种现代性涂层的认知与危机化解　/ 156

第九讲　新型亚文化形态：数字藏品及其交往实践意义　/ 163
第一节　作为亚文化资本的 NFT 数字藏品　/ 165
第二节　数字藏品消费的亚文化特征　/ 169
第三节　数字藏品亚文化的生产与消费逻辑　/ 172
第四节　数字藏品亚文化传播机制对文化生产的启示　/ 174
第五节　亚文化资本：NFT 数字藏品的圈层交往实践　/ 177
第六节　连接弱关系与自由行动：NFT 数字藏品的交往实践意义　/ 179

第十讲　身份展演与符号消费：作为文化实践的"打卡"　/ 185
第一节　打卡现象的兴起与文化表征　/ 187
第二节　学习打卡：平台规则下的身份展演　/ 191
第三节　咖啡馆打卡：符号消费与媒介仪式　/ 204

后记　/ 216

第一讲

网络亚文化研究的前世今生

西方国家对亚文化的研究起步较早，研究对象和研究路径也比较多元。这主要体现在他们对亚文化基础理论的研究，特别是对亚文化理论和研究领域开掘的广度与深度方面。概括国外亚文化研究的现状，大体有以下几种具有代表性的研究。这里，我们对亚文化研究的历史脉络做一个梳理。

第一节 芝加哥学派与城市民族志研究

1871年10月8日晚，史上著名的"芝加哥大火"（The Great Chicago Fire）从芝加哥西南部的奥利里家燃起，持续30小时的大火让芝加哥的三分之一变成焦土，造成约300人死亡、10万人无家可归，财产损失高达2亿美元。大火摧毁了芝加哥，灾后重建造成过度都市化，而涌入芝加哥的移民数量并未减少，这不可避免地导致失业人口的增加和工作条件的恶化，进而使贫富差距日益扩大，越发严重的阶层对立和种族歧视使芝加哥的社会暴乱事件层出不穷。火灾后新芝加哥大学（The University of Chicago）诞生，老芝加哥大学因财务危机在灾后被彻底摧毁。新芝加哥大学在石油大王约翰·洛克菲勒的慷慨捐助下成立。灾后重建加快了芝加哥的工业化、城市化进程，其中滋生的移民、种族和犯罪等社会问题，与芝加哥大学的学术环境，共同孕育了亚文化研究和社会学芝加哥学派诞生的土壤。芝加哥学派是最早关注亚文化现象并将其理论化和学科化的学派，以罗伯特·帕克、米尔顿·戈登、霍华德·贝克尔、阿尔比恩·斯莫尔等为代表的一众亚文化研究者将目光聚焦于城市移民、流浪汉、舞女和吸毒者等特殊群体，立足城市社会学和人种学的研究方法，将芝加哥视作"美国城市的代表"和一个"巨大的实时实验室"。其中的一些重要理论成果为亚文化研究奠定了理论基础，直接或间接地影响了亚文化研究发展的路径。

芝加哥大学成立于1890年，于1892年成立社会学系并首次提供社会学课程，它的社会学系是美国最早的社会学系之一，对美国的社会学整体具有持久的理论尤其是方法论意义。它的意义在于，在20世纪初，一些教师开始与他们的学生一起系统地研究芝加哥城市生活的社会层面问题。在早期，芝加哥大学的社会学是指对芝加哥城市的社会学研究。在火灾发生前后的半个世纪里，芝加哥城市本身从1860年的一个大约只有11万居民的小城镇发展为1910年的一个拥有超过200万居民的大城市，这为基于经验的城市研究的发展提供了一个良好的环境。一份1893年的社会学系文件曾指出：芝加哥市是世界上最完善的社会实验室之一。世界上没有一个城市代表着比芝加哥更广泛的典型社会问题。

芝加哥大学的学者研究亚文化最为出色的地方在于其民族志研究。民族志学者首先关注的是他们所研究的人的文化和生活经历。出于这个原因，他们从事自然主义的探究——在自然发生的环境中研究个人和群体，而不是在实验室里或通过态度调查进行研究。这包括记录人们的行为、动作和言语，自我与他人的关系，人们在哪里及在做什么。自然主义的探究也可能涉及收集物质文化的各个方面——写好的书信或日记、音乐收藏品、艺术品、垃圾：构成研究对象周围物质环境的任何东西。好的民族志往往超越自然主义的方法，特别是当社会学家想要理解人们对自己如何和为什么做所做的事情的主观解释时。仅凭观察就可以记录人们正在做的事情，但如果有的话，还要记录下他们的意图或对这种行为的主观理解。因此，人种学医生与研究参与者互动，或者通过非正式地参与日常活动，或者通过更正式地访谈来揭示人们对自己思想和情感的描述。由芝加哥学派发展的人种学方法的力量在于通过观察和通过与被研究者的互动获得的内部视角来详细描述亚文化主义者的日常生活。

民族志方法起源于人类学的田野研究，强调以独特的方式提供原汁原味的引语、生活的历史与个案的研究，注重对实际发生的事件进行如实、详尽的描述。"参与考察"是民族志方法的具体体现：研究者通过深入某一特定群体，长期观察并尽可能精确地记录下他们所目睹的东西，研究发生的事情，倾听人们所说的一切，询问各种问题，广泛搜集用来描绘一个社会群体之状貌的素材，以便从这一群体的文化内部来说明该文化的意义和行为，提供有关意义体系与行为习惯的报告。"参与考察"是探索风俗、信仰、社会风格和城市居民的生活方式的最有效方式。芝加哥学派的领导人帕克结合自身体验提出，研究城市的社会学者要像人类学家研究原始部落那样开展相关研究。

当代西方亚文化的历史应追溯到资本主义萌芽时期，即城市化进程中产生的亚文化。16世纪中期，亚文化先表现在伦敦无业游民中，后表现在乞讨者和妓女群体中。到19世纪中期，流民所带来的一系列社会问题蔓延到欧洲的主要城市和美国纽约，巴黎的浪子文化是这一时期比较典型的流民亚文化，而在纽约较具代表性的则是儿童流浪者文化。与此相关的早期流民亚文化研究应运而生。虽然这一时期的研究还不系统，甚至没有使用"亚文化"这一术语，却很珍贵，是其后亚文化研究的先声，为后来者提供了第一手文本材料，正是从这些材料中，我们得以考证当时的流民亚文化群体。

▶▶ 一、芝加哥学派早期的流民研究

（一）早期流民研究的主要视角

早期的流民研究主要集中在城市社会学和移民研究领域，其中以帕克、欧内斯特·

伯吉斯和路易斯·沃思等学者的贡献最为突出。总体来看，早期的流民研究主要从以下几个视角展开。

1. 城市社会学的视角

芝加哥学派强调对城市社会结构和流动性的研究，尤其关注移民在城市中的生活和工作状况。通过对城市中各种族裔和阶层的互动关系的观察与分析，该学派揭示了城市生活中的各种社会问题。帕克、沃思等学者提出了"城市生态"理论，认为城市是一个生态系统，不同的人群在城市中会形成不同的区域和社区，并与其他群体互动和相互影响。在这个理论框架下，芝加哥学派的学者们研究了流民在城市生态系统中的生活及相关经验，尤其是在城市贫民窟和移民社区中的角色与地位。他们关注流民的社会和经济状况，以及他们与其他社会群体之间的关系。另外，芝加哥学派城市社会学视角的流民研究也探讨了流民对城市社会和文化的影响。学者们认为，流民虽然是城市社会中的弱势群体，但同时也是城市文化的创新者和变革者。在流民与主流文化的互动中，新的文化形式和价值观得以形成，从而促进了城市文化的多样性和变革。

2. 社区研究的视角

芝加哥学派提出了社区研究的概念，并强调社区作为社会生活中的一个重要场所和基本单位，对个人行为和社会关系产生了深远的影响。学者们通过对不同社区中人际关系和社会交往的观察与分析，研究了社区的形成和演变，以及社区对个体和集体行为的影响。在社区研究的视角下，学者们关注流民在社区中的生活及相关经验，探讨他们的社会和经济状况，以及他们与其他社会群体之间的关系。同时，他们还研究了流民在社区中的文化和价值观，并考察了流民与主流社区文化之间的互动和相互影响。学者们认为，流民作为社区的一部分，既受到社区的影响，也对社区产生影响。他们通过与其他社区居民的互动和交流，为社区带来新的文化形式和价值观，从而促进了社区文化的多样性和变革。

3. 移民研究的视角

芝加哥学派认为，移民是城市社会中的一个重要研究对象，因为移民不仅在身份认同上与原居民存在差异，而且在经济、文化和政治领域面临着诸多挑战。因此，芝加哥学派强调对移民的文化和社会适应能力的研究，并提出了许多有关移民问题的理论和观点。在这个视角下，学者们关注流民作为移民的身份和经历。他们研究了流民的移民过程、移民动机和移民途径等方面，探讨了流民在移民社会中的角色和地位，并比较了不同移民群体之间的差异。同时，他们还强调了移民经历对流民身份和社会地位的影响。学者们认为，流民作为移民在移民社会中面临着许多困难和挑战，但同时也为移民社会带来了多元性，促进了移民社会的发展和进步。

4. 人类地理学的视角

芝加哥学派强调人类地理学对社会学研究的重要性。在这个视角下，学者们关注流民在地理空间上的分布和移动。他们研究了流民的空间分布、移动规律和流动趋势，探讨了流民在城市和乡村地区的分布差异，以及不同流民群体所处地理环境的差异。同时，芝加哥学派人类地理学视角的流民研究也探讨了流民与地理环境之间的互动关系。学者们认为，流民与地理环境之间是相互影响的关系，流民在地理空间上的分布和移动与地理环境的变化和适应密不可分。相关研究结果也表明，流民的行为和决策受到地理环境的限制与影响，同时也对地理环境产生重要影响。

总之，芝加哥学派早期的流民研究在城市社会学、社区研究、移民研究和人类地理学等领域都有深入的探讨，为我们深入理解流民问题和城市社会问题提供了重要的理论和实证基础。

（二）早期流民亚文化的代表性研究

1. 边缘人：文化夹缝中的群体亚文化研究

由赫伯特·斯宾塞正式提出的社会有机体论（social organism），运用类比的方法，开创了把人类社会和国家等同于生物有机体的先河，将社会各部分视作抽象统一的整体，其中每一部分具有相当的自由。而自19世纪兴起的大众社会理论，将斯宾塞的社会有机体论与马克斯·韦伯的工业化社会理论有机结合，认为现代社会生活已经破坏了传统社会中的等级秩序和密切联系，将社会成员从一个统一的有机整体打破为均质的、分散的、孤立的"原子"，个人在获得高度自由的同时也失去了统一的文化价值观和行为参照系。工商业的发展和人口的快速增长使得芝加哥的城市社会状态印证了大众社会理论的忧思，外来的移民在接触截然不同的新文化时产生的文化休克使其在社会心理上处于孤立无援的脆弱状态。

芝加哥学派的研究重点是美国社会中移民的融入和同化及其带来的一系列社会问题，该学派的许多重要理论成果都与移民问题息息相关。作为亚文化研究的先行者，早在戈登明确界定亚文化概念之前，芝加哥学派的学者就已经对该领域开展了多项相关研究。其中作为代表人物之一的帕克在芝加哥独特复杂的社会环境中，在格奥尔格·齐美尔"陌生人"理论的基础上提出了"边缘人"（marginal man）理论，来解释芝加哥乃至美国的移民现象。

齐美尔口中的陌生人并不是传统意义上的陌生人，而是游离在群体间的漫游者，或者不被所处社会系统的其他成员接受的人，分布在世界各地的犹太人正是这种陌生人的典型代表。在空间意义上，陌生人是群体的一部分；在社会意义上，陌生人又与该群体格格不入。帕克认为，陌生人之所以"陌生"，是因为进入新的社会环境导致文化认同的缺失，就像涌入芝加哥的移民，他们在不同的时间生活在两个不同的世界，却对两个世界都很陌生，他们是在未完全相融的文化边缘生活的个体，是"文化的混血儿"。

"边缘人"理论继承了齐美尔的"陌生人"思想，边缘人不是指人们口中"今天来，明天走"的流浪者，而是指"今天来，明天留下"的漫游者。帕克认为，边缘人的社会心理状态在两种截然不同的文化之间悬浮摇摆，但他们不能在其中任何一种文化中找到归属感。他们身处文化的夹缝之中，体验着心理上的不确定性，不清楚自己是谁，不知道该如何生活，找不到自己在群体中的容身之处。① 边缘人包含移民、女性、青少年、老人、黑人、无业者，乃至一切社会地位低下的群体，其代表的正是游离于主流文化之外，与主流文化产生区隔的亚文化群体。对于亚文化研究而言，边缘人是理想的研究对象，通过研究边缘人在主流社会群体中的生活场景和生存境遇，能够更为深入且客观地透视亚文化的产生和发展及其与主流文化之间的互动关系。

帕克的"边缘人"理论及相关研究不仅对移民政策的制定具有重大意义，而且对调适当代亚文化群体与主流文化的共存关系具有极大参考价值。中国互联网络信息中心（CNNIC）第51次《中国互联网络发展状况统计报告》显示，截至2022年12月，我国网民规模达10.67亿人，互联网普及率达75.6%。② 数字时代，随着网民数量的急剧增长，互联网成为当今亚文化发展的摇篮。"边缘人"的思想有利于我国政府有针对性地制定相关网络管理条例，对一些尖锐的网民群体矛盾及时进行化解，保障不同网民群体在网络上行为合规、和平共处、共同发展，共享清朗的网络空间。

2. 局外人：越轨行为群体亚文化研究

亚文化与主流文化形成二元对立的关系，是某一区域或某一集体特有的观念和生活方式。19世纪到20世纪的芝加哥在工业化与城市化浪潮的冲击下，社会动荡，出现了失范、解组等一系列背离主流价值观的异常越轨行为，导致了文化的多样性和亚文化群体的激增。"越轨"被定义为对某种受到广泛认可的群体规范的违背，第二代芝加哥学派学者贝克尔的著作《局外人：越轨的社会学研究》是越轨社会学研究的里程碑，该书中提出的越轨模型和标签理论是亚文化研究的重要理论工具。越轨模型被广泛用于分析亚文化和违法犯罪行为两大社会现象，两者都具备在一定程度上违背群体规范的特征，区别在于，前者一般是违背社会成员之间约定俗成的非正式规范，后者则是违背法律等正式规范。③ 贝克尔的标签理论建立在社会建构主义与符号互动论的基础上，从一

---

① 帕克. 移民报刊及其控制［M］. 陈静静，展江，译. 北京：中国人民大学出版社，2011.
② 国家图书馆研究院. 中国互联网络信息中心发布第51次《中国互联网络发展状况统计报告》［J］. 国家图书馆学刊，2023，32（2）：39.
③ 贝克尔. 局外人：越轨的社会学研究［M］. 张默雪，译. 南京：南京大学出版社，2011.

种相对主义视角对越轨现象进行解释，为亚文化研究带来启示。

贝克尔认为，个体的生物学和心理学特征，乃至社会的特定情境或场景，并非越轨行为的真正诱因，越轨行为是社会群体创造的产物：行为本身并无所谓越轨与否，只是社会群体通过制定规范，给某一类行为贴上了"越轨"的标签。被贴上越轨标签的"局外人"及其行为被视作越轨，这是两个群体互动的结果，即其中一个群体出于保障自身利益考虑而制定和执行规范，另一个群体从个人观念或利益出发而采取的行为被标签为越轨。来自社会官方或群众的、规范制定者与执行者的越轨标签，给被标签为越轨者的人带来歧视与污名化的社会后果，使其只能以被标签的这一身份做出回应，其行为均被以越轨的视角解读，从而反过来坐实了其越轨者身份。芝加哥的大量移民和有色人种被视作美国社会的"局外人"。起初，这类"局外人"可能并不认为自己是越轨的社会规范破坏者，但在融入和同化过程中遭遇的重重困难，加之本土人口的歧视和被贴上的越轨标签，让他们逐渐怀疑并相信自己是不端的、邪恶的。这一身份认同阻碍了他们融入美国社会的进程，他们别无选择地接纳了越轨标签，在越轨亚文化里寻求社会支持，并因此越发深入越轨群体的活动中。

贝克尔看待越轨的态度并不是消极的，他认为越轨非但不是一种对社会规范的破坏，反而能够积极推动社会产生新的规范，成为社会改革的动力。在任何一种行为被视为越轨或具有该行为的人群被视作"局外人"而被贴上"越轨者"的标签之前，一定已经由某人或某群体制定出了相应的规范，以此作为人们判断是否越轨的标准，这一规范并不是自然产生的。即使某一行为或现象在客观上会对社会造成危害，也必须有人去发现和公开指责其存在，否则越轨行为就是"房间里的大象"。越轨行为"成立"的前提，就是要将公众的注意力尽可能地吸引到这些越轨事件上，使公众发自内心地认为需要采取行动去避免这些越轨事件带来的危害，进而发动整个社会对其采取措施，最终制定出针对越轨事件做出改善的新社会规范。而亚文化之所以被视作具备越轨气质的文化，就是因为其突破了某些非正式的社会规范，使主流文化的话语权在某些领域被削弱，以至于其存在被主流文化群体公开指责，从而使公众将之视为非主流文化，亚文化群体成了区别于主流文化群体的"局外人"，最终被贴上"亚"的标签。

在帕克等学者的研究中，"违法"几乎是亚文化的代名词，被他们视作亚文化研究对象的群体——吸毒者、舞女、皮条客、青年犯罪帮派等——或多或少地触犯了法律，游走于犯罪边缘。因此，他们所理解的亚文化群体，是在年龄、种族、经济地位、阶级、宗教等方面处于弱势的群体，这些群体违背社会的标准和规范，在主流社会结构中充当反叛者的角色。贝克尔对亚文化群体的态度较之帕克等人更为宽容，他用"越轨"取代"犯罪"，将亚文化群体视作"越轨者"而非罪犯。自芝加哥学派的学者开展亚文化研究起，越轨就一直是美国亚文化研究的底色，但显而易见的是，随着社会和技术的发展，数字时代的亚文化中，越轨亚文化和犯罪亚文化的占比变得越来越少。近年中国也出现了许多规模可观的边缘亚文化群体，如粉丝民族主义者、汉服"同袍"、同人文爱好者等，其中的反抗特性并不十分明显。也可以说，在数字时代，亚文化对主流文化的反抗性正在减弱，不再具有鲜明的政治和阶级色彩。

二、芝加哥学派关于边缘群体的亚文化研究

追溯芝加哥学派亚文化研究的思想源流可以发现，他们最关注的始终是边缘群体。为了使美国社会更加平稳地发展，芝加哥学派的学者努力靠近这些边缘群体，试图理解他们，最终寻求应对美国群体冲突和社会失序的良方。芝加哥学派关于边缘群体的亚文化研究主要集中在以下几个方面。

（一）移民和种族亚文化研究

芝加哥学派研究的重点是美国移民的融入和同化问题，以及由此带来的种族问题等一系列社会问题，可以说芝加哥学派最重要的著作几乎都是关于移民和移民融入美国社会的。在早期关于移民同化问题的研究著作中，威廉·托马斯和弗洛里安·兹纳涅茨基合撰的《身处欧美的波兰农民：一部移民史经典》一书提出了社会解体和重组的思想。他们认为，美国的社会解体正在以惊人的、戏剧化的方式进行，解体可以分为家庭解体和社区解体，其中家庭解体导致了青年的贫困化和青少年犯罪。[1] 帕克则把社会解体和重组的过程分为四个阶段：敌对、冲突、适应和同化。因此，在帕克看来，同化应该是社会解体和重组的最终目标。与帕克不同，威廉·布朗认为永远不可能实现黑人在社会中的同化。富兰克林·弗雷泽也持同样的观点，他认为同化周期并不以同化结束，而是以两种不同的种族制度并存告终，表现为白人和黑人两个种族都发展自己的社会组织，形成各自的聚居区。[2]

（二）越轨和犯罪亚文化研究

对越轨和犯罪问题的研究是芝加哥学派的另一个重要议题。代表学者弗雷德里克·斯雷舍研究了芝加哥的非法团伙，指出非法团伙产生和存在的区域是夹缝空间，非法团伙一方面是移民社团之间文化冲突的产物，另一方面也是移民社团同美国社会价值观相冲突的表现。非法团伙的形成是自发的，并因冲突而更加团结，其类型有"散漫的团

---

[1] 托马斯，兹纳涅茨基. 身处欧美的波兰农民：一部移民史经典［M］. 张友云，译. 南京：译林出版社，2000.

[2] 黄瑞玲. 亚文化的发展历程：从芝加哥学派到伯明翰学派［J］. 国外理论动态，2007（11）：77-81.

伙"和"坚固的团伙"。斯雷舍指出,非法团伙的成员肯定是违法的,因此研究犯罪问题就是必要的和迫切的。① 阿尔伯特·科恩从事反常或"冲突"理论的研究,提出亚文化是人们寻求解决社会问题的途径而产生的结果。他在《越轨男孩:团伙文化》一书中提出了"问题解决"(problem-solving)理论,强调亚文化的功能是解决社会问题,象征性地解决父辈文化和青年文化中尚未解决的矛盾与问题。青年越轨亚文化要解决的"问题"是工人阶级青年面对资产阶级关于工作、成功和金钱的价值观时产生的"地位挫折"(status-frustration)。青年的解决方法就是拒绝和反抗,包括越轨和犯罪。"问题解决"的思想成为亚文化理论的一个里程碑,极大地影响了随后的亚文化研究。

(三) 职业亚文化研究

代表学者保罗·克里西关注社会身份的研究,特别是对亚文化中职业的研究,其研究成果集中体现在《有职业舞女的舞厅:商业化娱乐与城市生活的研究》一书中。该书是其后描述职业发展的亚文化研究的先声。克里西厘清了他所称的城市中的一种"生活循环",描绘了舞女在舞厅内外的生活,提供了亚文化生活方式的一种结构与轨迹。埃德温·萨瑟兰则研究了职业犯罪,并创建了犯罪生态学,其代表作《职业窃贼》是以一名有20多年偷窃历史的职业窃贼的自传性描述为基础写成的。萨瑟兰认为,违法并不是由先天的遗传因素引起的,而是受各种因素的影响,后天习得的。②

芝加哥学派的亚文化研究对英国伯明翰学派的文化研究启发很大。我们发现,伯明翰学派的研究在议题选择上与芝加哥学派有相似之处。他们也关注青年群体的异常行为和标新立异的文化。第二次世界大战以后,英国社会发生转型,但战后西方社会体系尚未被打破,精英阶层与社会底层的对立越来越严重,左翼学者保有社会改造的使命,对底层工人阶级的文化具有浓厚的兴趣,因此,他们从文化民粹主义的角度出发,以宽容的态度来对青年亚文化进行审视,看重其中的价值。学者们所提出的理论和概念无疑在当时是有价值的,但也明显带有时代的烙印和具有局限性。

第二节 伯明翰学派与青年亚文化研究

青年亚文化研究的历史,可以追溯到20世纪50年代英国伯明翰学派的文化研究,

---

① THRASHER F M. Gangland (1927) [M]//GELDER K. The subcultures reader. 2nd ed. London: Routledge, 2005: 218-227.
② 黄瑞玲. 亚文化的发展历程:从芝加哥学派到伯明翰学派 [J]. 国外理论动态, 2007 (11): 77-81.

当时英国的文化研究学者研究了欧美几乎所有的工人阶级文化，特别是工人阶级子弟的青年亚文化现象，如摇滚乐、光头党、朋克和嬉皮士等，他们对亚文化研究具有极大的推动作用。虽然伯明翰学派的研究工作受到很多批评，但是它仍然非常具有影响力。学者们的研究秉承爱德华·汤普森、雷蒙·威廉斯、理查德·霍加特等人开创的传统，关注平民文化，逐步走向文化民粹主义。而平民文化尤其是平民青年文化是大众文化最有活力的部分，因此对青年亚文化的研究从20世纪70年代开始成为文化学者关注的重点。他们发现，这个新颖的文化领域与主流文化、父母文化格格不入。这些所谓的"摩登族""派克族""克龙比族"，行为乖张、怪异，不符合传统的审美规范。伯明翰大学当代文化研究中心（CCCS）的学者斯图亚特·霍尔、约翰·克拉克、菲尔·科恩等通过研究发现，工人阶级青年用这些怪异、奇特的行为表达了他们与精英、主流、父母的不同，也表达了他们对现实文化的态度。何谓青年亚文化？这一概念是在长期的研究中慢慢清晰的。起初，文化研究学者只是关注作为边缘文化的工人阶级子弟文化，后来才逐渐转移到对青年亚文化的系统研究上，发现这是文化的一个奇特领域。

伯明翰学派的文化研究立足大众文化的立场反对传媒批判理论中的精英主义倾向，背离了主观经验和形而上学的批判学派视角，转而关注微观的、具体的、经验性的世俗生活。从威廉斯到路易·阿尔都塞，从霍尔到约翰·费斯克，伯明翰学派代代著名学者的理论成果，勾勒出20世纪直至今日的亚文化研究发展脉络。

▶▶ 一、文化主义范式

在19世纪声光技术的出现推动机械复制技术发展之前，"文化"一词带有精英主义色彩，社会上层精英群体享有对文化进行自由解读和意义规定的"文化垄断"权。瓦尔特·本雅明认为机械复制技术的出现改变了这一现状，其广泛扩张导致了艺术作品中"灵韵"（aura）的丧失。他在《机械复制时代的艺术作品》一书中指出，机械复制艺术的发展代表着艺术作品的非神圣化，使艺术作品的展示价值日益超过其崇拜价值。本雅明对此持积极态度，他认为机械复制技术打破了精英阶层的传统艺术权威性，取而代之的是更加民主的、大众的流行文化。在这种民主的文化中，意义是可以被质疑的，意义产生于消费而非生产方式。本雅明的这一观点对文化研究产生了重要影响，标志着研究者开始重新审视"文化"的意义和内涵。

文化是什么？这是文化研究领域绕不开的一个问题，也是其中最重要的问题。伯明翰学派学者威廉斯对此下了定义：文化泛指包括社会物质、精神和知识在内的整体的生活方式。这一定义成为伯明翰学派文化主义范式的根基。作为20世纪中叶英语世界最重要的马克思主义文化批评家，威廉斯给出的关于文化的这一定义标志着他的思想与精英主义彻底决裂，他将文化彻底地普遍化，将文化视作普通人的文化，而不是少数人的专利。

威廉斯的成名作《文化与社会：1780—1950》被奉为文化研究的开山之作，他在书中阐发并倡导一种"文化唯物主义"（cultural materialism）的批评方法，将文化看作一种"生产过程"（productive process），认为文化是生产资料的组成部分，同其他社会生产过程和形态并无区别，都具备实践性和创造性，因此文化同样具有"物质性力量"。威廉斯秉承马克思的唯物主义思想，将文化从"上层建筑"的范畴中解放出来，将文化视作社会的物质基础。这种观念无疑是革命性的，在20世纪的主流文化批评家们看来，文化与物质是二元对立的，文化属于"形而上"，物质属于"形而下"，二者很难被并置起来。这种主流社会文化观念实际上也是英国的传统观念，自浪漫主义时期以来，英国人习惯将文化看作一种精神的、意识的、思想上的东西。他们将文化与人为万物之灵的"灵"——心灵和精神的力量，使人类超越物质束缚的能力——联系起来，这使文化跃升为悬在高空的形而上意识，且当它与形而下的物质现实越发相去甚远时，它的价值就越大。① 英国传统文化概念的内在规定性决定了文化与物质范畴的必然分离和疏远，在此背景下，不难看出文化唯物主义将文化物质化的做法与传统文化将文化精神化的做法有着根本的差异。若没有文化唯物主义的提法，相当一部分的后续文化研究理论成果就无从谈起，而亚文化的议题可能在很长一段时间内都不会受到重视。可以说，威廉斯真正将文化"从天堂下放至人间"。

威廉斯并不认同把大众文化称为"mass culture"，他明确指出实际上根本没有所谓"大众"，有的只是把人看成大众的那种看法。把真正的大众文化纳入虚假的、商业的"大众"文化之中，才是问题所在。② 传统的人文学者的研究视角常常回避在文化解读中对被压迫和被边缘化的亚文化群体的关注，而文化唯物主义者常在释读文本时有意地关注这些群体，从而开辟出一条处理文化批评领域表征问题的新道路。

威廉斯提出了文化研究学者的早期纲领："文化即生活"。在他看来，大众传媒是当代重要的文化现象之一，文化研究应当把大众传媒作为重点考察对象。他认为大众传媒尽管为大众提供了廉价的、愚蠢的、逃避现实的"麻醉剂"，但同时也强化了人与人之间的关联和纽带。他将大众报刊、通俗音乐、电视节目等传统精英文化不屑一顾的大众文化纳入文化研究范畴，使得亚文化研究成为可能。

---

① 马桓，李高荣. 雷蒙·威廉斯"文化唯物主义"对"正统马克思主义"的发展和反思[J]. 现代交际，2023（1）：36-43.
② 威廉斯. 文化与社会：1780—1950[M]. 高晓玲，译. 长春：吉林出版集团有限责任公司，2011.

二、结构主义范式

在文化研究的发展历程中从不乏对大众文化的批判，在威廉斯将文化普遍化、微观化的同时，文化研究领域的一些结构主义代表人物转而更加关注文化作为意识形态的重要性和独特性。他们对从威廉斯以后的一部分西方学者在研究中对现代文化过细地分门别类，只求局部、不见整体的微观"原子论"倾向感到不满，他们渴望恢复自文艺复兴以来便被中断的注重综合研究的人文科学的传统，因此，他们崇尚结构主义思想，强调从大的系统分支（如文化的各个分支，包含亚文化）来研究它们的结构和规律性。

结构主义（structuralism）发端于 19 世纪，一般认为由瑞士语言学家费尔迪南·德·索绪尔创立，是 20 世纪下半叶至今最常用于分析文化、语言和社会的研究方法之一。结构主义是一种试图探索文化的意义是透过什么样的相互关系（结构）表达出来的方法论，具有强调整体性和共时性的基本特征。结构主义认为，整体对于部分来说具有逻辑上优先的重要性，任何事物都是复杂的统一整体。它力图研究联结事物诸多要素的复杂关系网络，而不是研究一个整体下的某些要素。共时性的研究方法，即对整个系统内同时存在的各成分之间的关系，特别是它们同整个系统之间的关系进行研究的方法，则是对结构主义整体观的必然延伸。法国哲学家阿尔都塞将结构主义的基本特征与马克思主义理论相结合，创造出了结构主义的马克思主义，不仅影响了整个法国马克思主义的研究，而且为文化研究中的大众传媒批判理论打下了坚实的基础，提供了重要的结构主义研究范式。[①]

阿尔都塞区分了传统马克思主义理论中国家权力与国家机器的含义，提出了"意识形态国家机器"（Ideological State Apparatuses，ISAs）理论。阿尔都塞认为，国家权力的掌握不能仅仅通过统治阶级的暴力镇压，国家作为一个整体，在大多数情况下，必须以统治阶级为中介而生，只有国家机器才能解释生产关系的再生产及国家存在的必要性。国家机器又被他分为镇压性国家机器和意识形态国家机器，前者"运用暴力"发挥功能，后者则"运用意识形态"发挥功能。在他看来，不存在纯粹的镇压性国家机器，镇压性国家机器大量并首要地运用镇压（包括肉体镇压）发挥功能的同时必须辅以运用意识形态。例如，军队和警队为了确保自身的凝聚力和再生产，要凭借它们对外宣扬的"价值"，运用意识形态发挥功能。他将意识形态问题纳入社会物质生产结构中进行讨论，在很大程度上绕开了将意识形态视为精神现象或理论体系的普遍思路。与之

---

① 李尧堂. 作为国家机器的意识形态：对阿尔都塞"意识形态国家机器理论"的阐述与思考［J］. 黑河学院学报，2023，14（4）：22 – 25.

相对，意识形态国家机器大量并首要地运用意识形态发挥功能，但它们同样会辅以运用镇压——即便这种镇压隐秘而微弱，甚至是象征性的。纯粹的意识形态国家机器也是不存在的。例如，学校和教会就使用适当的处分、开除、选拔等方法来规训学生和教徒。阿尔都塞认为，意识形态不仅要通过语言和再现系统来研究，还要通过物质形式，如承载意识形态的体制和社会实践方式来研究。阿尔都塞关于意识形态国家机器的思想对亚文化研究产生了深远影响，提醒了后代亚文化研究者不要单单将目光放在亚文化表现出来的外部特点上，也要将亚文化作为一种意识形态加以考察，并将亚文化诞生的社会、阶级、经济和政治等外部条件纳入亚文化研究的考察因素中。

如果要把文化作为意识形态来考察，便不能如威廉斯等学者一般将文化看作生活经验的表现，而要将文化看成是产生这种经验的前提，是我们的意识和经验的基础。阿尔都塞对主体性的研究集中体现了这一点，他认为意识形态是从外部建构人的"本质"和自我的力量。而个人所谓的"本质"和自我不过是外部力量的虚构，其实质不过是一个拥有社会生产身份的社会存在，阿尔都塞称之为"主体性"（subjectivity）。这种主体性不像许多人所说的"主体"那样是统一、个性化且独立自主的，而是矛盾的并随着环境的改变而改变。个体依赖生长环境和意识形态来看待自身的社会身份以成为一个主体，个体对自我的看法不是从自我内部产生的，而是由文化赋予的。① 伯明翰大学当代文化研究中心第三任主任理查德·约翰生在《究竟什么是文化研究?》一文中将这种主体性称为"社会关系的主观方面"。阿尔都塞的主体性理论对文化研究中关于性别、种族和文化身份等带有亚文化色彩的研究产生了广泛影响。以性别研究为例，过去对两性差异及由此产生的对妇女的歧视往往是以一种对妇女的"主体性"或"天性"的认定为基础的。人们之所以认为妇女不适合从事行政工作，是因为认定妇女"天性"感情用事；人们之所以认为妇女适合充当家庭主妇，是因为认定妇女"天性"喜爱儿童和家务。显而易见，从阿尔都塞的主体论视角来看，妇女的这些"天性"并非与生俱来，而是长期占据统治地位的男权主义意识形态所建构的一种"主体性"。正是有了贝克尔和阿尔都塞这类学者作为思想先驱，现今的亚文化研究者才敢于断言亚文化并非自诞生伊始就是亚文化，让其成为亚文化的，与其说是其本身特质，不如说是主流文化的有意建构。

▶▶ 三、文化霸权范式

文化主义是伯明翰大学当代文化研究中心本土出产的文化研究范式，结构主义则是

---

① 阿尔都塞. 关于意识形态国家机器的说明［M］//阿尔都塞. 论再生产. 吴子枫，译. 西安：西北大学出版社，2019：411-434.

外部输入的原创范式。在一部分文化研究者看来,这两者有着各自的局限之处。在结构主义的视野中,文化特别是大众文化经常被视作"意识形态国家机器",其存在的目的是统一被统治阶级,即社会大众的思想,强调其对各类严肃的社会规则和教条的炮制,在一些批评家看来显得冰冷且不近人情。文化主义则恰恰相反,常常是不做辨别地一味浪漫,赞扬大众文化真实表达了被支配的社会集团和阶级的兴趣与价值观,却忽略了大众传媒的麻醉作用,对大众文化和亚文化的看法过于乐观。久而久之,结构主义范式集中于电影、电视等通俗文化研究领域,而文化主义范式集中于不同群体、阶级和种族的"生活方式"研究领域,如各类亚文化研究。两种范式的泾渭分明使得当时的文化研究局面不尽如人意,致使从 20 世纪 70 年代末开始的文化研究经历了引人注目的"葛兰西转向"。

意大利共产党创始人、著名马克思主义理论家安东尼奥·葛兰西在《狱中札记》中首次提出"文化霸权"(cultural hegemony),即"文化领导权"概念。葛兰西认为,文化霸权是指统治阶级对被统治阶级的意识形态进行合理化的控制,以达到统治的目的。文化霸权思想的形成源于多方理论。葛兰西是马克思主义者,列宁的无产阶级领导思想对他产生了显著影响。无产阶级要想取得政治上的领导权,就必须认同无产阶级的意识形态和文化,其中主动的认同过程起着基础性的作用。文化霸权理论指出,统治阶级不仅要控制政治、经济领域,还要在更广泛的领域对大众进行控制,如人们的思想、文化、意识等。而且,对意识形态的控制是潜移默化的,须渗透进大众的日常生活当中,实现主动的认同及驯化过程,使其变成生活中的"常识"。

葛兰西对西方资本主义社会进行了细致的考察,后将马克思主义的"上层建筑"概念划分为"市民社会"和"政治社会"两个层面。市民社会由政党、工会、教会、学校、学术文化团体和各种新闻媒介构成,是制定和传播统治阶级意识形态的民间机构;而政治社会则由军队、监狱等暴力机构构成,行使强制职能,作为专政的工具,代表暴力。葛兰西认为,现代国家的形成是作为"强制装置"的政治社会和作为"霸权装置"的市民社会的融合。市民社会主要通过"合意"的组织化过程来维护统治,并随着不断发展,吸收政治社会而形成新型国家。马克思认为,经济基础决定上层建筑,意识形态受制于上层建筑。而葛兰西认为,虽然经济基础决定上层建筑,但在上层建筑内部,市民社会(意识形态)是政治、法律等上层建筑(政治社会)的基础。葛兰西进一步肯定了市民社会对于意识形态的重要作用,因此通过文化霸权来控制市民社会,对于操纵国家的意识形态至关重要。

威廉斯之前的英国文化主义站在精英主义的立场上,认为文化应该掌握在少数人手中,而从葛兰西的文化霸权理论视角来看,文化应当掌握在政治社会手中。大众(市民社会）不需要自己的文化，由政治社会对他们进行教育即可。而后伯明翰学派的学者对英国工人阶级青年亚文化进行了深入的研究，他们认为青年亚文化是阶级文化的一部分，这种亚文化构成了对英国主流文化和霸权的反抗。这一特点表现在青年群体独有的符号系统当中，如21世纪初中国青年群体中流行的"非主流文化"。非主流文化群体中的年轻人往往会使用一些具有反叛和伤感意味的图片作为QQ、贴吧等社交平台的头像，或者用名为"火星文"的字符组成独特的个性签名等，有意塑造与"青春活力"等主流文化所建构的"主体性"产生区隔的自我形象。这些独特的行为打破了主流文化对青年群体的刻板印象，构造了独特的青年亚文化，但也使主流文化对青年群体的行为产生了"预期违背"（expectancy violations）。这些亚文化在某些意义上冲击了主流文化，使得市民社会不再被动地接受政治社会的宣传，在一定程度上体现了亚文化"抵抗"的关键词，实现了文化的多样性发展。

葛兰西认为，文化霸权给予被统治阶级和群体的不是一种静止或静态的统治模式，而是一种动态的统治方式，统治者与被统治者在不断地进行相互协商和妥协，在统治与反抗之间形成一种不断变化的动态平衡，葛兰西称之为"运动中的平衡"。随着数字时代的到来，网络亚文化的兴起对今天的主流文化意识形态产生了一定的影响，这似乎仍在印证着葛兰西的观点。一方面，自媒体的兴起使民众得以更好地表达自己的看法和意见，公民的表达权能够得到保障；另一方面，仍有许多学者正在致力探索如何增强民族认同感、提升民族凝聚力，并做得卓有成效。在这个信息传播日益加速的年代，官方与民间依然在相互协商和妥协之中维持着"运动中的平衡"，而主流文化与亚文化之间亦是如此。

▶▶ 四、能动主体范式

葛兰西在文化霸权理论中对"抵抗"的强调与伯明翰学派的观点异曲同工。伯明翰学派学者霍尔的"编码-解码"理论继承并发展了阿尔都塞的意识形态国家机器理论和葛兰西的文化霸权理论，将意义的生产视作编码行为，将意义的解读视作解码行为。霍尔认为，受众对符号的解读不是一个完全被动的过程，而是一个基于符号的多样性和受众社会背景的多样性，体现资本主义社会占据统治地位的主流文化同各从属文化及亚文化之间的支配、妥协、对抗关系的过程，是"意义空间中的阶级斗争"。霍尔的理论视角强调在解码过程中受众的能动性，他恢复了受众在传播过程中的本原地位，使受众得以告别被动的客体地位，采用主导、妥协、对抗三种不同的方式对媒介提示的意义做出能动的理解。

师从霍尔的迪克·赫伯迪格在1979年出版的《亚文化：风格的意义》一书是亚文

化研究里程碑式的作品，他在书中深入阐释了亚文化研究的"风格""抵抗""收编"三大关键词，这三大关键词正是伯明翰学派亚文化研究的核心。

伯明翰学派对亚文化的研究以风格为起点，而赫伯迪格用到的"风格"一词大抵和霍尔在《通过仪式抵抗：战后英国的青年亚文化》一书中提到的"仪式"（ritual）一词意义相同或相近，都是青年亚文化群体通过特定活动来表达自身的反叛精神。以赫伯迪格为代表的伯明翰学派学者将亚文化风格建构的方式分为"拼贴""同构""表意实践"三种。赫伯迪格借用"拼贴"一词来说明亚文化的形成并非石猴出世、从无到有，而是一个对已有事物进行"拼贴"的能动过程。"拼贴"过程为亚文化带来了风格上的混杂性，而"同构"使这些混杂的结构凝聚成统一有序的整体，这说明亚文化群体的价值观与生活风格之间象征性地一致，即能指和所指具有一致性。例如，嬉皮士常常以长头发、大胡子的形象示人，喜欢听先锋摇滚乐，因为这些元素可以表达嬉皮士所追求的精神自由，颠覆的形象和前卫的摇滚乐与嬉皮士追求的精神自由之间达成"同构"。而"表意实践"则被赫伯迪格用于阐释"拼贴"和"同构"无法解释清楚的亚文化风格，指亚文化风格出现了颠覆成分，出现了一种多义甚至意义无穷的符号实践。[①] 这一概念标志着赫伯迪格的亚文化研究开始转向后结构主义，开始出现反思亚文化的迹象。贯穿三种亚文化风格建构方式的是亚文化者的能动性，以及深藏于其思想内核的"抵抗"。

抵抗指的是"某个社会群体"（亚文化）陷入某种特殊处境，与更广泛的文化（主流文化）产生了"具体矛盾"，从而呈现出异端、越轨的倾向。赫伯迪格提到，亚文化都具有抵抗性，但其对主流文化的挑战，并不是由亚文化产生出来的，而是间接地表现在风格之中。我们从中不难看出，亚文化对主流文化的抵抗更多地表现为风格化或符号化的软性抵抗而非激烈极端的硬性对抗。这也正是亚文化群体与犯罪群体最大的区别。

亚文化的软性抵抗给其被主流文化收编留下了可能性。"收编"是主流文化对非主流文化或体制外文化进行非暴力重新控制的过程，从亚文化风格开始独立出现的那一刻起，主流文化对它的收编也就潜移默化地开始了。对亚文化进行收编的途径可以分为两种：第一种是形而下的商品形式。在这种收编途径中，支配文化或统治阶级会将亚文化特有的符号或风格赋予大众商品，使之变为大众唾手可得的消费品。支配文化通过这种方式将原本小众的亚文化彻底普遍化，以削弱其反叛性和对抗性。例如，NBA 球员的球衣本是作为篮球球衣亚文化群体的"风格"，却随着 NBA 在全球的逐渐普及，被支配文化收编而"去风格化"。作为球员标识的特定 Logo 或各类图案在今天作为一种设计语

---

① 赫伯迪格. 亚文化：风格的意义［M］. 修丁，译. 桂林：广西师范大学出版社，2023.

言被广泛用于潮流服饰的设计,球衣爱好者作为亚文化群体与社会大众的区隔逐渐被弥合,群体本身的亚文化特质也正在流失。第二种是形而上的意识形态形式。支配文化通过司法系统和大众媒介给亚文化群体的异常行为贴上负面标签,并对其意义进行重新界定,制造社会大众的道德恐慌。

霍尔和赫伯迪格对作为主体的受众或亚文化者自身能动性的强调一脉相承,而费斯克比这对师徒更加极端地强调了这一点。费斯克将研究视角聚焦于文化的受众及其消费,他认为承载大众文化的文本,其意义在文本进入流通领域后就脱离了文本制作者的控制,而成为受众创造自己意义的文化资源。这样看来,他对罗兰·巴特"作者已死"的说法应当是赞同的。在霍尔的基础上,费斯克进一步认为文化产品的生产和受众抵抗性意义的生产是两个截然不同的过程。在《理解大众文化》一书的"大众的层理"一节,费斯克提出了"大众的层理"(formations)的说法。他认为大众文化是由大众而不是文化工业促成的,文化工业所能做的一切,乃是为形形色色的"大众的层理"制造出文本"库存"或文化资源,以便大众在生产自身的大众文化的持续过程中,对之加以使用或拒绝。① 为此,费斯克提出了"通俗文化理论"来说明他的观点:一个文本要成为大众文化,除必须蕴含社会支配集团所主导的观念以外,还必须蕴含反驳这种主导观念的机会。大众是不会凭空生产自己的文化产品的,但受众对文化产品意义的自由消费不受生产者的制约,他们可以通过利用大众传媒提供的文本符号的方式——"盗猎"(poach)来积极创造属于自己的文化,即通俗文化。同理,亚文化也并非凭空而生,其同样源于文化受众对某些主流文化符号的自由解读。而亚文化之所以令人痴迷,用费斯克的话说,是因为亚文化受众可以在进行文化产品解读和内容意义消费时具有前所未有的自由。如果说亚文化受众在用金钱交换文化产品的过程中得到了交换价值,那么当他们自由地从文化产品中解读意义时,"快感"由此产生,这个产生快感的过程便是文化产品的使用价值所在。

费斯克的学生亨利·詹金斯是当今粉丝亚文化研究领域的先驱和权威,他在数字时代的背景下进一步发展了费斯克关于"盗猎"的思想。"盗猎"这一说法来自伯明翰学派学者米歇尔·德·塞尔托,费斯克借用这个说法来比喻文化受众与文化产品生产者之间的一种争夺文本意义解释权的持续斗争关系,他将文化受众自由地对文本进行意义解读的过程形容为"盗猎"——文化受众对文本进行肆意袭击,以掠夺那些使他们感到愉悦的东西。詹金斯在《文本盗猎者:电视粉丝与参与式文化》一书中将粉丝亚文化群体比作通俗文化的"盗猎者"(poachers),他们盗猎其他文化的材料和符号来创造自

---

① 费斯克. 理解大众文化 [M]. 王晓珏,宋伟杰,译. 北京:中央编译出版社,2001.

己粉丝文化群体的亚文化，如同人文学作品和影视作品混剪都是詹金斯笔下"文本盗猎"的产物。[①]

亚文化研究经历了两个世纪的漫长发展历程，早期芝加哥学派对"边缘群体"和"越轨行为"的关注拉开了亚文化研究的序幕。而后伯明翰学派继承并发展了芝加哥学派的研究方法和思想，对亚文化的研究经历了从文化主义的唯物视角到结构主义的意识形态视角的转向，再到融合结构主义和文化主义的文化霸权的"葛兰西转向"，最后到关注主体能动性的微观具体转向。而随着2002年当代文化研究中心被伯明翰大学校方裁撤，亚文化研究的一大历史阶段也宣告结束。此后的亚文化研究进入了"后亚文化时代"，研究者致力摆脱以往研究范式的影响，试图创建一种分析当代亚文化现象的模式。后亚文化的兴起和发展及数字时代的到来，都标志着亚文化研究已经进入一个新的历史时期。数字技术的发展让当今的国际社会呈现出更加多元的态势，亚文化研究并未因数字时代的到来而告一段落，新一代研究者在新的语境中继续书写着新的篇章。

第三节 后亚文化研究

20世纪90年代前后，随着伯明翰学派的式微，西方的亚文化研究开始转型，其研究范式和研究路径都与传统的研究截然不同，文化研究进入后亚文化时代。后亚文化理论是在对伯明翰学派研究范式进行批判和超越的基础上提出的一些新的理论范式，旨在揭示当代文化中存在的新的文化现象和文化特征。

一、后亚文化研究的三个新概念

后亚文化理论发展出三个新概念：新部落（neo-tribe）、生活风格（lifestyle）、场景（scene）。在三个新概念之下，后亚文化研究也发展出区别于传统亚文化研究的路径与范式。具体而言，后亚文化研究主要集中在以下几个方面。

（一）新部落

"新部落"概念是由法国社会学家米歇尔·马费索利提出的。在《部落时代：个体主义在后现代社会的衰落》一书中，马费索利指出，我们目前正在目睹各种后现代社会

---

① 詹金斯. 文本盗猎者：电视粉丝与参与式文化［M］. 郑熙青，译. 北京：北京大学出版社，2016.

中的社交新形式的出现，新部落"没有我们所知道的组织模式的僵化，而更多地是一种氛围、一种心态，且能通过优先考虑外表和'形式'的生活风格得到完美表达"①。在随后的对两种舞蹈音乐文化的实证研究中，安迪·班尼特认为，舞吧场景由于给那种基于娱乐、放松和快感相融合的归属感的表达预留了空间，因此可以被视为许多短暂参与形式中的一种。这些新部落的联系就是通过这些短暂参与形成的。② 本·马尔本将"新部落"概念与马费索利随后提出的"社交性"概念充分结合在一起，以此强调那些可以体现当代夜总会群体特征的"可以感触到的……集体形式"③。这两项研究都指出舞吧人群的流动身份揭示新部落的感官性，而这种感官性明显是由青年风格的碎片化和舞蹈音乐的碎片化文本生成的结果。

（二）生活风格

后亚文化研究的第二个重要概念是"生活风格"。德国社会学家韦伯首先提出"生活风格"概念，接着美国社会学家索斯迪恩·威步勒使用这一概念研究了19世纪晚期和20世纪初期的新兴富裕阶级的财富和地位问题。④ 大卫·钱尼进一步对生活风格和生活方式进行了区分，他认为"生活风格是依靠消费者能力展示的创造性投射，而生活方式则主要与或多或少稳定的社群有关，并体现在共同的标准、仪式、社会秩序的形式和具有显著特色的方言中"⑤。英国社会学家斯蒂芬·迈尔斯将生活风格理论应用到对青年的研究中，强调了商业消费在青年身份建构中的重要作用。迈尔斯在分析现代青年的文化消费方式时提出，在后现代性中，亚文化身份从实用统一的身份转变为多样性和并存化的生活风格。⑥

（三）场景

后亚文化研究的第三个重要概念是"场景"。加拿大文化学者威尔·斯特劳认为，"场景"是后亚文化研究的一个重要概念，是与固定不变的"阶级"概念相对的。他在研究音乐爱好和集体特征时提出，场景常常超越地域性，反映并具体表现不同人群与社

---

① 马费索利. 部落时代：个体主义在后现代社会的衰落 [M]. 许轶冰，译. 上海：上海人民出版社，2022：135.
② BENNETT A. Subcultures or neo-tribes?: rethinking the relationship between youth, style and musical taste [J]. Sociology, 1999, 33(3): 599-617.
③ MALBON B. Clubbing: dancing, ecstasy and vitality [M]. London: Routledge, 1999.
④ CHANEY D. Lifestyles [M]. London: Routledge, 1996: 22.
⑤ CHANEY D. Lifestyles [M]. London: Routledge, 1996: 22.
⑥ MILES S. Towards an understanding of the relationship between youth identities and consumer culture [J]. Youth & Policy, 1995(51): 35-45.

会群体之间的关系状况,这些群体围绕某种音乐风格形成联盟。①

二、后亚文化研究的两个突出特点

第一,后亚文化理论认为,亚文化是建构的、变动的,而不是预先存在的、一成不变的。②③ 第二,在亚文化与政治的关系方面,后亚文化理论与伯明翰学派的理论有很大的差异,伯明翰学派强调的是亚文化的反抗性,与经济领域的亚文化参与没有关系。萨拉·桑顿认为,各种媒体形式,如宣传、评论,实际上有助于产生最初的不同和分散的文化碎片,进而将其整合成人们所认同的亚文化,从而有效地强化它们的反抗地位和延长它们的存续时间。④

三、后亚文化研究的两个流派

基于研究范式的转换,后亚文化研究领域出现了迥异于伯明翰学派的两个流派。第一个流派试图摆脱伯明翰学派的理论模式,重构一套研究当代文化现象的模式,如布尔迪厄式方法之于文化资本的研究:《区分:判断力的社会批判》;巴特勒式方法之于作为亚文化身份基础的表演:《性别麻烦:女性主义与身份的颠覆》和《身体之重:论"性别"的话语界限》;马费索利式方法之于构建青年分析的后现代模式:《部落时代:个体主义在后现代社会的衰落》。第二个流派则试图放弃继续使用伯明翰学派所谓的"亚文化"这一术语,并创造了新概念,如"部落""通道"等,代表人物有阿马普迪·辛格、班尼特、史蒂夫·雷德黑德等。辛格在《活的、流动的亚文化》中把当代青年群体称为"通道"(channels)或"亚通道"(sub-channels),班尼特和雷德黑德则称其为"新部落"⑤ 和"部落文化"⑥。这两个流派既相互独立,又相互交叉。

四、后亚文化研究范式遭到的批判

后亚文化研究范式也遭到了批判,面临着挑战。例如,对于后亚文化研究者提出的

---

① STRAW W. Systems of articulation, logics of change: communities and scenes in popular music [J]. Cultural Studies, 1991, 5(3): 368-388.
② THORNTON S. Club cultures: music, media and subcultural capital [M]. Cambridge: Polity Press, 1995.
③ MUGGLETON D. From classlessness to clubculture: a genealogy of post-war British youth cultural analysis [J]. Young, 2005, 13(2): 205-219.
④ THORNTON S. Club cultures: music, media and subcultural capital [M]. Cambridge: Polity Press, 1995.
⑤ BENNETT A. Subcultures or neo-tribes?: rethinking the relationship between youth, style and musical taste [J]. Sociology, 1999, 33(3): 599-617.
⑥ REDHEAD S. Subculture to clubcultures: an introduction to popular cultural studies [M]. Oxford: Blackwell Publishers, 1997.

"（新）部落"概念，学界褒贬不一。现代主义研究者认为，这些概念和由此建构的青年文化理论的局限性在于，如果将其用于青年文化研究，可能会忽视对政治因素的关注。因此，杰里米·吉尔伯特、伊万·皮尔逊和奥利弗·马查特都建议回归葛兰西模式，但同时要注意文化霸权理论的复杂性。[1][2]

亦有后亚文化研究者认为，"（新）部落"这一概念的提出，有助于克服伯明翰学派研究范式的局限性，可以通过为亚文化现象贴上不同部落的标签，分析不同时代的亚文化现象，如日本的摩托赛车部落、水晶部落（日本的雅皮士）、媒体狂热分子等。

总体来看，"后亚文化"这一术语及其相关研究，提供了一个新的视角，有助于解决新的时代课题，也形成了独立的研究领域，并有了理论范式。但是，需要指出的是，"后亚文化"这一术语及其相关研究还存在以下问题：对"后亚文化"这一术语的界定和应用还需要进一步研究，如从"亚文化"向"后亚文化"的转换何以可能，又是如何实现的；"后亚文化"与"亚文化"的内涵有何区别和联系，前者是不是对后者内涵的拓展；"后亚文化"这一术语如何统一和界定；等等。此外，"后亚文化"研究的理论范式是对伯明翰学派的超越还是倒退等，都值得进一步探究。

第四节 网络亚文化研究

按照西方的亚文化理论，网络亚文化是一种后亚文化现象。但是，后亚文化理论由于时间跨度过大、理论涵盖范围过于宽泛，因此不能解释网络亚文化的新现象。

一、西方的网络亚文化研究

西方一些学者认为，新媒体赋予亚文化全新的内涵，信息传播和利用方式的不同带来了亚文化的变迁。观察西方的网络亚文化研究走向，可以发现其呈现出两个特点：一是继续关注青年亚文化的存在形式，重点关注从线下搬到线上的青年亚文化形式，如音乐生产、种族亚文化等。这体现了其研究的一贯性，即研究的内容大体保持不变。二是关注网络亚文化的新特征。具体而言，西方的网络亚文化研究主要集中在以下几个

---

[1] GILBERT J, PEARSON E. Discographies: dance music, culture and the politics of sound [M]. London: Routledge, 1999.

[2] MARCHART O. Bridging the micro-macro gap: is there such a thing as a post-subcultural politics? [M]// MUGGLETON D, WEINZIERL R. The post-subcultures reader. New York: Berg, 2003: 83-97.

议题。

(一) 关注网络新文化样态，探讨亚文化的成因

美国学者伽布利拉·卢卡克斯研究了日本的手机小说写手，分析了手机小说的主题内容，也对大量的手机小说写手进行了采访，发现这类写作与传统写作存在很大的差异。澳大利亚学者布雷迪·罗巴德斯和班尼特在其合著的《我的部落：社交网站归属感的后亚文化表现》一文中研究了澳大利亚网民的"新部落阅读"现象，他们运用民族志研究方法，对澳大利亚境内主要的网站社区的网民表达现象进行了实证调查，揭示了网民身份表达的亚文化气质。[1] 赞比亚学者德里克·罗伯茨在《虚拟修饰人：后亚文化世界中身体修饰符号亚文化的指标》一文中，关注网络空间虚拟身体修饰符号现象，将亚文化的相关理论作为理解当代西方网络社会群体的理论概念，使用了身体修饰符号的虚拟人种学数据，挑战了后亚文化研究方法的主导地位。[2]

(二) 探讨网络亚文化中的"文化资本"问题

西方学界敏锐地观察到，亚文化具有文化资本的功能。丹麦学者苏涅·詹森在《对亚文化资本的再思考》一文中对桑顿关于亚文化资本的理论做了重新思考。在布尔迪厄的理论基础上，詹森认为对不同社会结构变量的层次分化和交叉点的社会学把握，是充分解释和理解亚文化与亚文化资本的必要条件。通过对亚文化（亚文化资本）内部所欣赏的事物的关注，同时分析亚文化在阶级、性别、种族方面的地位，可以更好地理解亚文化与其周围环境之间的关系。[3] 以色列学者阿萨夫·尼森鲍姆和利莫·士弗曼在《网络模因作为有争议的文化资本：以4Chan平台为例》一文中探讨了模因（meme）在网络社区中的文化资本运作问题。通过对美国4Chan平台亚文化的深入分析，揭示了模因作为资本的三种主要形式：亚文化知识、不稳定的均衡和话语武器。尼森鲍姆和士弗曼指出，支撑模因结构的二元性，导致其表现为有争议的文化资本。[4] 美国学者乔纳森·齐特林在《反思网络文化》一文中对模因的本质及其与创作者的关系，以及更广泛的文化和政治的关系进行了探讨。齐特林认为，互联网的分布式环境允许模因变形并远离其最初的意图。随着模因文化被大众文化同化，像Reddit或4Chan这样的网络亚文化平台，已经开始将自己的单纯模因传播者的角色重新定义为文化生产者。模因可以获

---

[1] ROBARDS B, BENNETT A. MyTribe: post-subcultural manifestations of belonging on social network sites [J]. Sociology, 2011, 45(2): 303-317.

[2] ROBERTS D. Modified people: indicators of a body modification subculture in a post-subculture world [J]. Sociology, 2015, 49(6): 1096-1112.

[3] JENSEN S Q. Rethinking subcultural capital [J]. Young, 2006, 14(3): 257-276.

[4] NISSENBAUM A, SHIFMAN L. Internet memes as contested cultural capital: the case of 4chan's /b/ board [J]. New Media & Society, 2017, 19(4): 483-501.

得商业吸引力,这让它们的创作者懊恼不已。① 美国学者林云雅在《黑客空间与中国物联网:创客如何重塑工业生产、创新和自我》一文中,运用人种学方法,分析了 DIY 创客所持的理想和在生产经营中所表现出的亚文化,以及这种独特的亚文化对资本、生产、个人赋权等的影响,探讨了中国建设创新型社会和开展创新革命、产业革命需要面对的问题。②

(三) 分析网络亚文化中的抗争政治意义

这是网络亚文化研究的一种突破。早在 21 世纪初,美国著名社会学家理查德·卡恩和道格拉斯·凯尔纳就在其合著的《互联网亚文化与对抗的政治学》一文中论述了互联网亚文化与对抗的政治学的关系。他们认为,互联网的兴起,作为文化和亚文化的力量,已经被多层次化,而且具有社会和政治的复杂性。当前互联网所处的状态,仍然是主流和对抗的不同群体及其运动的一种复杂集合。新型媒介后亚文化势必倾向于努力给予人们自由,让他们以互联网的彻底运用所能提供的某种另类文化形式、体验和实践为中心再度进行自我定位和自我建构。更广阔的互联网亚文化抵抗图谱也将注意力聚焦于地方层次,围绕性别、种族、性倾向、青年亚文化等身份主题组织斗争。③ 另外,移民亚文化也是网络亚文化政治抗争议题中常涉及的。移民历来是美国社会比较敏感的领域。科恩·勒尔斯和桑德拉·旁赞内斯研究了移民青年如何使用 IM(即时通信)网络交流工具,认为它形成了 IM 表达文化,以及移民青年以此抵御学校规训和家庭约束的"微观政治"。④ 在过去十年里,对暴力、恐怖袭击和极端主义的研究也急剧增加。美国学者托马斯·霍尔特等将对亚文化与政治关系的研究拓展到这一领域。他们在合著的《意识形态驱动的网络攻击者亚文化探析》一文中,关注了网络攻击这一网络文化现象,通过实证研究发现,网络攻击的动机通常都与意识形态有关,网络攻击者通常都有自己的政治和社会议程。他们在研究中还发现,土耳其黑客受意识形态议程的驱动反映了黑客亚文化具有更大的价值,尽管他们的攻击目标直接受到宗教或政治信仰的影响。⑤

---

① ZITTRAIN J L. Reflections on Internet culture [J]. Journal of Visual Culture, 2014, 13(3): 388 – 394.

② LINDTNER S. Hackerspaces and the Internet of things in China: how makers are reinventing industrial production, innovation, and the self [J]. China Information, 2014, 28(2): 145 – 167.

③ 卡恩, 凯尔纳. 互联网亚文化与对抗的政治学 [M] //陶东风, 胡疆锋. 亚文化读本. 北京: 北京大学出版社, 2011: 416 – 431.

④ LEURS K, PONZANESI S. Communicative spaces of their own: migrant girls performing selves using instant messaging software [J]. Feminist Review, 2011, 99(1): 55 – 78.

⑤ HOLT T J, FREILICH J D, CHERMAK S M. Exploring the subculture of ideologically motivated cyber-attackers [J]. Journal of Contemporary Criminal Justice, 2017, 33(3): 212 – 233.

(四) 阐释网络亚文化的本质

网络亚文化产生和发展的动因是什么？在网络时代，其存在状态如何？美国学者埃姆雷·乌卢索伊和福阿特·菲拉特在《迈向亚文化马赛克理论：亚文化内部的分裂》一文中提出，亚文化对抗和身份政治是导致亚文化在当代社会分裂的两个因素。人们在多种亚文化中寻求成员资格的慰藉，因为每一种亚文化都能从主流文化的压迫中脱颖而出，这培育了亚文化内部分裂的动力。亚文化分裂是自愿的、具有抵抗和颠覆性的。亚文化成员的不断分裂、多样性和流动性导致了我们所说的激进的亚文化马赛克，它指的是折中的亚文化联系和复合亚文化成员酝酿着抵抗的表征话语。①

新加坡学者帕特里克·威廉姆斯作为《越轨行为》杂志的副主编，写了一篇年度总结性文章：《亚文化并未消亡！从"亚文化、流行音乐和政治变革"和"青年文化和亚文化：澳大利亚视角"为亚文化研究号脉》。在这篇文章中，威廉姆斯结合澳大利亚的实际情况，揭示了亚文化在流行音乐和政治变革中存在的现实，认为身份和认同、中心和外围、社会媒体及历史是亚文化研究的重要议题。他不仅回顾了亚文化研究的意义，而且强调了亚文化概念的持续关联性。②

从西方的亚文化研究来看，研究的各个阶段均围绕几个关键概念和理论展开，主要集中在"仪式抵抗""风格""收编""粉丝文化""问题解决"等概念上。总体来看，文化研究的色彩较为浓厚，研究的议题没有发生太大的变化，直到今天依然是音乐生产、文化资本化、场景等议题。本质上，西方社会由于意见表达的渠道较多，意见表达相对更为自由，所以借助于网络来表达抗争性政治意见的相对较少，网络亚文化的抗争性不明显，甚至连早期英美青年亚文化的仪式抵抗都不多见。

▶▶ 二、我国的网络亚文化研究

我国较早介绍亚文化的文章是冯凭于1984年发表在《现代外国哲学社会科学文摘》（现名为《国外社会科学前沿》）杂志上的《文化中的亚文化和反文化》（摘译自维克多·鲍德里奇的著作《社会学：对权力、冲突和变迁的批判性研究》）。在这篇文章中，冯凭第一次对亚文化和反文化的内涵、外延及其产生的社会动因等做了阐述。其后，1985年《社会》杂志第一期刊登了王曙光的文章《青年亚文化社会功能浅析》。王曙光

---

① ULUSOY E, FIRAT A F. Toward a theory of subcultural mosaic: fragmentation into and within subcultures [J]. Journal of Consumer Culture, 2016, 18(1): 21-42.

② WILLIAMS J P. Subculture's not dead! Checking the pulse of subculture studies through a review of "subcultures, popular music and political change" and "youth cultures and subcultures: Australian perspectives" [J]. Young, 2019, 27(1): 89-105.

指出，亚文化具有一般文化的社会功能，如价值观上的认同、人际关系的协调、心理需要的满足和人的社会化等。除此之外，亚文化还有一些相对于主导文化的更为突出的社会功能，这主要体现在对外来文化的敏感、吸收和对内的灵活、多变两个方面。[①] 在20世纪80—90年代的相关研究中，一部分是文化学者（包括文学研究学者）在文化范畴内对亚文化加以介绍，内容除青年亚文化以外，还涉及犯罪亚文化、宗教亚文化、种族亚文化等；另一部分则是社会学者从青少年研究角度来思考相关青年亚文化现象。

1984年，国内出现亚文化相关研究。1999年，国内出现网络亚文化相关研究，至2013年达到最热。网络亚文化的多学科研究趋势也越来越明显，已深入语言学、心理学、传播学、社会学等多个学科，并衍生出多个交叉学科主题。

进入21世纪后，亚文化相关研究呈爆发之势，大量著作、论文将亚文化研究推向深入。以2010—2018年中国知网（CNKI）资源库（学术期刊、学术辑刊、报纸、会议、学位论文）为范围进行检索，以"亚文化"或"青年亚文化"为主题词的文献共1289篇，经过筛选，436篇被确定为有效文献。如当前热门的伯明翰学派亚文化理论、网络语言与亚文化、"佛系"亚文化、流行音乐与亚文化等相关文献正与日俱增。以相关概念或理论关键词进行搜索，则有2000多篇文献。总体来看，我国学界尤其热衷于对亚文化本土化问题的探讨。我国的网络亚文化研究主要呈现以下几个特征。

(一) 亚文化研究呈现多元化趋势

客观地说，21世纪头几年的亚文化，与20世纪八九十年代的亚文化没有太大的区别。事实上，当下的亚文化研究所依赖的理论依旧源于最初的伯明翰学派，而后亚文化研究是伯明翰学派研究之下的另一重要转向，两者具有一定的承袭关系，亚文化研究也逐渐走向成熟。但是，随着互联网的发展，当下的亚文化又呈现出区别于20世纪八九十年代亚文化的特征，其中抵抗、越轨的色彩逐渐减弱，取而代之的是无止境的戏谑与狂欢。同时，具体的亚文化在表征和风格上存在明显差异，这也促使亚文化研究不再局限于传统的越轨者、罪犯、移民等边缘群体，而是更加关注青年群体、网络群体和圈层群体等多元群体的亚文化现象。这说明亚文化研究对象开始呈现更加多元化、异质性的特征。同时，更多的学科关注到亚文化研究，亚文化研究的主题也较为丰富。亚文化研究的多元化趋势主要表现在以下几个方面。

1. 多学科视角的亚文化理论探讨

当下涉猎亚文化研究的学科主要有文化学、传播学、青年学、文艺学等，各学科从自身理论体系出发，探讨相关的亚文化问题。具体来说，文化学主要立足文化本身，从

---

① 王曙光. 青年亚文化社会功能浅析 [J]. 社会，1985 (1): 12-13.

不同群体的文化属性出发，具体探讨亚文化群体的行为及由此引发的亚文化现象，将亚文化所引发的种种现象归结为文化缘由。不同于文化学，传播学更加关注亚文化群体之间的关系连接、群体交往、文化实践和社会功能等议题。青年学则主要聚焦于青年群体的亚文化实践，关注青年群体在亚文化实践中的反叛、狂欢和"游牧"等现象。文艺学更多的是从审美角度出发，考察不同形式、不同种类亚文化的价值。总体来看，不同学科理论探讨的内容主要有青年亚文化与主导文化的关系、后现代主义青年亚文化、青年亚文化群体利益与文化表达权等，但这些理论探讨受伯明翰学派的传统研究路径影响较深，大多缺少理论创新。

2. 亚文化族群研究

从芝加哥学派和伯明翰学派的亚文化研究来看，传统亚文化研究关注的对象是越轨群体、城市边缘群体甚至是犯罪群体。我国有关亚文化的研究则主要聚焦于传统大学生群体、都市青年群体等边缘群体，重点关注边缘文化，其中亚文化实践的反叛与抵抗色彩较少，构成较为独特的研究视角，有助于形成具有中国特色的亚文化研究。同时，新生代农民工群体、青年女性群体等亦成为我国亚文化研究的重点关注对象。例如，李彪从伯明翰文化研究学派的亚文化理论视角出发，对快手平台上新生代农民工的土味文化视频的视觉呈现及关系权力建构进行了研究。① 周敏同样关注到了快手平台上的新生代农民工群体，她从亚文化资本理论视角出发，通过考察快手这一短视频媒介场域内的规则、用户惯习及资本的转化等内容，检视基于快手平台的品味之争背后的行为逻辑。② 而针对青年女性群体，侯丽娴关注到短视频中的女权话语，发现此类话语呈现出与欧美数码女权主义一样的"不稳定性"，既具有后女权主义及大众女权主义回避权力结构批判、突出个人主义特色、拥抱自由主义价值观的特点，又具有自第二波妇女解放运动以来所强调的"个人就是政治"的女权抗争性。③ 此外，孙黎对数字时代女性青年亚文化社群的价值进行了审思。④

3. 媒介多元化背景下的亚文化研究

随着互联网技术的发展，以"连接"为核心的 Web 1.0 已经发展到以"交互"为核心的 Web 2.0，随之而来的是大众传播时代的"传者中心化"被自由流动的"个人去中心化的节点传播"替代，亚文化实践也逐渐由线下转移到线上，由此带来很多新的亚

---

① 李彪. 亚文化与数字身份生产：快手新生代农民工群体土味文化研究 [J]. 东北师大学报（哲学社会科学版），2021（5）：115-120.
② 周敏. "快手"：新生代农民工亚文化资本的生产场域 [J]. 中国青年研究，2019（3）：18-23.
③ 侯丽娴. 青年网络短视频女权行动的策略与"不稳定性"研究 [J]. 广州大学学报（社会科学版），2020，19（6）：82-91.
④ 孙黎. 数字时代女性青年亚文化社群的价值审思 [J]. 湖北工程学院学报，2023，43（2）：29-33.

文化现象及研究议题。事实上，在从大众媒介到新媒介的变迁过程中，亚文化研究也在发生变化，研究者的兴趣从传统的影视作品、动漫作品、电视选秀节目等中的亚文化现象，转向新媒介中的亚文化群体和亚文化行为。例如，在传统的大众媒介中，有学者对影视广告中的青少年亚文化现象和当代欧美动漫影视中的亚文化现象进行了分析。[①②]而聚焦于新媒介中的亚文化现象，马中红认为，以互联网技术为主的新媒介对青年亚文化的激活，带动了各种文化关系的重新调适，青年文化形态也由传统风格化表征转向多媒介数字虚拟化生存，最终促成了青年亚文化表达方式和内容特质的根本性转向。[③]陈霖分析了新媒介时代青年亚文化对主流文化在伦理价值取向上形成的冲击，指出新媒介技术最重要的伦理价值是自由的诉求。青年亚文化也为自治、协商和社区文化的伦理取向提供了公共服务、协作精神等建设性资源。[④]

4. 亚文化研究主题和内容多样化

从具体的研究主题和内容来看，当下的亚文化研究呈现出多样化的特点。伴随着技术的发展和亚文化族群的扩张，亚文化研究主题和内容逐渐泛化，并日趋小众化，这也直接说明亚文化研究在广度和深度上均向纵深发展，更多的主题和内容被纳入亚文化研究之中。例如，李小云等从对贫困人口的消费亚文化分析中发现，现代性在消费端的扩张及少数民族消费亚文化的张力正使深度性贫困群体的消费结构走向固化，使其成为现代化的穷人。[⑤]再如，姚文苑对风靡青年群体的动物表情包呈现出复杂的文化杂糅性这一主题展开讨论，在她看来，动物表情包的萌式表达内在的符号意指实践和不同的语图关系共同形成了"萌文化"的视觉表征：后现代式的、反逻辑的、浅层化的。[⑥]此外，王智慧关注到"微社群"中的情理与人伦，认为随着互联网等技术的嵌入，以身体为载体的体育类作品在创作与展演中包含身体图像化、符码操持、身体-身份转换等隐喻，蕴含着情感消费、模拟亲缘关系，并在身体奇观化叙事中呈现出丰富的亚文化趋向。[⑦]诸如上述林林总总、各种各样的亚文化研究，已经表明亚文化研究主题和内容走向多样化。

---

① 石小静. 影视广告中的青少年亚文化现象分析［J］. 科技信息，2010（18）：546 - 547.
② 薄莎. 试论亚文化元素在当代欧美动漫影视中的呈现［D］. 重庆：重庆工商大学，2014.
③ 马中红. 新媒介与青年亚文化转向［J］. 文艺研究，2010（12）：104 - 112.
④ 陈霖. 新媒介时代青年亚文化的伦理冲突及其建设性资源［J］. 青年探索，2013（6）：13 - 18.
⑤ 李小云，高明. 现代性与亚文化：深度性贫困少数民族群体消费与贫困的研究［J］. 四川大学学报（哲学社会科学版），2018（3）：37 - 46.
⑥ 姚文苑. "萌"的审美与文化表达：青年对动物表情包的使用及其视觉文化实践［J］. 新闻与写作，2023（2）：96 - 105.
⑦ 王智慧. 身体符号与圈层关系："微社群"中的情理与人伦：基于体育类短视频的创作、点赞与评论［J］. 上海体育学院学报，2022，46（12）：22 - 33.

(二) 青年亚文化研究成为主流

我国的青年亚文化研究起步较晚，但随着互联网的逐步普及，青年亚文化也出现了一些新的形态。近十年来，我国的青年亚文化研究主要集中在对青年网络语言和行为的研究。

1. 将网络流行语看作亚文化的"风格"生产

网络青年亚文化的一大表现形式就是网络语言。怪异、另类的网络语言是一种"风格"创造，这与早期欧美青年亚文化有相似性。王英在《网络流行语现象解析》一文中指出，网络流行语是网友在虚拟空间发起的一场语言"狂欢"，其含义约定俗成，甚至成为集体认同的标识。[①] 曾祥月也对网络流行语进行了分析，在《网络流行语的文化解析》一文中指出，网络流行语揭露的社会问题，如楼房质量问题、政府公信力问题、社会资源分配不均衡问题、公共安全问题、社会诚信问题等，引起了社会各界的广泛思考。相关语词在网络和现实生活中的大流行表现了网民对社会问题的关注，同时也表达了民意。[②] 王琦等在《网络社交媒体环境下青年流行语的解读与思考》一文中指出，青年网络流行语是青年寻求自身身份和文化认同的有效方式，同时也是青年用这一群体特有的方式表达对社会不满及进行抗争的话语表达途径，在很大程度上展现出青年的社会境遇、社会心理和社会地位。[③] 李巍对后现代网络亚文化语言进行了分析，指出网络亚文化具有后现代主义特征。后现代网络亚文化对网络语言有深刻的影响，网络语言受到后现代主义思潮的影响，本身也在多元文化的影响和碰撞中彰显着多元文化的理念，如去中心化、感性化、非逻辑性、非理性、反语法性、戏谑性、娱乐化等。网络语言的风靡，昭示出大众文化的普及和推广的趋势。概括地说，这主要体现在四个方面：新奇化、娱乐化、多元化、随意化。[④] 此外，也有许多学者认识到，网络语言处于一个动态的变迁过程，代际差正在缩小，每隔一两年就会有新的网络语词产生。谷学强等认为，网民在网络社区和社交媒体中通过对语言的移植、派生，采用"拼贴""同构"的方式来实现对网络语言的话语建构。"拼贴"是对既有语言的挪用，以及对意义的篡改、转译和改编等，而"同构"则是某种结构、形象的复制与翻版。[⑤]

对于"小确幸""屌丝""佛系"等网络语言出现背后的社会原因，何伟琴的《从网络亚文化视角看网络语言》、兰凯伦的《网络语言"亚文化"现象探析》、李超民等

[①] 王英. 网络流行语现象解析 [J]. 新闻前哨, 2009 (8): 87-89.
[②] 曾祥月. 网络流行语的文化解析 [D]. 合肥: 安徽大学, 2011.
[③] 王琦, 巩彦博. 网络社交媒体环境下青年流行语的解读与思考 [J]. 山东青年政治学院学报, 2018, 34 (3): 57-62.
[④] 李巍. 后现代网络亚文化对网络语言的影响 [J]. 现代语文, 2018 (3): 107-111.
[⑤] 谷学强, 刘鹏飞. 网络亚文化对青少年思想教育的影响与引导 [J]. 当代青年研究, 2017 (6): 41-46.

的《"屌丝"现象的后现代话语检视》、肖伟胜等的《论网络语言的青年亚文化特性》、肖伟胜的《作为青年亚文化现象的网络语言》等是这方面的代表研究文章。这些研究成果均将网络流行语看作一种青年亚文化的"风格"生产。

2. 对网络亚文化行为的研究有鲜明特色

这突出地表现在对"恶搞""追星""御宅""网游""弹幕"等网络行为的研究上。陈霖的《迷族：被神召唤的尘粒》、易前良等的《御宅：二次元世界的迷狂》、陈一的《拍客：炫目与自恋》、曾一果的《恶搞：反叛与颠覆》、顾亦周的《黑客：比特世界的幽灵》等著作是PC互联网时代青年亚文化研究的应时之作。这些研究可以说是对PC互联网催生的网络一代亚文化现象进行的总结，但深层次的分析研究尚未出现。此后，赵彦的《"李毅吧"的网络亚文化现象研究》对百度"李毅吧"年轻网民群体的产生、发展、行为及影响进行了分析①；高丹的《网络亚文化中的饮食男女现象》对网络亚文化语境下产生的饮食男女文化现象进行了探讨②；陈娟的《网络"吐槽"现象分析——亚文化现象学的研究》从现象学角度分析了"吐槽"这一网络行为③；化麦子的《都市青年的身份焦虑与网络亚文化的抵抗逻辑——关于网络"小清新"亚文化的研究》对豆瓣、新浪微博等网络空间出现的亚文化群体"小清新"进行了社会学、文化学的研究，揭示了他们作为亚文化存在的特殊性④。这些研究继承和运用了伯明翰学派"风格"研究的相关理论，同时又有所突破，这些年轻研究者没有把年轻网民的网络行为简单等同于朋克、光头党、嬉皮士等标新立异的文化"风格"，而是深入探讨这类亚文化产生的社会根源。

3. 重视网络青年亚文化的影响研究

这类研究较多由社会学、教育学的学者进行，更多的是对网络青年亚文化产生的社会影响做出客观理性的分析。李庆瑞的《自媒体时代大学生网络亚文化的解读与反思》认为，大学生网络亚文化有良性、中性、不良之分，其不良成分会对大学生产生不良影响。⑤ 裴淑雯的《网络亚文化传播对大学生群体网络人格的影响》也认为，网络亚文化在属性上有优劣之分，且极易影响大学生的文化观念和个人人格。⑥ 刘佳的《网络亚文化对当代大学生价值观取向的影响探究》进一步认为，网络文化已经成为大学生在日常

---

① 赵彦. "李毅吧"的网络亚文化现象研究［D］. 哈尔滨：黑龙江大学，2017.
② 高丹. 网络亚文化中的饮食男女现象［D］. 北京：北京印刷学院，2017.
③ 陈娟. 网络"吐槽"现象分析：亚文化现象学的研究［D］. 北京：北京印刷学院，2017.
④ 化麦子. 都市青年的身份焦虑与网络亚文化的抵抗逻辑：关于网络"小清新"亚文化的研究［D］. 广州：暨南大学，2015.
⑤ 李庆瑞. 自媒体时代大学生网络亚文化的解读与反思［J］. 阜阳师范学院学报（社会科学版），2015（4）：121－124.
⑥ 裴淑雯. 网络亚文化传播对大学生群体网络人格的影响［J］. 新闻研究导刊，2016，7（18）：345－346.

生活及学习中所接触的主要内容，这深刻影响着当代大学生的价值取向。以"白富美"等流行词语为代表的网络亚文化，对大学生的价值观产生的影响尤为突出，其中有积极的一面，也有消极的一面。[①] 钱炯的《网络亚文化对青少年的不良影响》是一篇较早对网络亚文化的不良影响做出研究的论文，钱炯从防范角度进行思考，在技术、法律等方面提出数条控制对策，并由此引申出对网络自杀、网络感情及网络婚介等相关网络文化现象的法律思考。[②] 这些研究均是从传播学、教育学、犯罪学等学科理论视角对网络亚文化现象进行的思考，而就网络亚文化的影响研究而言，还有待深入。

（三）亚文化与消费主义的关系研究受到重视

近年来，亚文化与消费主义的关系研究备受重视，逐渐成为国内网络亚文化研究的一个重要领域。目前，关于网络消费亚文化的研究主要有以下几个视角：一是延续伯明翰学派的商业收编视角；二是基于符号消费理论的符号消费视角；三是作为亚文化消费重要动力的情感消费视角；四是日渐兴盛的平台资本视角。从这些研究视角发展出以下三个主流观点。

1. 亚文化与消费主义是互存互依、多元复杂、充满张力的动态关系

在这一点上，研究者普遍认为，亚文化与消费主义的关系走向越来越复杂，二者并非泾渭分明、非此即彼的关系，也非博弈关系，而是呈现出新媒体语境下的互存互依关系。正如马中红所指出的，"在新媒体传播语境下，商业文化与青年亚文化之间的关系模式已呈现出前所未有的复杂情形"[③]，"亚文化与商业逻辑之间的关系已不再是伯明翰学派所固守的风格抵抗，不是赫伯迪克所担忧的收编即死亡，而是一个充满张力、互存互依的关系场域，是一个多元复杂的动态系统"[④]。亦如蔡骐所指出的，"一方面，商业力量把控着亚文化生产、亚文化社群聚合及互动的各个环节，成为亚文化风格的重要形塑者；另一方面，亚文化群族也全方位地介入到商品生产、消费及时尚制造的整个过程中，参与并见证着新的社会潮流的汹涌和更迭"[⑤]。

2. 消费主义对亚文化的影响深刻

马中红指出，随着新媒体、消费社会和全球化语境的来临，商业逻辑不再局限于借用、占有、嵌入亚文化的被动状态，商业可以主动激发、形塑青年亚文化。商品对亚文化进行"收编"的方式发生了深刻的变化。其中，一个值得注意的征兆是，不是亚文

---

① 刘佳. 网络亚文化对当代大学生价值观取向的影响探究 [J]. 华北水利水电大学学报（社会科学版），2015, 31 (3): 51-53.
② 钱炯. 网络亚文化对青少年的不良影响 [J]. 青少年犯罪问题，2002 (2): 18-20.
③ 马中红. 商业逻辑与青年亚文化 [J]. 青年研究，2010 (2): 65.
④ 马中红. 商业逻辑与青年亚文化 [J]. 青年研究，2010 (2): 67.
⑤ 蔡骐. 从苹果效应透视青年亚文化的演进 [J]. 苏州大学学报（哲学社会科学版），2015, 36 (1): 175.

化商品化了,而是商品有意图地预设了所谓"亚文化"的"外套"/风格,并披挂上阵,成为特定青年群体的"中心",获取他们的认同,从而激发了青年亚文化的生成及流变。① 王璐通过对"网购狂欢节"逐步取代"光棍节"成为11月11日的符号意指这一案例的分析指出,青年群体通过"符号性事物"的拼贴、同构和表意实践建构起了"光棍节"这一青年亚文化。青年亚文化与消费文化具有一致的文化内核,同时青年亚文化的受众与网络消费主体相似,而网络媒介更是成为青年亚文化与消费文化之间的桥梁,这些都为商业"收编"亚文化提供了可能,使"光棍节"成为一种消费风格。②

3. 亚文化消费深受资本的控制

亚文化的生产和消费内在于平台资本,因此亚文化消费的逻辑受资本的形塑。汪永涛在从资本的视角对Z世代③亚文化消费形塑机制的研究中指出,Z世代亚文化消费的动机主要包括:为热爱买单,取悦自我;寻找情感寄托物;满足社交需求。资本主要通过角色养成、符号竞争、消费意识形态引导等机制对亚文化参与者的消费过程进行引导和形塑。Z世代希望在亚文化所创建的世界中寻找快乐和自我实现感,这在潜意识中是对现实社会主导文化权力系统的一种逃避和反抗。但是,他们进入亚文化圈层后,必须屈服于另一套权力系统,而这套权力系统的主导权掌握在制定游戏规则的资本手中。④

(四) 技术变革背景下的新型亚文化成为研究的重点

技术变革正深刻地影响着亚文化的发展,尤其是Web 2.0技术的普及,促使节点传播取代中心化传播,这为亚文化自由的、流动的、泛在的传播提供了可能。因此,在技术的加持下,网络亚文化脱颖而出,呈现出有别于传统亚文化的表征和风格,可以说,技术的发展和变革为亚文化传播带来了新动向。在此背景下,数字媒体、数字传播等亦成为亚文化研究关注的新对象,而我国的网络亚文化传播机制研究也很快有了全新的研究视角,生发出全新的研究活力。当下,以网络亚文化为主的新型亚文化主要发展出以下三个主流研究方向。

1. 新技术与亚文化的新表征

技术的发展使亚文化呈现出新的表征,形成全新的以网络圈层为核心的网络亚文化体系,这也促使很多学者以技术为核心,探讨技术在网络亚文化发展中的位置。例如,吴迪等指出,随着数字化技术的不断发展,公共领域与私人空间的界限愈加模糊,中国

---

① 马中红. 商业逻辑与青年亚文化 [J]. 青年研究, 2010 (2): 60-67.
② 王璐. 11月11日: 从文化建构到商业收编: 对"光棍节"和"网购狂欢节"的分析 [J]. 青年研究, 2014 (3): 74-83.
③ Z世代, 也称"网生代""互联网世代""二次元世代""数媒土著", 通常是指1995年至2009年出生的一代人。笔者注.
④ 汪永涛. Z世代亚文化消费的逻辑 [J]. 中国青年研究, 2021 (11): 88-95.

互联网空间涌现出了大量虚拟的亚文化群体。它们以网络为基地,以个性为纽带,传播着另类的文化形式,并创造出共同的群体符号与情感连带,成为互联网上一股不可忽视的巨大力量。① 曾一果通过考察数字短片媒介发现,新媒体技术的发展使得近年来数字短片在青年群体中发展迅速。虽然数字短片作为一种具有青年亚文化气质的新媒介文化,具有一定的抵抗性、反叛性等,但反叛的力量很有限,而且它最终臣服于主流媒介的商业和权力逻辑。② 但总体来看,这一研究方向显然仍未摆脱传统伯明翰学派的理论窠臼。

2. 网络亚文化与圈层化、文化资本、关系、权力

在新技术的加持下,网络亚文化表现出圈层化的特征,但是区别于传统的亚文化,网络亚文化的圈层化拥有较强的流动性和自主性,圈层内部的反叛性色彩较弱,而与外部的区隔主要借助于内部的话语、风格等特定的品味与审美方式。这促使网络亚文化研究重点关注圈层化、文化资本、关系、权力等。对此,彭兰认为,关系、文化和技术三种力量共同影响了网络的圈子化,亚文化依靠其文化边界构建起另一类圈子,部分亚文化圈子还在走向组织化,而文化资本对于亚文化圈子有着特别的意义。③ 林品富有新意地提出了亚文化"共用能指"传播的社会学意义,在他看来,以"屌丝"为核心词的符号体系和叙事类型表达了特定虚拟社区的亚文化群体对既得利益者主导的新主流文化叙事的犬儒式抵抗,但它的想象性解决方案最终只能生产出既有权力结构的封闭循环。④ 李展等认为,弹幕亚文化通过设置严格的准入机制,在"次元墙"的保护下,进行弹幕视频文化圈的文化身份认同和游戏狂欢。同时,弹幕亚文化在虚拟文化圈中同样建立了实在的话语权力结构,这对于弹幕亚文化圈的信息交流与传播具有重要影响。⑤

3. 网络亚文化与民族主义

当下的网络亚文化还呈现出民族主义的倾向,这亦是中国特有的网络亚文化现象。在共青团中央栏目等媒体矩阵下聚集了一批具有朴素民族主义和爱国精神的粉丝,他们以"网络出征"的方式打击"港独"分子。⑥ 对此,刘海龙认为,新媒体技术不仅改变了民族主义运动的表达方式、组织动员方式、实施方式,而且还消融了政治运动、追星、游戏、个人身份建构等行为的边界,使得民族主义以"粉丝民族主义"的新面貌

---

① 吴迪,严三九. 网络亚文化群体的互动仪式链模型探究 [J]. 现代传播(中国传媒大学学报),2016,38(3):17-20.
② 曾一果. 抵抗与臣服:青年亚文化视角下的新媒体数字短片 [J]. 国际新闻界,2009(2):95-99.
③ 彭兰. 网络的圈子化:关系、文化、技术维度下的类聚与群分 [J]. 编辑之友,2019(11):5-12.
④ 林品. 从网络亚文化到共用能指:"屌丝"文化批判 [J]. 文艺研究,2013(10):37-43.
⑤ 李展,陆旖婷. 弹幕亚文化的传播机制研究 [J]. 武汉纺织大学学报,2018,31(1):48-52.
⑥ 欧阳友权,邓祯. 中国二次元文化的缘起、形塑与进路 [J]. 学术月刊,2020,52(3):132-140.

出现;反过来,新一代网络民族主义者也在时间、空间和语言三个方面成功驯化了新媒体,使之成为民族主义的一部分。[①] 青年网民保留了亚文化鲜活、个性、有趣的表达方式,通过吸收爱国、传统文化等元素,强调了文化优越性和民族身份认同,主动融合主流价值,实现主流文化与亚文化的良性互动。[②] 至此,亚文化也以一种特殊的形式,开始与主流文化进行交叠、融合。

(五)网络亚文化的社会心理研究正成为热点

随着互联网技术的发展,网络亚文化出现了"新族群""新文化场景"等新兴现象,其中尤以随着青年网民心态的变化而逐渐形成的新趋向为代表,网络亚文化的社会心理研究也成为热点。这些研究主要以"屌丝文化""佛系文化""丧文化"等近年大热的网络亚文化现象为例,对其文化生态与社会心理进行分析,并发展出以下三个主流观点。

第一,网络亚文化是个体心理需求和社会文化环境的共同产物,折射出转型期社会内在的矛盾和问题。网络亚文化的形成既与个体心理需求密切相关,又受到社会文化环境的影响和制约,是个体与环境相互作用的结果。正如王清杰在《网络流行语的文化生态与社会心理分析》一文中所指出的,网络流行语表达了网民对社会现象的普遍关注和基本评判,体现了网民对社会现状的另类表达和情绪宣泄,因而看似简单的网络流行语往往蕴含着深层的社会文化背景,折射出复杂的社会心理。[③] 令小雄在《从"屌丝文化"透视当代青年的社会心理》一文中写道:"'屌丝文化'所反映的集体焦虑,折射了社会内在的深层次问题。其代表的自嘲韵味是解构文化中的快感和胜利,这和'阿Q精神'有着内在传承性,网上的'愤青'往往是现实生活中的'屌丝'。'虐骂'和'求虐'心理是'屌丝文化'集体喷射的快感。"[④]

第二,社会转型期各种社会矛盾、贫富差距等造成的普遍的灰暗心理、焦虑心态、遁世哲学等具有广泛的影响。萧子扬等的《从"废柴"到"葛优躺":社会心理学视野下的网络青年"丧文化"研究》认为,青年"丧文化"的产生和流行是青年亚文化在新媒体时代的一个缩影,它反映出当前青年的精神特质和集体焦虑,在一定程度上是新时期青年社会心态和社会心理的一个表征。青年"丧文化"产生和流行的原因主要包括:虚拟网络的现实"拟构性";青年自我的"主动污名化";集体和社会的"无意识"

---

① 刘海龙. 像爱护爱豆一样爱国:新媒体与"粉丝民族主义"的诞生[J]. 现代传播(中国传媒大学学报),2017,39(4):27-36.
② 陈赛金. 近三十年中国网络青年亚文化变迁研究[J]. 中国青年研究,2023(3):83-89.
③ 王清杰. 网络流行语的文化生态与社会心理分析[J]. 河南师范大学学报(哲学社会科学版),2011,38(4):43-45.
④ 令小雄. 从"屌丝文化"透视当代青年的社会心理[J]. 青年探索,2014(1):57.

和"有意识";"微时代"的情绪感染:从"微"到"大"。① 朱美燕的《佛系青年心理透视及其引导策略》认为,佛系青年折射出的是一种万事虚无的世界观、与世无争的人生观及追求自我的价值观,看似淡泊豁达,实则萎靡颓废,是青年对自我的调侃及对现实的逃避。佛系青年及其佛系心理的出现,既有社会物质根基,又有个体精神动因,是内外因素交织、共同作用的产物。② 蒋建国等的《"佛系"亚文化的动向、样态与社会观照》认为,佛系话语折射出青年人的社会心态与价值认同。社会压力、媒体营造的焦虑环境及预设的命运影响青年人的"佛系"情绪。③ 这些研究都发现厌世亚文化中充斥着负面社会情绪,是社会动向的一种指标,对社会稳定十分不利。

第三,警惕网络亚文化空间可能引发的对个体心理健康和社会产生的负面影响,引导青年树立正确的价值观和培育积极的社会心态。正如萧子扬等所指出的,应当采用"理性与谨慎并行"的方式对待青年"丧文化",应当从优势视角对青年"丧文化"展开研究,应当引导青年树立正确的价值观和培育积极的社会心态。④ 蒋建国等认为,虽然"佛系心态"能舒缓一些青年的现实压力,但也需要警惕青年网民的原子化孤独、自我矮化、虚无主义及懒人心态等问题。⑤ 付茜茜的《从"内卷"到"躺平":现代性焦虑与青年亚文化审思》认为,作为一种网络文化症候和符号化表意实践,从"内卷"到"躺平"体现着从概念到流行话语的青年亚文化建构与流变过程,并通过社交媒体的多向传播和与社会热点事件相关的多元解读引发大众的共鸣。改善社会心理产生的现实社会环境,是优化社会心理结构和规避病态文化心理的有效途径,应合理区分社会消费中的物质主义倾向与正当的物质消费,应警惕"内卷"和"躺平"文化对青年思想意识与行为方式等可能产生的不良影响,尤其需要将"内卷"和"躺平"文化的抗争性转变为青年对社会责任的创造性承担。⑥

---

① 萧子扬,常进锋,孙健. 从"废柴"到"葛优躺":社会心理学视野下的网络青年"丧文化"研究[J]. 青少年学刊,2017(3):3-7.
② 朱美燕. 佛系青年心理透视及其引导策略[J]. 中国青年研究,2018(6):86-90.
③ 蒋建国,李颖. "佛系"亚文化的动向、样态与社会观照[J]. 探索与争鸣,2018(4):128-133.
④ 萧子扬,常进锋,孙健. 从"废柴"到"葛优躺":社会心理学视野下的网络青年"丧文化"研究[J]. 青少年学刊,2017(3):3-7.
⑤ 蒋建国,李颖. "佛系"亚文化的动向、样态与社会观照[J]. 探索与争鸣,2018(4):128-133.
⑥ 付茜茜. 从"内卷"到"躺平":现代性焦虑与青年亚文化审思[J]. 青年探索,2022(2):80-90.

【思考题】

1. 芝加哥学派的早期流民亚文化研究主要关注哪些方面？有哪些代表性研究？请在帕克"边缘人"理论的视角下，思考如何调适当代亚文化群体与主流文化的共存关系。

2. 尝试总结后亚文化研究的核心特点，并结合具体案例思考当下网络亚文化圈层中的"新部落"现象。

3. "从圈层兴趣发展为产业蓝海"已经成为亚文化在商业洪流中不可避免的走向，请从网络消费亚文化视角，结合某一具体文化现象，思考亚文化与消费主义的关系，并尝试厘清Z世代亚文化消费的逻辑。

第二讲
网络亚文化的本体阐释

何为网络亚文化？要回答这个问题，我们首先必须搞清楚亚文化是什么。"亚文化"（subculture）这一概念，最早由美国社会学家米尔顿·戈登在1947年发表的《亚文化概念及其应用》一文中提出。在戈登的界定中，亚文化是被视为民族文化的再划分加以使用的，是基于种族、经济、宗教和地区等不同社会要素而产生的差异文化。①1950年，大卫·雷斯曼进一步提出大众文化和亚文化的差异，指出亚文化是那些与主流文化相对应的非主流的、局部的文化现象。此后，关于亚文化内涵和外延的阐述有很多，20世纪80年代出现了一股研究热潮，其外延扩大到许多领域。互联网兴起后，亚文化研究又出现了一股研究热潮，学界开始转向对网络亚文化的研究，方兴未艾的社交媒体传播改变了数字化生产的样态和图景，网络亚文化转变为与符号和场景混杂的"后亚文化"，这给文化研究带来了全新的研究视角。

第一节 亚文化本体溯源

亚文化，通常指种种非主流、非普适、非大众的文化，也被称为"次文化"，主要表现为某些特定群体、特定民族、特定职业、特定生活圈子和生活状态的文化形式、内容和价值观。比较常见的有少数民族亚文化、青年亚文化、老年亚文化、宗教亚文化、网络亚文化等。社会学对"亚文化"的界定通常有自己的方法论。美国学者戴维·波普诺所著的《社会学》（美国权威社会学教材）对"亚文化"有以下定义：从广义来说，亚文化通常被定义为更为广泛的文化的一个亚群体，这一群体形成一种既包括亚文化的某种特征，又包括一些其他群体所不包括的文化要素的生活方式。②亚文化研究史专家、澳大利亚学者肯·盖尔德在其主编的《亚文化读本》（第2版）中，对"亚文化"做了类似的界定：亚文化群（subcultures）是指一群以他们特有的兴趣和习惯，以他们的身份、他们所做的事及他们做事的地点而在某些方面呈现出非常规状态（non-normative）和/或边缘状态的人。③从这两位著名学者所下的定义来看，subculture 一词，至少包括两重含义：第一，指与占主导地位的文化（dominant culture）相对、包含在占主导地位的文化之中并试图与之相区别、由某一群体共享的价值和行为方式；第二，指共享某种亚文化的人群或社群（近似 community），在此语境下可译为"亚文化群"。这

---

① 马中红. 西方后亚文化研究的理论走向[J]. 国外社会科学, 2010（1）: 137-142.
② 波普诺. 社会学（第十版）[M]. 李强, 等译. 北京: 中国人民大学出版社, 1999.
③ GELDER K. The subcultures reader[M]. 2nd ed. London: Routledge, 2005.

两重含义都表明"亚文化"既具有被主流社会划定的特征，又具有群体自我认同的特征，即当社会中的某一群体形成了一种包括区别于占主导地位的文化的某些特征、具有其他一些群体所不具备的文化要素的生活方式时，这种群体文化便被称为"亚文化"。从社会学的角度来看，亚文化群是被主流社会贴上某种标签的一群人，他们往往处于非主流的、从属的社会地位，有着区别于其他群体（尤其是占主导地位的群体）的诸多明显特征（如偏离性、边缘性甚至挑战性）和特殊的生活方式。

青年亚文化作为一种典型的亚文化形式，自20世纪50年代以来以其独特的姿态和风格引起社会关注，一直风靡至今。很多产生于20世纪的亚文化形式，如嬉皮士文化、粉丝文化、嘻哈文化，以及爵士乐、摇滚乐爱好者群体等依然活跃，其生存空间已转移到互联网上。亚文化群在20世纪主要指社会边缘群体，包括某些弱势群体、少数群体，主要以其文化形式的独特性而流行于世，其中规模最大、影响最广的亚文化群是青少年亚文化群体。杰克·道格拉斯等认为："亚文化群最一般的含义是某一主体文化中较小的一个组成部分。如果把文化定义为一套世代相袭的共同具有的意义和行为模式，亚文化群就可以简单地说成是这种文化任何一个可以辨认出来的组成部分。"[①]

纵观世界文化发展史不难发现，亚文化的出现往往伴随着社会异质现象。在西方工业化与城市化进程中，每一次社会变革总会产生一些边缘群体，边缘群体因难以融入主流圈，往往在自身内部创造新型文化，这必然冲击传统的主流文化结构，其间固化的阶级与文化意识被颠覆和重构，开始有越来越多的边缘群体通过标新立异的文化形式宣示其存在。在此背景下，不同的归属意识、身份认同、抗争和反抗等均登上了文化历史的舞台，在相互交错中形成了主流文化与亚文化的"分野"。盖尔德在《亚文化读本》（第2版）中提出，学科化的亚文化研究历史是从芝加哥学派开始的，芝加哥学派的社会学研究者在20世纪40年代提出亚文化概念并成功地使其从一种对"地下"和边缘文化的猎奇对象转变为社会学的研究对象。在文化研究的视野中，亚文化是通过风格化和另类的符号对主导文化进行挑战，从而建立认同的附属性文化。学科化的亚文化研究形成以后，大致经历了三个发展阶段：第一个阶段是芝加哥学派和美国社会学界的亚文化研究（20世纪20—60年代）；第二个阶段是以英国伯明翰学派为代表的青年亚文化研究（20世纪70年代）；第三个阶段是后伯明翰时期，即20世纪80年代以来人们对亚文化理论的回应与反思。早期的亚文化研究主要集中在一般理论研究、风格研究、性别亚文化研究、种族亚文化研究等方面；随着时间的推移，后期的亚文化研究转向同性恋亚文化研究、健身亚文化研究、宗教亚文化研究等五花八门的后亚文化研究；互联网崛

---

① 道格拉斯，瓦克斯勒. 越轨社会学概论[M]. 张宁，朱欣民，译. 石家庄：河北人民出版社，1987：95.

起以后，涌现出许多新型亚文化，如"耽美""佛系""鬼畜"等亚文化，丰富了后亚文化的内容。

亚文化主要有以下三个特点：其一，亚文化具有"抵抗性"。"某个社会群体"作为特殊群体，形成了这个群体独有的文化气质和风格，或者该群体身处某种特殊环境，与更广泛的文化（主流文化、成人文化或父母文化）产生了"具体矛盾"，呈现出差异性，甚至是对主流文化有越轨的倾向，其存在与主流文化格格不入，具有某种对抗性倾向。其二，亚文化具有"风格化"特征。亚文化的"抵抗"采用的不是激烈和极端的方式，而是较为温和的"协商"方式，主要体现在审美、休闲、消费等领域，是"富有意味和不拘一格的"。其三，亚文化具有"边缘性"。与更广泛的文化相比，亚文化的主体多处于边缘、弱势及"地下"等"特殊地位"（如青少年、下层阶级、草根阶层、少数民族、原住民、移民、女性、同性恋等），如伯明翰学派的代表人物斯图亚特·霍尔和托尼·杰斐逊所说的"工人阶级亚文化在人数上看属于少数"①。"亚文化这个字眼充满了神秘难解的意味，它暗示着秘密、共济会誓约和'地下世界'。"② 霍尔等人认为："青年文化最能够反映社会变化的本质特征。"③

迪克·赫伯迪格是 20 世纪后半叶亚文化研究的集大成者。他的亚文化研究思路延续了伯明翰学派的传统，主要集中在对亚文化本质的探讨上。我们同样可以从抵抗、风格和收编这三个关键词来看赫伯迪格的亚文化研究。

所谓抵抗，按照伯明翰学派的观点，亚文化的所有表现都是一种象征，其存在意义就是对现实文化的一种抵抗，其最重要的方法之一就是从亚文化如何抵抗主导文化及主导文化如何收编亚文化的角度对青年亚文化进行理论分析。在伯明翰学派之前，青年亚文化往往被看作社会的"麻烦"，是消费社会的结果，是青年与父母之间的"代沟"过深的结果，更有甚者将其视为社会负面现象。伯明翰学派则不然，他们重视这种新型文化现象，坚持从社会结构和社会矛盾的视角去看待青年亚文化。赫伯迪格对英国 20 世纪后半叶诸多的青年亚文化，如 20 世纪 50 年代的无赖青年，20 世纪 60 年代的摩登族、光头党和粗野男孩（rude boys）等进行了系统的研究，但着墨最多的还是 20 世纪 70 年代出现的朋克文化。他在细读传统文本的基础上，熟练运用符号学、结构主义和后结构主义理论，剖析了朋克文化等英国青年亚文化个案，对朋克文化这种英国社会风靡的亚

---

① HALL S, JEFFERSON T. Resistance through rituals: youth subcultures in post-war Britain [M]. London: Routledge, 1976: 14.
② HEBDIGE D. Subculture: the meaning of style [M]. London: Methuen & Co. Ltd, 1979: 4.
③ HALL S, JEFFERSON T. Resistance through rituals: youth subcultures in post-war Britain [M]. London: Routledge, 1976: 27.

文化潜藏着的抵抗功能和收编方式等进行了精辟的分析。

所谓风格，赫伯迪格认为它是亚文化的形式特征。通过解读伯明翰学派最初的文献不难发现，伯明翰学派的亚文化理论中出现频率很高的一个关键词就是"风格"。"风格"问题在伯明翰学派的亚文化理论中是一个非常关键甚至是核心的问题。亚文化之所以成为亚文化，本质上是因为其标新立异，离开这一层意义，就不能称之为亚文化。伯明翰学派实际上把亚文化看作一种"巨型文本"和"拟语言"现象，对其风格（"文体"）的抵抗功能和被收编的命运进行解读，正如霍尔等人所说的那样，"风格问题，更确切地说是一个时代的风格问题，对战后青年亚文化的形成至关重要"①，"对风格的解读实际上就是对亚文化的解读"②。

赫伯迪格的《亚文化：风格的意义》更是以"风格"为关键的理论突破口："亚文化的意义向来都是众说纷纭，而风格则是矛盾的定义以最引人注目的力量彼此相互冲突的场域。"③ 赫伯迪格在《亚文化：风格的意义》中条分缕析地揭示了拒绝、挪用、同构、拼贴的风格，风格与黑人、白人的关系，风格与媒体、与摩登派、与摇滚派、与"垮掉的一代"的关系，等等。他认为，"风格"并没有独立于社会政治语境之外，并不单单只是朋克族等亚文化群体的符号游戏。通过风格的展示，阶级、种族、社会性别等关系都受到关注、得以传达。《亚文化：风格的意义》正是围绕"风格"这一"富有意味"和"别具一格"的"符号形式"对风格的抵抗功能和被收编的命运等关键问题进行了阐释，提出了许多重要观点，如：亚文化风格为什么会出现？如何理解它的抵抗功能？它主要通过什么方式得以形成？媒体如何对亚文化风格进行妖魔化的处理，以至于引起了道德恐慌？风格是如何被意识形态和商业收编的？应该如何对其进行评价？能否将亚文化风格与同期的现代美学、后现代美学进行比较，以对其做出美学层面的归纳？伯明翰学派对这些问题的解答及其亚文化风格理论有哪些不足？这些不足是怎样产生的？对后人有哪些启示？

所谓收编，是指亚文化的普遍性命运。亚文化的风格产生以后，主流文化和利益集团不可能坐视不管，为了借助于亚文化发挥影响力，主流文化往往会对亚文化进行收编。早在《通俗艺术》一书里，霍尔和帕迪·沃内尔就研究了青少年亚文化的商业收编问题，在霍尔看来，青少年文化是货真价实的东西和粗制滥造的东西的矛盾混合体：

---

① HALL S, JEFFERSON T. Resistance through rituals: youth subculture in post-war Britain [M]. London: Routledge, 1976: 52.

② HALL S, JEFFERSON T. Resistance through rituals: youth subculture in post-war Britain [M]. London: Routledge, 1976: 203.

③ 赫伯迪格. 亚文化：风格的意义 [M]. 陆道夫，胡疆锋，译. 北京：北京大学出版社，2009：3.

它是青年人自我表现的场所，也是商业文化提供者水清草肥的大牧场。① 赫伯迪格深入探讨了亚文化的收编问题，他的研究表明，亚文化的表达形式通常以两种主要的途径被整合和收编到占统治地位的社会秩序中：第一种是商品的方式，即把亚文化符号（服饰、音乐等）转化成大量生产的物品（转换为商品的形式）；第二种则是意识形态的方法，即支配集团——如警察、媒介、司法系统等（意识形态形式）——给异常行为贴上"标签"，并重新加以界定。

与伯明翰学派的许多成员一样，赫伯迪格在其研究中有些过分强调亚文化风格的抵抗功能，在有些地方难免会给抵抗添加"浪漫化"的色彩，这就会不同程度地忽视媒体在亚文化风格形成中的作用及亚文化与收编的复杂关系。②

从亚文化近一个世纪的发展历史来看，其发展与社会变迁有很大的关系。我们要想理解一种文化是如何编码、如何表现的，就需要在其形成背景下展开分析。当代的青年所面对的社会背景表现出复杂化、多元化、异质化及高度不稳定性等特点，青年的社会心理与突变的社会现实之间往往存在一种关联性，特殊的社会背景促使青年亚文化形成和发展，因此它始终是青年与社会背景互动、关联的产物。

由此可以看出，就本体而言，亚文化由年轻人创造，具有仪式抵抗的色彩，往往以独特的风格彰显于世，形成与主流文化相对立的文化样式。作为亚文化的主要形式，青年亚文化通常会被收编。在网络传播时代，网络亚文化继承了青年亚文化的某些特征，但又有自身独特的本体属性。

第二节 网络亚文化的本体特征

网络亚文化，顾名思义就是在互联网出现以后，存在于网络空间的一种亚文化形态。互联网技术赋权、赋能，使得网络空间出现一种与传统文化（包括传统亚文化）风格迥异的文化形式。互联网兴起以后，各种精英文化的话语日渐丧失权威、失去中心地位，并被碎片化、异质化、多元化的话语逐渐取代。网民群体在网络空间获得了现实空间所没有的言说自由，风格迥异的亚文化彰显了其对现代社会的反叛精神。网络亚文化具有个性化、非中心化、高复制性等文化特征，契合了某些后现代文化逻辑。具体来

---

① HALL S, WHANNEL P. The popular arts [M]. Boston: Beacon Press, 1964.
② 赫伯迪格. 亚文化：风格的意义 [M]. 陆道夫，胡疆锋，译. 北京：北京大学出版社，2009：中译本序 3-5.

说，网络亚文化的特征主要包括以下几个方面：

首先，体现社交媒体的交往属性。网络亚文化是在网民在网络空间进行交往实践的过程中产生的，自然会体现出交往行动的特性。网络亚文化是线下现实空间亚文化实践的延续，但又与其完全不同。网民交往活动的重点在于建立联系、强化互动、注重分享等，这些活动经由实时、自由、开放的互联网传播，产生了新的风格和趣味，并逐渐围绕不同趣味形成特定的群体圈层。在微博社区、百度贴吧等虚拟空间，我们总能够发现数以万计的网络亚文化群体。

其次，体现虚拟性。网络亚文化的交往主要是在虚拟空间中进行的，网民通过社交网络、网络游戏等平台和工具，在虚拟世界中建立联系、进行交流和互动。与现实空间的亚文化不同，网络亚文化存续于网络空间，网络空间是虚拟的，网络亚文化自然也体现出虚拟特性。传统的青年亚文化群体多栖居于现实空间的街角、舞厅、贫民区等"秘密"场所，而在虚拟的网络空间中，青年亚文化群体的交往场景已经演变为具有混杂性、短暂性和"无关政治"的"流动场景"。例如，天南海北的网络游戏爱好者可以不受空间限制，因共同的兴趣而聚集在一起"切磋技艺"。网络虚拟性消除了现实空间的种种禁忌，为网络亚文化群体提供了一个聚集的机会。

最后，依托网络平台生存，借助于各种网络平台载体开展内容生产。从现实载体来看，有笔记本电脑、手机、平板电脑等各种电子设备；从虚拟载体来看，存在空间较为广泛，具体有：

（1）社交网络平台：各种应用软件是网络亚文化实践最为基础的载体，如微博社区、微信群、百度贴吧等社交网络平台营造了一个开放的交流空间，方便同一文化圈层的人交流、建立联系。

（2）自媒体平台：微信公众号、知乎专栏、B站等自媒体平台是网络亚文化广泛传播的渠道。

（3）BBS等具有主题的交流论坛平台：网友在论坛中自由地交流、讨论各种话题，将自己的经验、观点、见解、认知传递给更广泛的群体。

（4）网络游戏平台：网络游戏是网络亚文化最具代表性的形式之一。网络游戏玩家根据自己的兴趣爱好，选择相应的游戏类型进行游戏，形成相应的网络文化，这些文化的传承和发展主要通过游戏中的交流和互动来实现。

第三节 网络亚文化的类型

举凡在网络空间生成的亚文化形式都属于网络亚文化的外延形式，主要表现为网络空间的二次元文化、网络语言、圈层文化、短视频、弹幕文化等。尽管不同的亚文化具有极大的差异性，但是根据话题、形式、内容等，大致可以将其分为以下几类：

其一，向网络空间迁移的传统亚文化。这类亚文化继承了传统亚文化的某些"惯习"，如朋克、雷鬼、追星等亚文化延续了过去的某些做法，但也有为适应网络时代而做出的改造。在主流文化的映照下，线下亚文化为了争取自己的位置与获得承认，进行着多样化的抗争。尽管在新时代会有更丰富的表达手段，但其内核仍然落在社会话题上，如LGBT（性少数群体）、女权主义……这些亚文化作为民族文化的一部分，在任何时代都会存在。

其二，在网络技术环境中产生的亚文化。这类亚文化具有极强的时代特色。随着全球化及世界经济深度融合，传统的亚文化类型逐渐退出历史舞台；同时，随着互联网应用的普及，越来越多的新型亚文化和亚文化群体如雨后春笋般涌现。网络亚文化具有明显的开放性特征，呈现出混杂交错、泛化融合的趋势。从恶搞文化开始，到饭圈文化、耽美文化、御宅文化、鬼畜文化……它们是在网络空间生成的亚文化，是当代的新事物，与网络技术有着密不可分的关系。网络游戏、二次元是典型的虚拟空间的亚文化，网络亚文化群体熟悉虚拟空间的操作技术和术语，久而久之就形成了特定的文化圈层。

其三，时空变化带来的亚文化。互联网技术带来的时空观念的变化，自然会在文化形态上有所表现。虚拟空间提供了新型文化实践机会。时空图景的变化会"对日常生活的秩序产生各种物质性的后果"[①]。由于我们同时处于后现代的时空中，产品冗余，为了促销，时尚宣传自然成为主要的手段，消费时尚成为产品更新换代的最大动力。在这种时空中的亚文化及其群体往往是文化实践的时尚先锋，他们创造的文化潮流推动了整个社会的大生产进程。这类以标新立异为时尚主题的亚文化，其边界仅仅体现在形式上，并不具备过多的内核。从某种意义上说，它们只是为能够体会到其乐趣的群体提供的包容性载体，如弹幕文化、抽象字文化、解构与怀疑文化……虽然从表面上看是在对某些内容进行再编码，但实质上仅是通过自身的编译器输出想要表达的内容，与对象之

---

① 哈维. 后现代的状况：对文化变迁之缘起的探究 [M]. 阎嘉，译. 北京：商务印书馆，2003：255.

间并无特殊的关联。这样的亚文化就像是为内部群体准备的一场极为隐秘却又昭然的"狂欢"。

其四,以技术文化与主流文化相区隔的亚文化。网络亚文化群体创造属于群体自身的文化空间,以表示自我认同及与主流文化的区隔。这种空间和区隔的建立也可以说是对主流文化的仪式性和风格化的抵抗。[①] 在网络空间,青年亚文化一如既往地保持了与主流文化的距离,网络游戏、QQ或微信聊天、网络文学,都有青年自创的形式。在数字技术时代,他们更愿意用自己的符号来创造一种专属于青年自己的新的亚文化,如创造并使用网络流行语、跟帖、戏谑恶搞、"人肉搜索""晒客"等。[②]

第四节 网络亚文化的交往行动属性

网络亚文化与传统亚文化一样,是在交往行动中产生的。网络交往行为以分享、交互、参与等为特征。例如,过去,偶像与粉丝之间很少互动,但互联网崛起以后,偶像与粉丝互动成为常态。粉丝从"受众"转变为"用户",拥有了主体身份,因而与偶像的关系也由"仰视"转变为"平视"。这种自然交互方式可以让网络亚文化的内容更加生动活泼,增强用户的参与感和黏性。因此,要探讨网络亚文化,就必须将社交媒体作为一个重要的生态背景。

每个时代的青年群体都有自己的交往方式,因而都会形成自己独有的交往文化,网络空间的交往久而久之也就形成了独特的文化,并成为青年交流、形成群体的重要媒介。青年群体在网络空间的交往呈现出的最新特点是圈层化。饭圈、网游圈、Cosplay圈、盲盒圈……一些表征亚文化的圈层,成为当今青年交友的重要场域。圈层是"同类项合并"的结果,是网络空间中由交往行动逐渐发展而成的一种自发组织形态,只不过在前互联网时代,圈层是基于血缘、亲情关系建立的;在互联网时代,则往往不受时空限制和现实身份局限,按趣味聚拢,形成所谓的"趣缘"关系。"趣缘"具有极大的黏性,基于"趣缘"关系建立的圈层,其成员之间的互动进一步巩固了成员对待外部事物的观点和看法。圈层在长期交往中逐渐形成现实空间常有的某些惯习(江湖意识、等级观念、炫富行为等),如饭圈已经进化衍生出现实社会所没有的组织形态,既有"站

---

① 陆道夫. 英国伯明翰学派文化研究特质论 [J]. 学术论坛, 2003 (6): 139-145.
② 杨聪. 浅析网络时代的青年亚文化 [J]. 中国青年政治学院学报, 2008 (5): 53-56.

姐""粉头""大大"等核心粉丝,又有数据组、控评组、打投组、反黑组等粉丝组织。这类圈层内部权力扁平化,成员之间平等相处、友好交往,隔离成人文化、父母文化,"抱团取暖",因而在某种程度上是青年寻找心理寄托和安慰的世外桃源。由于处在社会文化的外围,青年群体只能用身体或技术的符号来表达自己的存在,用标新立异的生活方式和"玩法"来吸引他人的注意。如同当年玩摇滚、朋克,现在玩二次元、耽美、鬼畜是一样的道理。

与此同时,对网络的依赖越来越显著地体现在青年群体的社交生活中,网络热词、缩略语、黑话等成为青年的社交符号。值得关注的现象是,在长期的交往过程中,大多数亚文化圈层都发展出了自己专属的语言符号,如饭圈的专属语言符号多达十几种。如果不属于该圈成员,那么很难理解其交往语言。有些亚文化圈子所创造的"语言"不过是他们试图与成人隔绝的一种策略,同时也带有标新立异的色彩——既能防止圈外人干涉,又能强化圈子内部成员的共同体意识,还能形成独特的圈子文化和风格,更为重要的是,语言的创造和使用是形成自身文化权力的表征。"圈层化"并不是一种社会问题,无所谓积极还是消极,它只是新技术带来的社交方式的一种变化。随着媒介技术的不断发展,新的网络交往方式会不断涌现,因而新的网络亚文化形态也会不断产生。

第五节 媒介技术与网络亚文化的生成

随着媒介技术加速向人们日常生活嵌入,新型文化样态的生成不可避免。很明显,没有媒介技术赋权、文化形式创新、体验场景再造,网络亚文化的异质性就难以产生。网络空间的虚拟性也为亚文化的生成、扩散提供了土壤。

▶▶ 一、媒介技术赋权

很明显,青年群体的社会处境,在一开始就注定了其具有弱势地位。Web 2.0 技术兴起以后,青年群体拥有了改变自身权力现状的可能。毋庸置疑,他们迎来了权力重新分配的机遇。青年群体在媒介技术赋权下,不仅可以有效激发个人创造潜能,而且可以真正释放个人主体性。媒介技术赋权,使得个体、群体、组织等可以获取信息、分享观点、表达思想,从而为其采取行动、实现改变提供了可能。新媒介赋权带来了个体自主性与能动性的提升,促使个体开始主动接近新媒介技术,学会利用新媒介工具来满足自身需求,并利用技术在线上交流互动、表达情感和参与行动。新媒介联结了个体,立足新媒介的网络青年群体，利用自身掌握新媒介技术的优势形成独特的风格，在互联网构建的文化空间内进行着亚文化风格产品的生产与传播。

新媒介赋权所带来的权力转向更依赖使用新媒介技术的人群之间的互动、分享与创造。利用新媒介技术开拓新文化形态的主导权转移到了青年手中，他们凭借对新技术天生的亲近感与快速接受度，使自身与新媒介技术互为介质——青年群体通过学习新媒介技术，逐渐成为社会的主导力量，而新媒介技术的普及通常也需要青年群体的传播。新媒介已经成为网络亚文化传播的有力助推器，使网络亚文化的表现形式呈现出多样的后现代风貌。

二、文化形式创新

移动互联网时代，网络平台为公众提供了文化实践的空间，网络亚文化既包含戏谑、反讽和抵抗的成分，也包含日常化的内容生产成分。一方面，我们可以清晰地看到用户的自主性、无限创造力和生产力；另一方面，平台文化实践正以更加隐秘、持久且复杂的力量影响着公众的日常生活。

近年来，随着视频网站、直播和短视频平台的跨越式发展，网络亚文化发展进入新的爆发期。随着智能手机的普及，移动互联网的应用更加广泛，网络亚文化的用户年龄也进一步降低。年轻网民的"创意成果"得以广泛传播，不断生成新的亚文化潮流，进而促使网络亚文化的形式加速创新。

三、体验场景再造

随着媒介技术的迭代更新，一种以沉浸式体验为主要形式的消费文化开始流行。沉浸式体验是意识动机的表现，是指为参与者提供沉浸式的消费体验，让参与者感觉置身于虚拟（或增强）的世界中。从最初流行的沉浸式"凡尔赛"视频来看，夸张的演技和新鲜感是其吸引青年用户的主要原因。沉浸式体验文化样式是青年群体交流沟通的新现象。沉浸式化妆、沉浸式学习和沉浸式开箱也在网络空间流行。沉浸式体验亚文化有很强的代入感。当人们完全投入情境中时，他们会集中注意力，过滤掉所有不相关的感知，即进入沉浸状态。

当代青年群体追求"沉浸式""共情式"的娱乐体验，电影、展览、演出、密室逃脱、剧本杀等成为他们最喜欢的线下娱乐活动。注重体验的青年群体看重线下体验，喜欢新颖的快闪店，他们高频购买时尚单品，热衷于有艺术气质的轻奢品，以及带有圈层文化和代际认同的潮牌。相关研究显示，21%的青年每天都会网购，热衷于成为网购达人，注重网购体验。越来越多的兴趣圈子出现在这些青年圈层中，特别是电竞、国潮、萌宠、小众运动、潮玩等圈子，都有专属的趣味圈层。沉浸式体验亚文化的成因，一方面是年轻人个性化消费心理的驱动，另一方面是文化自信对年轻人的影响。同时，沉浸式体验亚文化也是他们摆脱传统娱乐、消费模式，开创新型娱乐文化新世界的实践尝试。

当代网络亚文化具有区别于传统亚文化的独特属性，它始终与时代脉络紧密相连。承载青年诉求的网络亚文化，其实践的主体、平台、空间都与以往有了质的不同，那种强调仪式抵抗、风格凝练的传统亚文化理解路径，已经难以解释当代网络亚文化的精神内核。新媒介技术背景下的趣味化是当代网络亚文化的主调。只有关注这种文化主调，才能探寻到网络亚文化演变的必然性与偶然性，才能了解这种文化编码体系的内在规律及其演变逻辑。

第六节 流动的现代性与游戏本体的亚文化

当前的网络亚文化到底是一种什么性质的文化，其本体特征是怎样的？回答这个问题，首先需要对当前的社会形态和文化生产格局做一个基本的分析。

齐格蒙特·鲍曼在 2000 年后先后出版的《流动的现代性》《流动的时代：生活于充满不确定性的年代》等书中描述现代社会最大的特征就是液态化，现代社会已经从坚固、沉重、形状明确的固体状态变为流动、轻灵、千姿百态的液体状态。所谓"流动的现代性"，是指人与人之间的互动模式，即各种社会关系处于不断"液化"的状态。流动的现代性状况下的人们过的是一种"液态生活"（liquid life）。① 在鲍曼看来，现代人生活在"时间密集、空间紧缩"的环境中，时间成为衡量智慧和能力大小的最重要因素。鲍曼用"流动的现代性""轻灵的现代性"来描述当前的社会状态，揭示社会的流动和解体趋势，作为对比，他将先前的社会状态描述为"固态的现代性"。在鲍曼看来，流动的现代性时期，没有长期的目标，没有固定的标准，没有绝对的价值，没有毋庸置疑的原则，一切皆如流动的液体一般。这在某种程度上也解释了文化的发展特征。鲍曼认为，现阶段"窄化""碎片化""瞬时化"的时间已经代替先前阶段"线性""方向性""绵延性"的时间。"在今天，人们憎恶、躲避持久性的东西并珍爱短暂性的

---

① BAUMAN Z. Liquid life [M]. Cambridge: Polity Press, 2005.

事物，然而却是那些失败者——尽管有极大的困难——正在激烈地抗争，以使他们微不足道、没有价值、昙花一现的所有权持续得更久一点。"[①] 在传统媒体时代，价值观念是固定不变的。无论是报纸、广播还是电影、电视，大众传媒成功地传播了固态化、标准化的思想和情感模式；但是，在流动的现代性时期，没有固定的标准，没有不变的原则，而文化就如同液体一般永远处在变动之中。"窄化""碎片化""瞬时化"匹配了现阶段的社会特性。

"固态"社会的文化强调长期的深思和积累，这有助于产生不朽的文化。正是有"深思"这一"固态"文化生产模式，人类才创造出不朽的哲学、艺术、文学等经典。随着社会由"固态"变为"液态"，人们的思维方式转向"零散化"，行为方式变为"非规则化"，网络时代这一倾向尤其突出。以鲍曼的这一理论来审视网络亚文化的种种表现，可以恰当地解释其内在规律和总体特性。

自 Web 2.0 技术普及以来，UGC（用户生产内容）模式的盛行改变了文化生产自上而下的模式。网民不再是大众社会里的一盘散沙，新媒体将以往基于血缘、地缘关系结成的"失落的共同体"中的个体重新聚合，形成一种虚拟共同体。人们得以通过网络平台，实现由"共同兴趣"聚合向自发性共同体的转变。由于网络书写互动主体与书写方式的后现代特性，网络共同体中建构了不同于以往的充满颠覆、狂欢和无羁的书写互动趣味。[②] 从现代性整体进程角度来看，我们可以明确判断，网红、抖音、快手等这些当前感性化的文化样态终究是历史阶段性现象。如果把现代性整体进程看作河床，那么这些阶段性的文化现象就是河床上的一朵朵浪花，而真正令人担忧的是河床走向。

基于对"液态"社会特点的认知，我们发现，网络时代的文化本体观已悄然发生变化，这种变化是一场"润物细无声"的革命。它完全有别于传统的以对"人"的思考为核心的文化本体观。"所谓人的文化本体，是指人得以生成、存在和发展的文化创造及其成果构成的前提条件、途径和基础。人只有获得了文化的本体，才能够使人取得进入人类社会的密码——人之成为人的语言、知识、精神、道德、生活习惯和技能等，才具备了作为人的资格和内涵。"[③] 以"人"为中心的文化传播和接受，强调的是对人的当下境遇和未来的思考，具体来说，人们对所涉及的社会、生命等诸多方面问题的思考都贯彻着人文精神。在信息技术高度发达的当下，文化的生产和接受方式都发生了本质的变化，关于"人"的思考架构已从文化的本体世界中慢慢退去。马克思所讲的

[①] 鲍曼. 流动的现代性 [M]. 欧阳景根, 译. 北京: 中国人民大学出版社, 2018: 42.
[②] 陈龙, 杜晓红. 共同体幻象: 新媒体空间的书写互动与趣味建构 [J]. 山西大学学报（哲学社会科学版）, 2015, 38 (4): 78-83.
[③] 李燕. 人的文化本体与人的自由与发展 [J]. 山东师范大学学报（人文社会科学版）, 2006, 51 (1): 3.

"人类掌握世界的四种方式"之一"艺术的掌握世界"强调了艺术的认识性、社会性，突出了它的"上层建筑"性质，"马克思把文学艺术看成是一种'艺术生产'，就强调了文学艺术的实践性、生产性和加工性，注意到了文学艺术本身与'经济基础'的实际联系，这样我们就既从哲学的高度俯视文学艺术，又从政治经济学的角度切入到文学艺术活动本身。……在文学艺术作品也成为一种可消费的商品的今天，马克思关于'艺术生产'的观念就尤其显示出了它的理论价值和现实意义。"[①]"艺术的掌握世界"的关键性指标在网络亚文化中变得日益模糊，因为 UGC 模式的文化生产不再体现上层建筑属性，所以也很难上升到哲学高度来洞察其内在价值。感性体验和感性表达成为文化生产的常态，文化本体已不再是思考，而是感觉。我们不妨称之为"游戏本体"。"游戏本体"的支撑核心是"趣味"，这是一种什么样的内核？对此，皮埃尔·布尔迪厄给出一个专门术语，叫"惯习"（habitus）。他认为，"惯习"在日常生活中表现为趣味，趣味反过来使阶级界限更加明确。"趣味作为文化习性的一种突出表现，乃是整体的阶级习性的一个关键性的区隔标志。"[②] 网络亚文化是新媒体技术诞生以来出现的新型文化形态，因为生于网络空间，一开始就具有分享性质，只是在代际文化上设置了技术障碍——趣味，成年人往往不太容易接受或使用这种文化，也不适应这种趣味。这些趣味化的文化往往具有相对独立、封闭的秉性，发展至今已蔚为大观，具有与主流文化分庭抗礼的势能。网络亚文化的生产、消费过程都与"玩"密切相关，建立在"玩"的行为之上的网络亚文化自然就是"游戏本体"的文化。

在流动的现代性时期，游戏本体的文化呈现出一种内涵"稀薄化"的倾向，即不求深度，只求快感。在游戏本体时代，情感交流（聊天）、游戏、娱乐……对人的诱惑力实在是太大了，娱乐取代了阅读，成为人们获取快感的主要方式。但是，这些快感和趣味更多的是虚拟的，大众不再接触过去时代最好的小说、音乐、戏剧、诗歌，而是沉迷于网络游戏和网络社交，并呈现出不可逆的趋势。游戏本体观正成为青年文化认同的基础，传统思考本体的文化至此出现断裂。

游戏本体观视域下的网络亚文化内涵"稀薄化"产生的原因有以下三个：

首先，传播的便捷化是网络亚文化内涵"稀薄化"的重要原因。媒介技术的快速变革带来了传播的便捷化，使网络亚文化获得了自由生长的空间。从早期的社区、贴吧、博客到现在的微博、微信等社交媒体，网民获取信息变得更为便捷，UGC 模式也成为新媒体文化生产的主要模式。网络语言、表情包、恶搞、黑客、迷族等亚文化形式

[①] 童庆炳. 文学理论教程（修订版）[M]. 2 版. 北京：高等教育出版社，1998：18 - 19.
[②] 朱国华. 合法趣味、美学性情与阶级区隔 [J]. 读书，2004（7）：53.

如雨后春笋般涌现，媒介技术赋能使得表达更快捷，当下即刻表达、即刻反馈，去掉了文化生产流程中的"打磨""锤炼"环节，节点传播也使内容缺少专业的把关流程和必要的沉淀，因而内涵的"稀薄化"在所难免。这些亚文化形式有一个共同的特点，即个体化的生产。网民在这样的技术攻陷下，容易失去思考和辨别的能力，往往陷入随波逐流的非理性状态。

其次，从亚文化传播主体来看，以"90后"为代表的"网络原住民"从一出生便开始接触网络虚拟内容，并逐渐适应了虚拟化的传播形式。想象性建构是网络亚文化主体的一个"惯习"。例如，"二次元世界"是一种类似童话世界的想象性建构，但这种网络乌托邦世界究竟有多少内涵和价值？按照传统思考本体文化的标准来看，它是一种长不大的"大儿童"精神与情感世界的折射。网络亚文化主体反叛成人文化，固守低龄化的文化格局，依据低龄化精神与情感世界建构了虚拟的文化，形成了幼稚化、片段化、异质化的品质，这导致网络亚文化内涵不可避免地逐渐"稀薄化"。

最后，网络亚文化处在消费社会，不可避免地体现消费社会的特点。生产与废弃成为一对共生的行为。鲍曼直言："流动的现代性是一个有着过度、剩余、废弃物以及废弃物处理的文明。"[①] 网络亚文化的生产加剧了"过载性"废弃，它意味着冗余、过度或滥用。即时生产，即时废弃。网络亚文化生产的速度是惊人的，节点传播格局和UGC模式使得文化生产迅速产生冗余和废弃。绝对统一的"趣味"没有了，而"我群"都想将自己的意志和趣味推广成为其他群体的共同意志和趣味，形成网络亚文化"想象共同体"。于是，文化普适性成为追求目标。正如英国学者尼克·史蒂文森在《认识媒介文化：社会理论与大众传播》中指出的那样，他择性是媒介生产的基本形式之一。[②] 特别是当他择性文化样式出现时，在互联网上发布信息成为"为承认自我而书写"的文化认同路径。他择性是消费社会供求关系的保证，大量的网络亚文化个体化生产必然产生冗余，正如鲍曼所言："冗余是废弃物最忠实的同伙，对它的庞大有着不可忽视的贡献。数量如此之大的'可用'或者'现成的'信息，被草草地阅读都是不可想象的，更不用说咀嚼吸收并记住了。"[③] 快速而大量的网络亚文化生产满足了"想象共同体"成员的消费需求，也将文化的内涵追求逼进了死胡同。例如，网络追文族将网络小说的生产塑造成具有广泛趣味认同的形式，然而网络小说的精神内涵从追文族追文开始就消亡了。

网络亚文化的游戏本体属性是现代性应然状态，也是消费社会实然状态，游戏本体

---

① 鲍曼. 废弃的生命 [M]. 谷蕾, 胡欣, 译. 南京：江苏人民出版社, 2006：102.
② 史蒂文森. 认识媒介文化：社会理论与大众传播 [M]. 王文斌, 译. 北京：商务印书馆, 2001.
③ 鲍曼. 废弃的生命 [M]. 谷蕾, 胡欣, 译. 南京：江苏人民出版社, 2006：19.

文化的本质是感性体验，其隐含的文化危机也将是社会难以应对的。

【思考题】

1. 请围绕亚文化理论的相关概念，如"风格""标签""同构""拼贴"等，对某一网络亚文化现象或个案进行阐释，并思考这些概念在网络空间中表现出哪些新特征。

2. 身处虚拟文化时代，交往行为与交往方式不断变化，如网络游戏的普遍流行使其在交往中起到愈加重要的作用。请结合某一具体现象，思考用户虚拟交往行为的类型、形成机制及虚拟交往实践的意义。

3. 网络空间的虚拟性如何为亚文化的异质性提供形成土壤？

4. 当前的社会形态和文化生产格局如何使网络亚文化表现为一种"游戏本体"的文化？游戏本体观视域下的网络亚文化内涵"稀薄化"缘何而形成？

第三讲

社会心态与网络亚文化的表现

媒介技术、商业模式和交往模式的变革，给当下社会大众的思想、情感表达带来了极大的便利。社会心态的媒介表达，成就了网络亚文化的总体特征。一方面，媒介化对当今中国社会的改造体现在社交媒体空间的"共同行动"正升腾为一种社会力量。社会对象、情境和关系的意义是在以符号为中介的交流过程中建构的。互动是指人们"共同行动"的有意义的过程，无论是体现在直接交流中，还是体现在通过媒体中介的交流中。① 媒介化给予社会成员自我表达的机会，使社会心理可以直接在网络空间展现出来。社交媒体作为一种结构性力量，破除了传播的门槛，鼓励人们通过媒介实践完成基于当下现实需要的交往行为，这在某种程度上打破了"沉默的大多数"存在的传播困局，实现了普通个体认知与宏观政治的聚合。另一方面，在媒介化趋势中，全民媒介实践的不断推进催生出许多新型文化形态，这些文化形态往往都直接用于传达人们的心声。因此，社会转型期的社会心态直接转化生成了亚文化形态，就其具体表现形式而言，"佛系文化""凡尔赛文学"及其相关网络流行语，都是社会心态的某种折射。

第一节　"佛系文化"的三个维度

互联网时代，社会变革节奏加快，各种社会思潮、文化碰撞、社会矛盾不断交错在一起，话语系统也在不断更新，以致传统词汇难以传达话语的核心意蕴。因此，一些网络用语就会适时地被创造出来。"佛系"概念甫一问世，就成为一种流行词，得到广大网民的认同，它应景式地表达出当下青年的社会心态和生存状态。佛系文化对当下社会现象具有解释力，它是一种文化现象，更是一种社会现象。佛系文化的背后，有着许多耐人寻味的东西，值得我们关注和研究。

▶▶ 一、区隔："佛系"作为青年亚文化的一种新样式

"90后""00后"等新生代群体从小就开始接触动漫、游戏等，其中都有二次元世界建构。作为动漫、游戏中社会生活的描述，这类文化接受体现了"低智性"。二次元世界建构了简单二元对立的价值体系，有自由、平等、正义，也有浪漫的爱情。二次元世界是一个遥不可及的、童话般的美好世界，这样的理想世界常常成为现实世界的参照物，因而使得"90后""00后"等新生代群体认为现实中的事物统统都是不理想的。

---

① HEPP A. Deep mediatization [M]. London: Routledge, 2020.

以二次元简化的价值判断、简化的思维逻辑看待纷繁复杂的现实问题，必然生出许多不满。比如，他们认为，现实世界的文化是严肃、僵化的说教，现实世界的教育是机械呆板、毫无生机的知识灌输，进而产生了对主流文化（包括父母文化）的抵触甚至反叛。因此，他们要创造属于自己的文化，与父母文化、成人文化相区隔。为了抵制主流文化，他们自创或恶搞或吐槽或自嘲的新奇样式，来与严肃、呆板、说教的文化相区隔。佛系文化就是青年亚文化在当下的一种表现。

在中国，佛系文化涉及两种人的生存状态和人生态度：第一种是从小不思进取，沉迷于游戏、娱乐、聊天，专注享乐，对未来缺少规划，不想工作、不想恋爱、不想结婚，以"低欲望"进行自我标榜的群体。"佛系"成为他们逃避现实、逃避责任的遁词。第二种是在大城市奋斗的部分年轻人。这一群体往往来自农村，在大城市打拼，由于社会分配不公、贫富差距大、职场竞争压力大等处在不得志、不如意的精神状态中，而社会阶层的固化趋势又使他们失去上升台阶和进步空间，他们面对住房、上学、就医等生活重压感到悲观、无奈甚至绝望。"佛系"成为他们自我解压的表达方式。很明显，"佛系"表达迥异于关于励志、奋发等的所谓正能量叙事，容易得到上述两种人的认同。"都行""可以""没关系"的话语表述，体现了无追求、无欲望、无目标的主题，与奋发向上、积极进取的主旋律形成对照。佛系文化突显了亚文化的个性化特征。美国学者阿尔伯特·科恩以"问题解决"思路来昭示亚文化的形成机制，在他看来，底层青年面临的问题是无法获得体面的工作、时常体会到"地位挫败"，以及由此产生紧张、沮丧、不满、内疚、辛酸、焦虑或绝望等情绪，他们解决这类问题的方法就是拒绝、反抗，乃至越轨和犯罪。① 张扬个性化的文化实践活动，是一种亚文化风格塑造，本身即具有仪式抵抗的意味。

▶▶ 二、佛系文化：交往行动与话语再生产

在网络技术参与的现代交往语境的演进中，最被明显感受到的是现实社会交往景观的变迁，而最突出的表现是语言文化的变迁。"屌丝""废柴""葛优躺""丧文化"等一系列网络语词的出现，可以被看作"90后""00后"青年群体的一种特殊交往文化实践。社交媒体时代，交往主体之间的日常生活场景般的交互活动，构成了现实世界中现代性的基本景象，同时包含了与之相应的主体性所主导的一切交往行动。于是，在现代交往语境中，日益依赖传播技术工具和语言符号系统的交往主体，会主动参与话语生产。现代性的合法性和有效性植根于具体的语言、文化实践。佛系文化这种社会交往景

---

① 科恩. 越轨与控制[M]. 张文宏, 李文, 译. 昆明：云南人民出版社, 1988.

观的产生源于社交媒体的普及,社交媒体带动了新的语言与文化实践。尤尔根·哈贝马斯的"交往行为理论"将人类运用语言的行为区分为"以言表意行为"和"以言行事行为",他更注重语言行为的"以言行事"成分。就认识功能而言,"以言行事"主要是对已发生或将要发生于世界的事进行"陈述",被它"主题化"的是"话语的内容",其任务在于为人们的相互作用关系"提供正当性"。[①] 佛系文化是年轻网民交往行动的表现,语言的核心任务是提供当下青年的话语"正当性",显然具有批判意义。从"佛系"一词的蹿红及系列衍生语言的大量生产,可以看出交往行动导致的话语生产脉络。

首先,"佛系"表现为一种圈层文化生产,这种话语活跃于社交媒体的圈群,久而久之,成为一种话语方式。从恶搞、吐槽到自嘲,它们已经发展成社交媒体平台的一种特有文化样式,成为圈层文化内共同接受、爱好的喜剧文化,也可以说是一种趣味共同体的经验和意义分享。这是最直接、最表层的交往行动。

其次,无论是"废柴""葛优躺"等词语还是表情包,各种符号的创造本身就是一种交往行动。就"以言行事"来说,这些佛系语言表达了新生代群体对现实的恐惧、无奈、沮丧甚至绝望。选择一种"主动污名化"的叛逆表达方式,本身就具有道德自裁意味,从而获得道德层面的同情。因此,"屌丝""废柴""葛优躺"等具有自嘲意味的词语成为社交媒体圈群的流行语,与这种"主动污名化"的道德自裁有很大的关系。

最后,从"佛系"衍生系列来看,之所以衍生出那么多佛系产品,是因为"佛系"一词具有话语再生产能力。可以说,建立在同龄人交往行动基础上的话语再生产能力是惊人的,"佛系"成为网络热词后,迅速扩展到各个领域,出现了"佛系青年""佛系男子""佛系女子""佛系学生""佛系子女""佛系父母""佛系追星""佛系恋爱""佛系饮食"等一系列衍生词语,把"都行""可以""没关系"的不温不火的"温吞水"标签贴到各个领域。

▶▶ 三、佛系文化:作为网络文化的现代性症候

佛系文化的产生不是偶然的,而是一种持续不断的生产过程。从历时性来看,我们可以关注到与该词相关的还有"废柴""葛优躺""丧文化"等,对这些词语背后的社会心态加以分析就可以看出其中的颓废、消极色彩,其中尤以"丧文化"最为典型。"丧文化"是一种带有颓废、悲观、绝望等情绪和色彩的文化,主要呈现形式是语言或图画。它是青年亚文化的一种新形式。以"废柴""葛优躺"等为代表的"丧文化"的产生和流行,是青年亚文化在新媒体时代的一个缩影,反映出当前部分青年消极的精神

---

① 欧力同. 哈贝马斯的"批判理论"[M]. 重庆:重庆出版社,1997.

状态和焦虑情绪。从本质上看,它是新时期青年社会心态的一种现代性症候。

在佛系文化简单的嘻哈背后,其出现有着深层次的社会原因。佛系文化源于生活中的"挫败感",对于"90后""00后"青年群体而言,最突出的表现是学习挫败感和职场挫败感。无论是升学竞争还是职场竞争,其实都是社会整体运作的工具理性化的产物。教育中以成绩为目标的升学模式与职场中以金钱为目标的考核模式,都是背离价值理性的。工具理性与自由之间的矛盾,在当下尤为明显。工具理性在全社会盛行,逐渐发展成为一元化话语,从而压抑着多元化的文化需求。自由主义文化是现代性文化的主要组成部分,它所具有的反对控制、反对压迫的文化特征,本质上是允许和鼓励多样性的文化价值的存在。社会追逐"物化"大潮,让走上社会不久的青年群体难以适应、望尘莫及。面对这种"物化"大潮,他们只能摆出消极应对的姿态。阶层固化和阶层跨越困难导致底层青年倍感人生无望,佛系文化成为一种自我安慰、自我保全式的文化生产。这与日本崇尚极简主义的佛系文化有着本质的不同。日本的佛系文化是在物质生活极大丰富之后出现的一种低欲望的社会倾向,是欲望逻辑发展到极致后的反向运动。在中国,在住房、教育、医疗等资源相对匮乏的当下,基本需求尚难以满足,青年多处于恐惧、焦虑的心态下,又如何会有类似日本"佛系青年"的极简主义心态呢?

"佛系"是一种文化包装,是阶段性文化生产的样态,本质上是现代性文化表征。从现代性角度来看,佛系文化与网络文化变迁中折射出的现代性是不一样的。理性是现代性的核心特征,佛系文化体现了这种理性主义的思维,暗含了某种批判意味。我们知道,青年亚文化的主要特征是边缘性、抵抗性和多元性,也就是说当代青年不仅在社会关系上主张多元,而且在思想意识上提倡边缘,他们经常以一种边缘化的视角、行为方式来建构一种边缘化的符号体系以抵抗主导文化,力求以此彰显自己的"标签"和"风格"。"佛系"的包装或者说"表演",正是当下特定青年群体"自我主动污名化"的文化标签。在我国青年亚文化的产生和流行过程中,后现代主义思潮在其中起着理论基础来源和价值规范导向的作用,青年亚文化吸收了后现代主义的基本元素,为后现代主义在青年中的广泛传播充当载体。

也许会有人认为,"佛系"是当代年轻人的一种生活态度,随意标榜、发泄一下也是一种可容忍的生活状态。然而,笔者认为,应当知微知彰,引起重视。"佛系"这一戏谑之词,在日本已成为令人担忧的现实。日本著名管理学家大前研一在其所著的《低欲望社会:"丧失大志时代"的新·国富论》一书中发出感叹:日本年轻人没有欲望、没有梦想、没有干劲，日本已陷入低欲望社会！① 中国的情形与日本有相似之处，但也有很大的不同。我们关注的重点不应是"低欲望社会"，而应是逐渐在全社会弥漫开来的颓废气息，以及这种现象产生的根源。中国远没有进入如日本那样物质丰富的阶段，更多的恐惧来源于消费主义的匮乏。在中国，阶层固化、阶层跨越困难，这是现阶段青年焦虑的主要原因。这种社会结构和状态对于社会稳定显然是一个巨大的威胁和隐忧。同时，"佛系青年"的不结婚、不生育等做法，对老龄化日益严重的中国社会也是一种现实的挑战。

第二节 "凡尔赛文学"：青年对社会焦虑的另类表征

"凡尔赛文学"是2020年在中国互联网空间兴起的网络亚文化现象。新浪微博博主"小奶球"将社交媒体及日常生活中隐晦的炫耀行为称为"凡尔赛"，并在微博上发起话题#凡尔赛文学研究与实践#。自此，"凡尔赛文学"开始进入网络用户的视野。2020年11月，微博博主"蒙淇淇77"描绘自己奢华生活和梦幻爱情的博文在网络上受到广泛关注，人们惊诧于她所描绘的不真实生活，并进行嘲讽，"凡尔赛文学"成为微博热搜词。"凡尔赛文学"被《咬文嚼字》评选为2020年度十大流行语之一。

"凡尔赛文学"的产生和流行与当前中国社会现状密切相关。中国正处于社会转型期，经济社会高速发展，人们的生活节奏随之越来越快，可自由支配的时间却越来越少，人们必须不断调整自己以适应时代发展。而当个体无法适应加速发展的社会和激烈竞争的环境时，基于"就业""购房""结婚"等现实压力，一种"害怕落后"的焦虑情绪便悄然滋生，可以说，当今中国已经进入"全民焦虑"的时代。② "焦虑不再只是个体层面的一种偶尔的心理不适或症状，而是已成为一种持续的、弥散的社会心态，一种浮动于社会或群体中的、具有普遍性、代表性、基调性的生活体验。"③ 处于社会转型期的中国青年不仅要面对来自教育、工作、恋爱、结婚、买房、日常消费、医疗保障等各方面的物质需求压力，还要面对分配制度不公平造成的行业差距、社会流动性减弱

---

① 大前研一. 低欲望社会："丧失大志时代"的新·国富论 [M]. 姜建强，译. 上海：上海译文出版社，2018.
② 曾一果，时静. 从"情感按摩"到"情感结构"：现代性焦虑下的田园想象：以"李子柒短视频"为例 [J]. 福建师范大学学报（哲学社会科学版），2020（2）：122−130.
③ 王小章. 论焦虑：不确定性时代的一种基本社会心态 [J]. 浙江学刊，2015（1）：184.

等巨大的社会压力。① 社会竞争压力加大，但阶层上升渠道狭窄，处于社会转型期的中国青年的焦虑情绪愈加膨胀。"凡尔赛文学"的产生和发展与当代"焦虑"的社会氛围息息相关，可以说，"凡尔赛文学"是当代中国青年对当下社会生活共同感受的一种亚文化表征，体现了雷蒙·威廉斯所言的"感觉结构"。

一、"凡尔赛文学"现象的兴起与发展

"凡尔赛文学"这一说法来源于日本漫画《凡尔赛玫瑰》。《凡尔赛玫瑰》是日本漫画家池田理代子从1972年开始在周刊《玛格丽特》上连载的浪漫历史剧，以法国大革命为背景，着重表现18世纪末法国凡尔赛贵族的奢靡生活，"凡尔赛"在日本成了贵族生活的代名词。1992年，动画版《凡尔赛玫瑰》被引进中国，在卫视中文台播出，正式进入中国观众的视野。与日本相比，"凡尔赛"代表贵族生活的这一意义在中国并不流行，直到2020年"凡尔赛"被重新提起，才发展出了"凡尔赛文学"这一网络亚文化现象。

在"凡尔赛文学"出现之前，以谦虚的方式自夸的行为一直都存在，英文中有专门的单词"humblebrag"形容这样的行为，中文译为"谦虚地自夸"。"humblebrag"在《韦氏词典》中的释义为"to make a seemingly modest, self-critical, or casual statement or reference that is meant to draw attention to one's admirable or impressive qualities or achievements"②（发表看似谦虚的、自我批评的或随意的陈述或引用，以引起人们对自己令人钦佩的或令人印象深刻的品质或成就的注意）。尽管类似的行为一直存在，但是中文中一直没有确切的词语来对应"humblebrag"。在"凡尔赛文学"出现之前，国内对类似"humblebrag"的炫耀行为有着不同的称呼，如"臭显摆""装逼"等，但是都没有精确地体现出"自谦"这一"humblebrag"的意义精髓。

直到2020年，微博博主"小奶球"留意到，总是有人在社交平台上分享自己的"高端"生活，字里行间流露出看似低调的优越感，于是"小奶球"借用动漫《凡尔赛玫瑰》的"凡尔赛"一词指代在社交媒体上和日常生活中遇到的炫耀自己的生活、外貌等方面的行为，而用来描述"凡尔赛"的文字就被称为"凡尔赛文学"。2020年2月，"小奶球"在微博发起话题#凡尔赛文学研究与实践#后，她的粉丝发现自己也经常遇到类似的行为和发言，因此"小奶球"收到了来自粉丝的大量投稿，"凡尔赛文学"的参与者逐渐增加。截至2021年3月，微博话题#凡尔赛文学研究与实践#的阅读

---

① 吕莉莉. 转型期中国青年人精神焦虑问题研究 [D]. 上海：华东师范大学，2016.
② Merriam-Webster Dictionary：https://www.merriam-webster.com/dictionary/humblebrag.

量达到 2 亿，讨论量达到 4 万。2020 年 5 月，"小奶球"在微博上发布《凡尔赛公开课》视频，对"凡尔赛文学"的特点进行总结：先抑后扬，明贬暗褒；自问自答；灵活运用第三人视角。而"凡人"是指喜欢用略带贬义或包含遗憾的语句来暗自炫耀自己的生活的人。

最初"凡尔赛文学"的内容主要是炫耀自己的高级生活或优越外貌，如微博上的发言截图示例（图 3-1、图 3-2）。

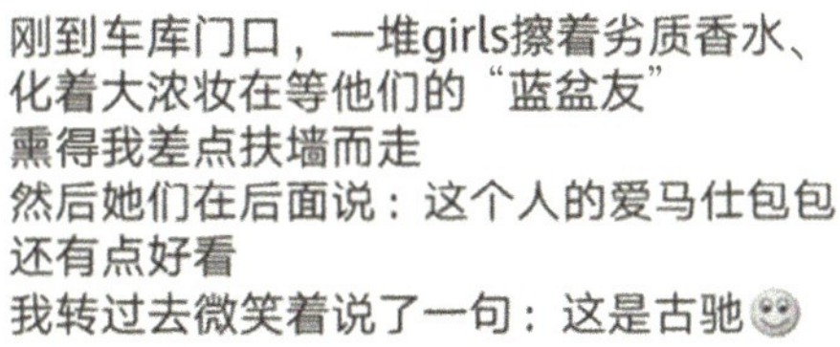

> 刚到车库门口，一堆girls擦着劣质香水、
> 化着大浓妆在等他们的"蓝盆友"
> 熏得我差点扶墙而走
> 然后她们在后面说：这个人的爱马仕包包
> 还有点好看
> 我转过去微笑着说了一句：这是古驰😊

图 3-1　"凡尔赛文学"示例 1

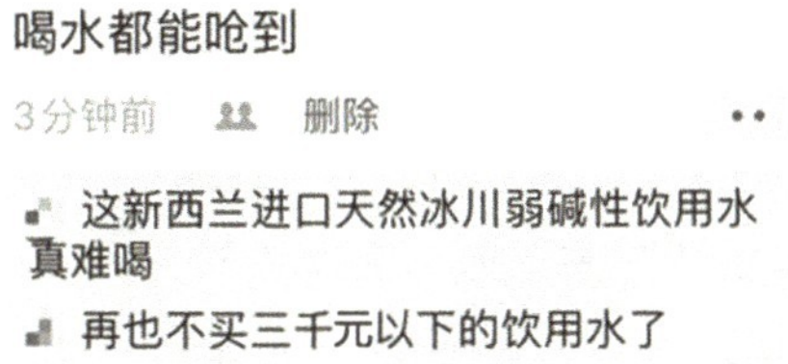

> 喝水都能呛到
> 3分钟前　　删除
> 这新西兰进口天然冰川弱碱性饮用水
> **真难喝**
> 再也不买三千元以下的饮用水了

图 3-2　"凡尔赛文学"示例 2

"凡尔赛文学"的影响力逐渐扩大以后，2020 年 5 月豆瓣"凡尔赛学研习小组"创立，"凡尔赛文学"的参与者有了固定的互动空间和集聚地。截至 2021 年 3 月，该小组共有组员 4 万多人，成为网络上人员最为集中的"凡尔赛文学"活动基地。"凡尔赛学研习小组"中有"教材与心得""组内凡人""拆凡达人""求鉴定"几个分区。随着讨论的深入，"凡"的定义和范围逐渐明确和扩大："凡尔赛文学"不局限于日常生活和外貌炫耀，成绩、学历、收入等都成了"凡尔赛文学"的内容。"凡尔赛文学"尽管拥有了自己的互动空间和参与者，但依旧是小部分年轻网民的狂欢，尚未进入公众视野。

2020 年 11 月，网名为"蒙淇淇 77"的网文作家分享自己生活的博文受到广泛关注并登上微博热搜后，"凡尔赛文学"的影响力进一步扩大。"蒙淇淇 77"在微博上分享自己作为成功人士在北京的高端生活及与丈夫"卜先森"的恩爱生活，被网友发现之后，"蒙淇淇 77"的博文就成了"凡尔赛文学"的代表。"蒙淇淇 77"的博文如图 3-3 和图 3-4 所示。

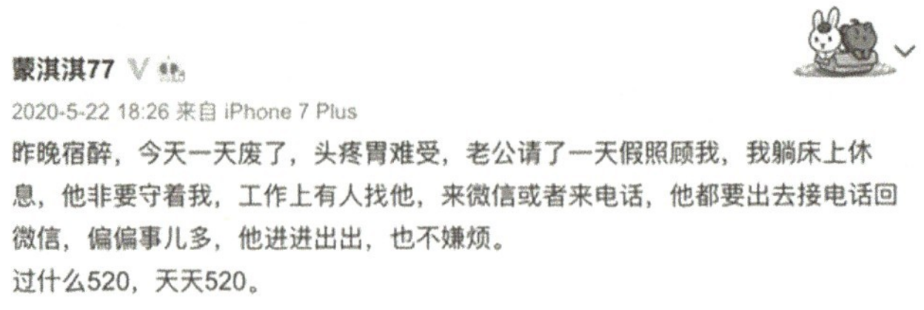

蒙淇淇77
2020-5-22 18:26 来自 iPhone 7 Plus
昨晚宿醉，今天一天废了，头疼胃难受，老公请了一天假照顾我，我躺床上休息，他非要守着我，工作上有人找他，来微信或者来电话，他都要出去接电话回微信，偏偏事儿多，他进进出出，也不嫌烦。
过什么520，天天520。

图3-3　"蒙淇淇77"博文1

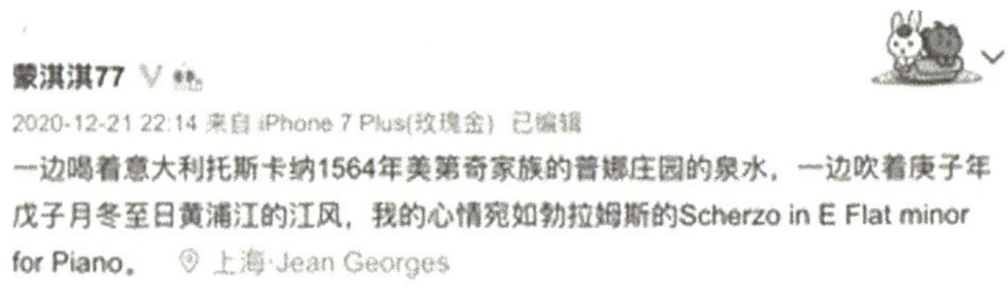

蒙淇淇77
2020-12-21 22:14 来自 iPhone 7 Plus(玫瑰金) 已编辑
一边喝着意大利托斯卡纳1564年美第奇家族的普娜庄园的泉水，一边吹着庚子年戊子月冬至日黄浦江的江风，我的心情宛如勃拉姆斯的Scherzo in E Flat minor for Piano。 📍 上海·Jean Georges

图3-4　"蒙淇淇77"博文2

"蒙淇淇77"因为对自己生活的夸张炫耀迅速登上微博热搜，同时"凡尔赛文学"也跟随"蒙淇淇77"正式出圈。出圈之后，"凡尔赛文学"的参与者迅速增加，网友都乐于"鉴凡"（鉴别"凡尔赛文学"）、"拆凡"（拆解"凡尔赛文学"）。除此之外，网友也会戏谑地使用"凡尔赛文学"来讽刺"凡尔赛"。

"凡尔赛文学"的快速传播与大众的攀比心理密切相关。"凡尔赛文学"本质上是一种炫耀，"凡人"通过发表以炫耀自己的高级生活、优越外貌、优异成绩等方面为内容的言论来赢得他人的羡慕和崇拜。可以说，"凡人"从发表"凡尔赛文学"开始就具有和他人比较的心理，接收到"凡尔赛文学"信息的受众也不可避免地把自己代入比较，这种比较带来的落差容易放大受众的焦虑情绪。而"凡尔赛文学"产生的动因之一就是对"凡人"的炫耀行为和言论进行嘲讽，给公众一个宣泄焦虑情绪的渠道。

二、"凡尔赛文学"的文本特征

"凡尔赛文学"是典型的网络亚文化现象，在网络空间传播扩散，文本数量庞大，主要集中在微博、豆瓣等社交媒体平台。其中，豆瓣的"凡尔赛学研习小组"就是最具代表性的交流讨论空间。笔者使用语义分析软件对从豆瓣的"凡尔赛学研习小组"中收集到的具有代表性的"凡尔赛文学"文本进行常用词语频率分析，得到一张"凡尔赛文学"文本词频图（图3-5）。

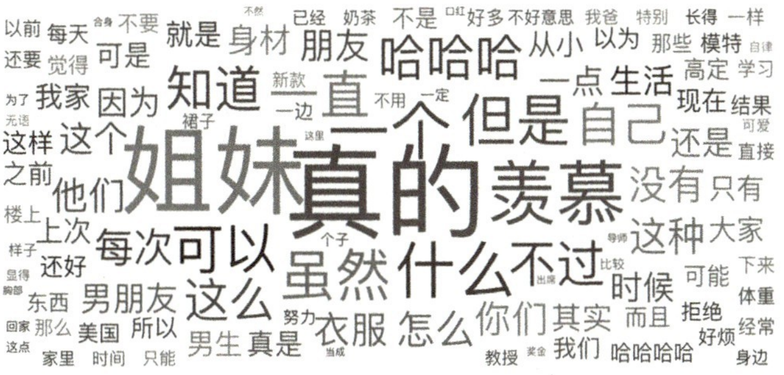

图 3-5 "凡尔赛文学"文本词频图

从以上词频图可以看出"凡尔赛文学"文本给人的整体印象：① 从"姐妹""男朋友""男生""他们"等指称来看，多以女性视角叙述，展现女性的生活场景；② "真的""一直""什么""虽然"等虚词的频繁使用揭示出其"欲扬先抑""明贬实褒"的表达风格；③ "衣服""身材""模特"等名词的频繁使用则说明话题集中在外貌、身材及与之相关的消费场景。当然，若具体到每个"凡尔赛文学"文本，则其内容和风格更为多样、丰富。下面将深入具体的"凡尔赛文学"文本，从表达内容、修辞风格等方面进一步探讨"凡"的炫耀性意义是如何建构起来的。

（一）固定的"人设"：作为"成功人士"的生活体验

"凡尔赛文学"一般在微博、微信、豆瓣等社交媒体平台上出现，内容以分享自己的日常生活为主，篇幅简短，并不是严肃的写作。对"凡尔赛文学"的主题进行归纳分析可以发现，"凡尔赛文学"经常涉及的主题有以下几种：①"上流"生活，包括分享高级餐厅、高级住宅、奢侈品等与世俗"富裕"这一成功标准相符的内容。② 外貌，炫耀身材、颜值等与"美丽""帅气"相关的方面。③ 成绩、学历、收入及工作业绩。"凡尔赛文学"进入公众视野之后，"万物皆可凡"，个人的成绩、学历、收入甚至工作业绩都成了"凡尔赛文学"的内容。④"秀恩爱"。除上述属于个人成就的方面外，个人感情生活也成为"凡"的一部分。

"凡尔赛文学"既可能是对单一方面的描述，也可能是对从日常生活到感情生活所有方面的整体描述，总体而言，"凡尔赛文学"的主题和当前社会评价成功的标准较为贴合，从外貌、学历、财富到个人感情生活，所有符合当下世俗"成功"标准的方面都可以成为"凡尔赛文学"的主题。概观现有文本可以发现，大部分"凡尔赛文学"的背后都有一个看似百变实则千篇一律的固定的"人设"，就是所谓"成功人士"。"凡人"们根据当下富裕、高学历、高颜值的成功标准，从自己的生活经历中选择符合世俗成功标准的事件，对其进行加工描绘，最终创作出"凡尔赛文学"。从"凡尔赛文学"的经典文本中稍加选择，就能够拼凑出一个"凡尔赛"成功人士的生活与经历：

无语了，天晓得我为了显得成熟一点，好在我博士生导师的会议上出席，不再被当成小朋友，花了巨资 all in 了 Christian Louboutin 春季新款口红，全都白费了！还好之前科研项目的奖金有下来救急，不然我可能真的只有回家找我妈打打秋风了！（每次她一边给我转 10w，一边嘲笑我米虫的样子，真是够了好吗！）

羡慕体重轻的姐妹，我虽然也不高就 165 吧，但因为从小胸部就有 G，而且屁股也蛮翘的，所以体重一直没有很低，虽然朋友们说我看起来也就 85 左右，其实我前段时间一直狂吃都胖到顶峰 93 了？

收拾东西准备去健身，pm 的 George 又来约我吃晚餐了，这是他第三次约我了，该怎么拒绝他？①

上述"凡尔赛文学"文本呈现了一个所谓"成功人士"在上流生活、姣好外貌、高学历等各个方面的优越感。文本通过使用"Christian Louboutin""10w"等代表富裕的符号，"身高165""体重93"等代表优越身材的符号，以及"博士""科研经费"等代表高学历、好成绩的符号，为自己塑造了一个富裕、貌美、聪明的"成功人士"形象。但是，与直接炫耀的方式不同，"凡尔赛文学"使用的是一种看起来更加低调含蓄的情感方式，将"成功""完美"隐藏在平白的叙述中（下文将对这类修辞方式进行分析）。赤裸裸的炫耀可能会让受众感到不适，因此"凡人"们选择了"凡尔赛文学"这一谦逊的炫耀方式来完成自己的炫耀行为。在创作"凡尔赛文学"时，"凡人"们有意增强自己的不屑、无奈等情绪，使自己的炫耀看上去尽可能显得谦虚，如上例中的"打打秋风""嘲笑""该怎么拒绝他"等描述。"凡人"们在创作"凡尔赛文学"时会加入表现自己无奈、厌烦等情绪的语句来减轻炫耀给受众带来的不适感，同时也通过这一类表述来突显自己的谦虚。

（二）虚伪的谦逊："凡尔赛文学"的修辞特征

首先，"先抑后扬，明贬暗褒"是"凡尔赛文学"最常用的修辞手法。其目的是将炫耀的本质隐藏在看似谦逊的文本中，同时帮助"凡人"们为自己塑造一个"谦虚的成功人士"形象，以获得更多的欣羡和崇拜。从上文的词频图可以发现，"凡人"们在创作"凡尔赛文学"时常使用"好烦""拒绝"等具有烦恼意味的词语，在文本中表现自己的无奈、抱怨等情绪，为后文的炫耀重点做铺垫。经典的"凡尔赛文学"文本精准地使用明贬暗褒的修辞手法，在看似日常的分享文案中暗含自己想要炫耀的内容，以下是具有代表性的明贬暗褒"凡尔赛文学"示例：

---

① 为了保留语言风格和相关符号，未对本讲案例中的语言做过多规范性处理。

好羡慕那种性感成熟的身材啊，学长都把我当成小孩子一样，经常帮我做材料、给我带奶茶，老师对我的作业评价也特别宽容呢，什么时候才能和大家一样变成拥有成熟外表的人呢？

好羡慕上面姐妹的身高啊！本高妹175？已经快要气死了！买衣服总是要买L码，虽然长度对了，但是真的腰围真的大了好多呜呜呜！！搞得我这种贫穷女孩只能去买某V、某驰的高定才合身！！

我爸爸妈妈也好烦噢，天天让我回去继承家业，但是我就是想追逐我的科研梦？每个月都给我打大笔大笔的零花钱一点都花不出去，在MIT上学好辛苦，哪里有时间逛街花钱啊。

"凡尔赛文学"多使用贬义的描述方式，看上去是一种自我谦虚评价，实则试图来达到"凡人"们炫耀的目的，并让他们能够在表面上保持自己的谦虚形象。炫耀这一行为在社会生活中一直都存在，在"凡尔赛文学"出现之前就有过"炫富"的风潮，但直接的"炫富"行为招致了大众的反感。因此，为了达到自己的炫耀目的而又能保持表面上的谦虚，"凡人"们就大量使用明贬暗褒的修辞手法。如上例中的"凡人"表面上说自己非常羡慕他人，并且用强烈的语气表达自己的厌烦和抱怨情绪，但通读整个文本会发现，该"凡人"带有贬义的描述是为自己的炫耀做铺垫，最终突出了自己想给观看者展示的优秀形象。归根结底，"凡尔赛文学"不论表面上看起来语气多么谦虚甚至是对自己的负面评价，实则依旧是一种炫耀行为，其目的在于用看起来带有贬义的叙述来减少观看者的反感情绪，同时增强自己的炫耀效果。可以说，"凡尔赛文学"使用明贬暗褒的修辞手法只不过是一种虚伪的谦逊。

其次，"凡人"们经常选用"低调而高级"的符号。"凡尔赛文学"的目的就是实现自谦低调的炫耀，尽管"凡人"们在表现炫耀的时候尽量避免出现直观的炫耀符号（如人民币的照片、豪车标志的特写等），但是他们在创作"凡尔赛文学"的时候依然有共同的符号选择。

第一，频繁使用表达无奈情绪的表情符号。"凡人"们在发表自己的"凡尔赛文学"作品时常常会使用😭、💀、🥺等表达无奈情绪的表情符号，增强自己"谦虚"的情绪效果，以此衬托出"凡尔赛文学"的炫耀重点。图3-6中的文本使用了代表失望的表情符号之后，加强了"凡人"的无奈感，让受众感觉到"凡人"的委屈和无奈，仿佛"凡人"是真的在烦恼，但这段话的重点在LV、GUCCI等奢侈品品牌上，"凡人"的最终目的是炫耀自己高级的日常生活。

> ▇▇▇▇，得亏抵制的是 H&M，要是抵制的是 LV、GUCCI、CHANEL、Hermes、DIOR，那我就没衣服穿了😭

图 3-6　"凡尔赛文学"示例 3

第二，将一些稀罕的、高级的事物说得轻描淡写，或者用辨识度低的符号代替，使其看起来低调一些。例如，在炫耀自己学历高的时候不会直接使用学校的全称或众所周知的简称，而是使用一些昵称，如用"五道口职业技术学院"来指代清华大学。"蒙淇淇77"的博文（图3-7）虽然并没有出现明显的炫富符号，但是强调了"海南的白糖罂荔枝"这个看似普通但又具有高品质的食物，来为自己的"凡尔赛文学"增强效果。

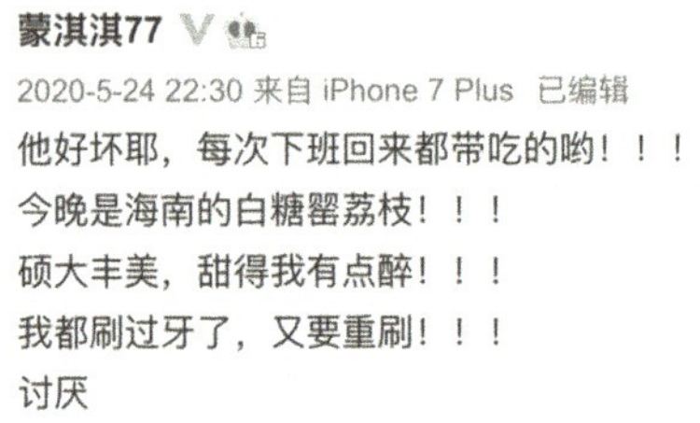

> **蒙淇淇77** V
> 2020-5-24 22:30 来自 iPhone 7 Plus 已编辑
> 他好坏耶，每次下班回来都带吃的哟！！！
> 今晚是海南的白糖罂荔枝！！！
> 硕大丰美，甜得我有点醉！！！
> 我都刷过牙了，又要重刷！！！
> 讨厌

图 3-7　"凡尔赛文学"示例 4

第三，运用第三人视角，使叙事客观化，提高可信度。借助于第三人视角对事物进行描述，可以起到侧面烘托的作用，增强对主题的表达效果。在"凡尔赛文学"中，"凡人"们巧妙地借用第三人的评价或描述，在突显自己谦虚的同时也增强了炫耀的效果，让炫耀带来的优越感更强烈。从上文的词频图可以发现，"姐妹"这一第三人称主语经常出现在"凡尔赛文学"文本中，是其常用词语之一。对"凡尔赛文学"的经典文本进行总结分析也可以发现，运用第三人视角是"凡尔赛文学"的惯用手法，如以下范例：

> 哎呀，7 篇 SCI 可以了，我今年才发了 2 篇 Nature，还没你发得多呢。但不知道为什么，哈佛和斯坦福的教授都给我发邮件，让我去读全奖博士。
>
> 昨天出门好多人都看我，我也不知道在看什么，后来一个阿姨跟我说："姑娘，你走路真好看，比模特还好看。"怪不得……原来这些看我的人都觉得我像模特啊……我晕！我昨天出门连防晒也没涂唉！这样就能像模特了？就这？

"凡人"们经常在日常的分享中插入第三人的行动或话语。第三人可以是偶遇的路人，也可以是家人、朋友或男/女朋友，如上例中的"教授"和"阿姨"。无论在现实经历中是否真的存在来自第三人的夸奖和赞美，"凡人"们在创作"凡尔赛文学"的时候常会加入来自第三人的夸奖和赞美或对自己客观条件的良好描述和评价，借他人之口说出自己的成就或赞美之语，人为制造距离感，增强描述的客观性，使"凡尔赛文学"的叙事更加客观，从而提高"凡尔赛文学"的可信度。这样既可以突出"凡人"的优越感，又可以削弱直接的炫耀感，显得"凡人"很谦虚，实则增强了炫耀的效果。

三、"凡人"的形象建构

"凡人"希望通过"凡尔赛文学"来塑造一个符合当前社会标准的成功形象，如高收入、高颜值、高学历等，因此"凡尔赛文学"的内容都是对自己不同方面不同程度的炫耀，通过炫耀来获得他人的称赞或羡慕，进一步满足自己的虚荣心。而社交媒体为"凡人"提供了非常合适的平台，使他们可以在匿名的情景中更自由自在地"表演"，社交媒体的流量效应使他们能够吸引公众的注意，达到"表演"的目的。具有代表性的例子就是"蒙淇淇77"，她为自己树立的是一个成功的中产阶级独立女性形象，其微博充斥着"北京SKP""大别墅""豪车"等代表"高级"的符号，还有与又帅又富有、对她专一又宠溺的霸道总裁老公"卜先森"的爱情生活，再加上优美细腻的文字风格，"蒙淇淇77"在微博上完成了一场"凡尔赛"的表演，成功通过自己营造的"人设"吸引到了一批粉丝。

"凡尔赛文学"的内容最初主要集中在日常生活方面，"凡人"们致力展现自己"普通的"优越生活，这也是"凡人"为自己塑造新形象的标准之一——财富自由。随着"凡尔赛文学"的出圈，更多的"凡人"加入"凡尔赛文学"大军，"凡尔赛文学"的内容不再局限于对优越生活的展示，外貌、成绩等所有其他可以进行比较的方面都成为"凡尔赛文学"的内容。"凡人"的完美形象逐渐立体丰满，符合当下对成功人士从财富到外貌再到学历的所有维度的评判标准，如"蒙淇淇77"成功为自己塑造了一个独立自主、拥有完美爱情、有才华的新时代女性形象，收获了一批拥趸。

伴随着经济社会的高速发展，社会阶级逐渐分化，同时消费主义盛行，高收入、高颜值、高学历成为当前社会对成功的评判标准，对符合标准的成功和完美的追求及虚荣促使当代青年在相对自由的网络空间塑造自己的"完美"形象，而"凡尔赛文学"就是"凡人"塑造形象的主要方式。"凡尔赛文学"帮助"凡人"自谦地展示了自己的优势，在受众面前建构了一个优越于常人的"完美"形象。

第三节 "凡尔赛文学":青年对社会焦虑的象征性抵抗

"凡尔赛文学"是数字媒体时代出现的网络亚文化现象,具有典型的亚文化特征。"凡尔赛文学"的参与者以网络为主要活动平台,参与形式主要是在微博、微信、豆瓣等社交媒体平台上发布文字、图片动态,内容以炫耀自己的高级生活和嘲讽"凡尔赛文学"为主。"凡尔赛文学"的主要参与者分为两类:"凡人"与"反凡人"。"凡人"发布的"凡尔赛文学"作品成为"反凡人"讨论和嘲讽的对象,两类参与者之间的互动推动了"凡尔赛文学"的兴起和流行。

"凡尔赛文学"出现的契机是当下人们在日常生活中总会遇到暗暗炫耀自己高级生活的行为,在消费主义观念的影响下,"物质成功""高级生活"似乎成了评判个人所属阶级的标准之一,对消费水平、身份、地位的炫耀增加了网友们的焦虑感。因此,在微博 KOL(关键意见领袖)的带领下,网友们使用"凡尔赛文学"对此类行为进行总结和嘲讽,表达自己的反感。由于"凡尔赛"行为具有普遍性,尽管网友们遇到的"凡尔赛"行为都具有独特性,但是借助于互联网的公开共享性,形成了"凡尔赛文学"这一网络亚文化现象。

1954年,威廉斯在与迈克尔·奥罗姆合著的《电影序言》一书中提出"感觉结构"概念。威廉斯认为,"感觉结构"是理解一个时期人们生活方式和文化风格的重要切入点,他将"感觉结构"看成是"一个时代的文化",这种文化与某种新的文化潮流的兴起直接关联。一种文化潮流的兴起并不是无缘无故的,它是社会上某种共同情感体验的产物。① "这种感觉结构就是一个时代的文化:它是一般组织中所有因素带来的特殊的、活的结果。……但我认为在所有实际存在的共同体中,感觉结构的拥有的确到了非常广泛而又深入的地步,主要是因为沟通和传播靠的就是它。"② 也就是说,在某个时期出现的流行文化背后是一种新的感觉结构,是当时参与者们的共同情感体验,而且新的感觉结构会随着经济社会的不断变化而变化。由威廉斯"感觉结构"理论的启发可以发现,"凡尔赛文学"的产生和发展,从某种意义上说是中国青年群体对当下弥漫在社会中的焦虑情绪的抵抗,他们试图创立一种新的表达方式——"凡尔赛文学",将生活中

---

① 曾一果,时静. 从"情感按摩"到"情感结构":现代性焦虑下的田园想象:以"李子柒短视频"为例[J]. 福建师范大学学报(哲学社会科学版),2020(2):122-130.
② 威廉斯. 漫长的革命[M]. 倪伟,译. 上海:上海人民出版社,2013:57.

感受到的"凡尔赛文学"所放大的焦虑,通过戏谑、恶搞的方式进行解构。

一、夸张模仿:"凡尔赛文学"的风格建构

"凡尔赛文学"从产生起就具有嘲讽的特性,微博博主"小奶球"就是想用"凡尔赛"一词来讽刺那些在社交媒体平台上用看似贬义的语气来炫耀自己的高级生活的"凡人",因此"凡尔赛文学"的参与者几乎都是在用嘲讽的方式抵抗"凡尔赛文学"。无论是微博话题#凡尔赛文学研究与实践#还是豆瓣"凡尔赛学研习小组",其中很多参与者的目的是"鉴凡""拆凡",嘲讽生活中遇到的"凡尔赛"行为。但是,参与者们的抵抗行为始终坚持"研凡不言人"的原则,仅仅对"凡尔赛文学"和"凡尔赛"行为进行嘲讽,并不上升到发布者本身。"凡尔赛文学"的参与者们通过在网络集中参与空间对"凡尔赛文学"进行嘲讽的行为抵抗和消解了部分"凡尔赛文学"给他们带来的焦虑与不安。

"拆凡人"常常使用嘲讽的语气并对"凡尔赛"发言进行拆解和恶搞挪用,以对"凡人"的发言进行反驳,但是不会上升到"凡人"本身。如图 3-8 中的例子:

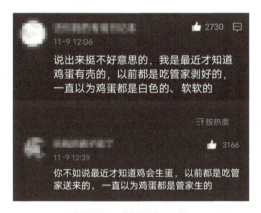

图 3-8 "拆凡"示例

在此例中,"拆凡人"使用"凡人"在"凡尔赛文学"中用过的"管家"一词来对"凡人"的发言进行夸张模仿,对"凡人"的"凡尔赛"行为进行拆解和嘲讽,让"凡人"想要炫耀自己有管家的上流生活的目的难以达到。再如下例:

烦死了,最反感的就是填表,问我发了多少篇 C 刊,得了多少奖,谁能记得这些啊?不好记啊。真是苦恼。

热门评论:烦死了,人口普查抽中我家,问有多少辆车,那么多,我哪里记得住啊。

"反凡人"们用更加夸张的语气和符号来模仿"凡尔赛文学"的结构与特征,创作属于自己的"凡尔赛文学",以表达自己对"凡尔赛文学"的抵抗。豆瓣"凡尔赛学研习小组"中有专门的"教材与心得"及"组内凡人"的分区。组员们通过学习"凡尔赛文学"教材与心得,在小组内进行"凡尔赛文学"创作,但和生活中常见的"凡尔赛"不同,他们的创作更加夸张甚至具有恶搞的意味,如"在水果店花十块钱买的石榴竟然和我家水果供货商提供的一百多块钱一斤的有机石榴一模一样!真的怀疑家里被骗了!"等。

二、解构优越感:"反凡人"的情感联结

"凡尔赛文学"流行的原因必然是这一方式能够引起参与者的共鸣,让参与者获得认同感,而认同感的背后就是"凡尔赛文学"参与者们的共同情感联结。

"凡尔赛文学"从产生起就具有嘲讽的性质,是一种对自谦式夸耀的嘲讽。"凡尔赛文学"的命名者"小奶球"在采访中明确表示:"就想用这个词来嘲讽那些人,他们无疑就是想用一种'朴实无华'的语气来表达高人一等的感觉。"① 在"小奶球"发起#凡尔赛文学研究与实践#话题之后,大批对类似行为反感的网友参与到#凡尔赛文学研究与实践#之中,通过对自己遇到的"凡尔赛"行为进行鉴别和嘲讽来表达对"凡尔赛文学"的抵抗。而网友们之所以对"凡尔赛文学"产生抵触心理,是因为"凡尔赛文学"带来的被比较的感觉使得大部分网友产生焦虑感,焦虑感的产生促使网友们不自觉地抵抗"凡尔赛文学"。

人们在看到"凡尔赛文学"时难免会不自觉地将自身带入文本的情境中与"凡人"进行比较,由此产生的落差感会引发焦虑情绪。虽然"反凡人"们遇到的"凡尔赛文学"的内容和形式不尽相同,但是无一例外都强化了他们感受到的焦虑情绪,因此"反凡人"们集聚起来,使用"凡尔赛"一词对遇到的类似行为下定义并进行集体嘲讽,通过二次创作来宣泄自己的不满,并试图缓解自身感受到的"凡尔赛文学"带来的焦虑情绪。如下面的例子:

有人问我是不是王祖贤生的?
热门评论:
(1)×××(某其貌不扬的艺人)生的。
(2)这么敢吹,一定是×××(某嘴大的艺人)生的。

---

① 周思妤. 解构凡尔赛的社会文化症候[N]. 社会科学报,2021-01-14(6).

(3) 1988里的吗？（韩剧《请回答1988》里的角色王子贤，外号为"王祖贤"）

在上例中，"凡人"以"王祖贤"来暗示自己的美貌，而"反凡人"用另一个相对其貌不扬的艺人怼回去，两者的对比形成鲜明反差，使对方的优越感瞬间崩塌，并显得自欺与虚伪，从而取得了米哈伊尔·巴赫金所言的"降格"效果。通过这种集体创作与消费，人们获得了一种"惺惺相惜"的情感联结，在这种情感氛围中，"普通人"的尊严得到维护，恢复了"普通"作为主流的正常秩序。

三、象征性对抗焦虑："反凡"实践的文化根源

过去几十年，中国社会处于快速转型阶段，在经济高速增长的同时，社会结构也朝着现代化结构演变。中国的社会结构逐渐定型，由原来的"两个阶级、一个阶层"演变为"十大阶层"[①]，社会阶层差异逐渐变大。互联网的发展让不同阶层之间有了互通的交流空间，而不同阶层之间的差异让当代中国青年感受到了巨大的落差。但是，目前社会阶层上升通道依旧存在，为了争取阶层上升，获得世俗意义上的更大成功，年轻人之间的竞争越来越激烈，随之而来的就是弥漫的焦虑情绪。

当下成功的世俗化标准逐渐固化，对个人的财富、外貌、学历等方面均有"成功"的要求。为了达到"成功"的标准及在和同辈人的比较中获得胜利、收获赞美，为自己塑造一个"完美"的形象，更多的人选择在社交媒体平台上分享自己的成就及优质生活，但为了避免直接炫耀招来批评，很多人就选择了谦虚炫耀这一方式。当越来越多的人参与到互相比较中时，竞争和差异带来的焦虑情绪就愈加强烈，形成恶性循环。为了抵抗上述行为放大的无止境的竞争和焦虑情绪，在KOL的带领下，"反凡人"们使用"凡尔赛文学"对此进行定义和嘲讽，以表达自己的抵抗。

无论是在日常生活中还是在社交媒体平台上，大部分人在看到"凡人"的谦虚炫耀时都会将自己代入其中，产生与"凡人"比较的心理。数字媒体时代给予"反凡人"交流的空间，他们发现讨厌"凡尔赛"行为不是自己的个体体验而是大部分人的共同情感体验之后，就创造并使用"凡尔赛文学"这个词来对"凡人"进行嘲讽，以表达自己对"凡尔赛文学"造成的焦虑的反抗。从上文对"反凡人"与"凡尔赛文学"关系的解读中也可以看出，"凡尔赛文学"的真正主体是"凡尔赛文学"背后的"反凡人"。"反凡人"都在生活中体会过来自他人的"凡尔赛"，于是拥有共同情感体验的"反凡人"集合起来，通过夸张模仿"凡尔赛文学"的形式参与到对"凡尔赛文学"进

---

① 陆学艺.中国社会阶级阶层结构变迁60年[J].北京工业大学学报（社会科学版），2010，10（3）：1-12.

行抵抗的狂欢中。

"凡尔赛文学"起初只是部分网友的狂欢和抵抗，而"蒙淇淇77"的出现将"凡尔赛文学"带入大众视野，更多的网友对"凡尔赛文学"产生共鸣，开始使用"凡尔赛"一词对自己遇到的类似行为进行定义和评价，同时越来越多的人加入使用夸张的"凡尔赛文学"对"凡人"进行嘲讽的行列中。

"凡尔赛文学"是随着互联网成长的当代中国青年在感受到强大的社会压力后为了抵抗和消解焦虑情绪创造的，是当代中国青年对当前社会生活的共同情感体验。单一的成功标准、逐渐扩大的阶层差距及更加激烈的社会竞争，让中国青年生活在"焦虑社会"中，为符合"成功"的标准而进行的谦虚炫耀放大了他们的焦虑，使他们产生抵抗情绪。由于这种情绪难以在现实生活中得到排解，因此大部分青年选择在网络上集合在一起，使用嘲讽的、戏谑的"凡尔赛文学"对其进行消解，消除同辈压力和差距带来的不安。

▶▶ 四、焦虑的再生产："凡尔赛"与"反凡尔赛"的意义张力

"凡尔赛文学"产生的初衷是讽刺日常生活中及社交媒体平台上遇到的"凡人"，"反凡人"通过直接拆解、夸张模仿等方式表达自己的抵抗情绪。"反凡人"作为"凡尔赛文学"的主要参与者，广泛活跃于互联网，对"凡尔赛文学"进行鉴别和嘲讽，促进了"凡尔赛文学"的传播和流行。尽管"反凡人"的"鉴凡""拆凡"等行为在一定程度上缓解了弥漫性的社会焦虑，但他们也在"反凡"的活动过程中不自觉地进行着焦虑的再生产。

"反凡"的主要活动方式分为"鉴凡"和"拆凡"两种。"鉴凡"一般是指"反凡人"在日常生活中或在社交媒体平台上看到疑似"凡尔赛文学"时对其进行"凡尔赛文学"的定义，直截了当地指出"凡人"的"凡尔赛"行为；或者将相关文本搬运到"反凡人"的主要活动空间（如豆瓣"凡尔赛学研习小组"）后对其进行鉴别。尽管"鉴凡"的过程旨在消解"凡尔赛文学"带来的焦虑，但是在此过程中，"凡尔赛文学"文本被二次传播，其附带的焦虑情绪也随之被二次传递，进一步扩散。而"拆凡"通常是指"反凡人"在"凡尔赛文学"的定义下指出"凡尔赛文学"文本中的细节漏洞，让"凡人"难以达到炫耀的目的。"拆凡"主要有夸张模仿、直接拆解等方式。夸张模仿即对"凡尔赛文学"进行夸张和恶搞的仿写，表达讽刺；直接拆解则需要"凡尔赛文学"文本本身存在漏洞，发现漏洞并"拆凡"的过程有时也是在二次传递焦虑情绪。如下面"拆凡"的例子：

我也有这张黑卡，卡号应该是在背面，但他的在正面。

在上例中，"反凡人"在指出"凡尔赛文学"文本存在漏洞并对其进行拆解的同时也显示了自己某些"高端"的消费行为，在"拆凡"的同时也表现了自身的优越感，将"凡尔赛文学"加剧的焦虑情绪二次叠加并进行传递。

"凡尔赛文学"流行之后，越来越多的人担心自己被鉴别为"凡尔赛"，成为被嘲讽的对象，因此在一定程度上，"反凡"行为再造了新的焦虑。"凡尔赛文学"产生的最初目的是对生活中用谦虚方式炫耀以透出优越感的行为进行嘲讽，但是随着"凡尔赛文学"的传播和流行，只要是对自己优秀方面的谦虚都有可能被"反凡人"鉴别为"凡尔赛"。"凡尔赛文学"在创立之初就具有嘲讽的特性，但在传播过程中这一特性持续加强，并且"凡尔赛"的贬义性质得到了加深，"凡尔赛"彻底成了一个贬义词。因此，越来越多的人担心自己被鉴别为"凡尔赛"并遭到嘲讽，在日常生活中及社交媒体平台上发言更加谨慎，尽量避免被鉴别为"凡尔赛"。这样反而产生了新的焦虑——担心被鉴别为"凡尔赛"的焦虑。因此，该现象的复杂性需要我们更加仔细地加以考察与反思。

在中国社会快速转型阶段，人们的生活节奏越来越快，生活压力不断增大。同时，阶层差距扩大，阶层流动趋缓，社会中个体的焦虑情绪越发膨胀。互联网的发展给予人们宣泄焦虑的表达平台，在以青年为主要群体的网络用户对焦虑的反抗过程中，发展出了多种网络亚文化，"凡尔赛文学"现象就是其中之一。

"凡尔赛文学"是对使用先抑后扬、明贬暗褒的手法暗暗炫耀自己高级生活或成就的行为的嘲讽，"反凡人"通过夸张模仿、直接拆解等方式表达自己对"凡尔赛文学"背后的炫耀心态的反感。"凡尔赛文学"的产生和流行背后是以青年为主体的中国网络用户对社会转型期弥漫性社会焦虑的抵抗，"反凡人"因为共同的情感体验集合在一起，通过"凡尔赛文学"宣泄和消解自己的焦虑，体现了当下转型期中国社会的一种"感觉结构"。但"反凡人"在参与到"凡尔赛文学"现象中表达自己对焦虑的抵抗的同时也制造了新的焦虑。可见，种种看似光怪陆离、戏谑诙谐的网络亚文化现象，往往是各种复杂社会心态和社会情绪的映射，也是我们理解隐藏在话语狂欢中的深层次结构性矛盾的重要切入点。

【思考题】

    1. "佛系"一词的蹿红及系列衍生语言的大量生产，体现出由交往行动导致的话语生产。结合哈贝马斯的"交往行为理论"，思考"佛系文化"这类体现社会心态的媒介表达如何转化成为一种网络亚文化形式。

    2. 大众文化中各种流行的语言现象，往往通过特定的主题内容、修辞手法、表达结构等形成既具有识别性又具有集体创作空间的文本结构，即模因。试分析"凡尔赛文学"的模因特征。

    3. 特定社会环境中的"感觉结构"可以通过各种不同的文学或大众文化形式表现出来。除"凡尔赛文学"现象外，还有哪些现象体现了转型期社会焦虑这一时代性症候？试通过典型案例进行深入分析。

第四讲

网络亚文化的圈层现象

网络社会作为一种新型社会形态，其变迁的核心是信息技术带来人们交往方式的变化。曼纽尔·卡斯特认为，信息技术重组了社会的方方面面，改变了社会文化形态，使社会再结构化。网络社会理想化的社会转型过程，超越了也曾深刻地影响了文化和权力的社会生产关系与技术生产关系范畴。① 网络群体既是社会生产关系的产物，也是技术生产关系的产物。近年来，在我国的网络空间，亚文化圈层如雨后春笋般地涌现，这已引起社会广泛关注。如何看待这一文化现象，对于我国社会和文化发展具有深远的意义。

圈层作为一种新型的社会组织方式和社交方式，是网络社会再结构化的产物。追溯圈层概念的缘起与流变，"圈层"一词最早出现在德国经济学家约翰·海因里希·冯·杜能提出的圈层结构理论中。我国著名社会学家费孝通提出的"差序格局"从不同视角对圈层的社会意义、内在逻辑进行了深入探讨。费孝通将中国乡土社会的基层结构称为"差序格局"，以区别于西洋社会的"团体格局"。在他看来，游牧经济中的部落形态就是很显著的"团体格局"。不过，学界目前对"圈层"的定义还没有形成统一的标准。有学者认为，圈层化既包括圈子化，也包括层级化。② 也有学者认为，新媒体文化研究中的"圈层"概念，指的是"来自不同文化圈子、有着不同的社会背景的用户在网络交流的过程中，由于所接受的教育和思想模式的不同，会逐渐进行分化，出现明显的分层现象，在不同的层级中圈内所谈论的话题不尽相同，看待问题、分析问题的角度也会产生变化"③。根据《人民日报》所下的定义，"圈层"指人们信息的接受、文娱产品的选择及社交，在某一相对固定的群体范围内进行。④

在当下互联网文化与新青年文化高速发展的中国网络社会，文化类型和文化产品极大丰富，文化市场不断细分，绝大多数网民可以被划分到一定的亚文化圈层中，如电竞圈、二次元圈、国风圈、模玩手办圈、硬核科技圈、潮流圈、耽美圈、粉丝圈、同人圈、萌宠圈……光是哔哩哔哩视频弹幕网站（简称"B站"）上就有7000多个兴趣圈层。在复杂多变的互联网环境中，亚文化圈层呈现出更加显著的多元化、后现代性和流动性特征。法国社会学家米歇尔·马费索利提出了"部落主义"这一描述因共同的兴趣和情感联结聚集起来的人群和他们之间的关系的隐喻概念，为我们理解网络亚文化圈层现象提供了一个新视角。下面将从后亚文化的视角切入，借助于"新部落"理论来思考网络亚文化圈层的特征与意义，以期对其形成一个全面、立体的认识。

---

① CASTELLS M. The rise of the network society [M]. 2nd ed. Chichester: Blackwell Publishing Ltd, 2000.
② 彭兰. 网络的圈子化：关系、文化、技术维度下的类聚与群分 [J]. 编辑之友, 2019 (11): 5-12.
③ 陈龙. 转型时期的媒介文化议题：现代性视角的反思 [M]. 上海：上海三联书店, 2019: 237.
④ 罗小茗. 网络文化关键词："圈层"既要特色，也要共识 [N]. 人民日报, 2020-05-08 (20).

第一节 后亚文化"新部落"理论视野中的网络群体

"后亚文化"一词最初由英国学者史蒂夫·雷德黑德于1990年提出，后由戴维·马格尔顿进行拓展和理论化。马格尔顿认为，当代青年文化不再是阶级背景的直接反映；相反，今天的青年身份是个人选择的产物，反映了高度的自反性，是后现代消费社会的一部分。在关注青年和音乐的作品中，安迪·班尼特认为，当代青年的集体表达，不是像巴莱克的作品中所描述的那样，坚持阶级和邻里亚文化的固定性，而是表现出与马费索利所说的新部落更密切相关的品质。根据马费索利的说法，新部落"没有我们所知道的组织模式的僵化，而更多地是一种氛围、一种心态，且能通过优先考虑外表和'形式'的生活风格得到完美表达"[①]。"新部落"理论在青年文化研究中的运用已经成为后亚文化转向的一个重要因素。

马费索利在《部落时代：个体主义在后现代社会的衰落》一书中指出，我们时代的部落不再是涂尔干意义上强调宗教价值的原始部族，而是后现代美学层面的聚群方式。随着西方现代社会的机械结构向后现代社会的有机结构转变，人对个性、审美和情感的关注增加，功能性个体开始转向大众群体中个人角色的追求，从契约群体转向情感部落。新部落作为一种隐喻、一种描述、一种气氛、一种意识状态，没有我们熟悉的组织形式的硬性标准，更多的是指一种情感共同体的隐喻，它大体上指基于情感、共同趣味等聚集在一起的松散的情感部落。其最本质的特征是"在一起"（being-together）。进一步说，新部落具备情感化、非定向性和可选择性社交等特征，这些特征共同决定了部落内在的不稳定结构。[②]

马费索利从生活方式的角度阐释亚文化圈层形成的原因，他发现这种亚文化族群基本上未表现出对主流文化的明确反抗，更可能是一种游离于主流文化之外的群体，在远离"中心"的位置自由活动。马费索利据此认为这是一种亚文化的组织形态，从而脱离了传统亚文化理论"抵抗、风格、收编"的研究路径。这表明以马费索利为代表的后亚文化研究者试图进一步淡化结构中心的存在，即后现代社会中没有明显的社会秩序

---

① 马费索利. 部落时代：个体主义在后现代社会的衰落[M]. 许轶冰，译. 上海：上海人民出版社，2022：135.
② 王宁. 自目的性和部落主义：消费社会学研究的新范式[J]. 人文杂志，2017（2）：103-111.

的结构化压迫。① 他们的研究证明，试图用一种简单化约的二元对立理论公式来解读后现代社会背景下的亚文化圈层是不合时宜的，如果说二元对立承认"中心"的存在，认为这个"中心"非此即彼，那么后亚文化则是试图取消这个词的合法性。马费索利等人的研究顺应了网络社会的总体发展趋势，发现了后亚文化的个性特点，但对网络社会技术逻辑的扩散实质缺少必要的了解。网络社会代表着人类经验的巨大变化，网络化逻辑改变了生产、经验、权力和文化过程中的操作和结果，网络新群体的形成自然也是这个逻辑催化的结果。

后亚文化研究者发现了亚文化的弹性空间。在后现代语境中，网络亚文化具有碎片化和流动性的特点，个人可以从属于不同的文化群体，这些文化群体为个人提供了多样化的亚文化轨道。② 群体不再是个人聚焦的中心，而是一系列的焦点或"站点"，个人可以自由选择，在重新定在另一个"站点"和选择一种不同的身份之前，可以选择暂时的角色或身份。相应地，群体也不再被认为具备必要的永久的或有形的特点。很明显，这个关于群体的概念和预想的亚文化理论存在相当大的不同。这体现了一种后现代理论视角，亚文化的参与者不再固定地依附一个群体，群体对个体的控制力减弱了。在后现代社会，约定俗成的准则和规范已经丧失了它们的合法性，种种社会关系和制度的任意性被深刻地揭示出来。③ 后亚文化学者所做的研究，突破了伯明翰学派早期在结构主义理论背景下对个人和群体之间的关系的固定化解读。基于这种认识，我国学者总结出新部落的三个特征：第一，"成员在社会互动过程中的共享情感时的体验"；第二，内容上"重视的是一种与进步相反的观点，如社区、地方感、怀旧"等；第三，新部落具有"不稳定性和流动性"，而社会个体与新部落之间的关系也具有一种"不稳定性和流动性"。④ 从某种意义上说，这是对后亚文化"新部落"理论的一种深化和回应。

第二节 作为"新部落"的网络亚文化圈层

英国学者詹姆斯·柯兰等在《互联网的误读》一书中指出，"社交媒体的功能是使

---

① CHANEY D. The cultural turn: scene-setting essays on contemporary cultural history [M]. London: Routledge, 1994.
② MUGGLETON D. Inside subculture: the postmodern meaning of style [M]. Oxford: Berg, 2000.
③ 迪肯斯, 方坦纳. 后现代主义与社会研究 [M]. 周晓亮, 杨深, 程志民, 译. 重庆: 重庆出版社, 2006.
④ 张宁, 苏幼真. 网络直播间: 新部落的建构及其亚文化特征 [J]. 现代传播（中国传媒大学学报），2017, 39 (10): 128-132.

多元化和多样性的声音存在，而且，其传播方式使用户获得前所未有的自主性。这常常被认为是生产型消费者生产力的核心要素"①。网民自主性的获得自然而然带有政治潜能，尤尔根·哈贝马斯认为这种自主性是个人自主性与公共自主性同源，即"共为基源"（co-originality）②。由于这种自主性所具有的社会认同基础，本尼迪克特·安德森的"社会想象的共同体"概念具有了某些合理性。网民的自主性行为和意识重叠部分，就是想象的共同体空间，也是促使他们聚集成群体的依据。在网络空间，各种意见和趣味不断排列组合，形成一个个文化圈层。青年群体得以从日常生活的束缚中解放出来，以共同的兴趣和情感体验为基础，通过以恶搞、戏谑、黑话等符号为身份区隔的方式，在一个又一个部落中交流、互动、游走。马费索利特别重视比喻，用他的话来说，它可以让我们通过参考过去的传统来描述当下我们所拥有的那些东西。由此，我们也可将网络亚文化圈层隐喻为网络社会的新部落。作为新部落的网络亚文化圈层，表现出三个方面的显著特征：流动的场域、纯粹的社交和共享的情感。

一、交叉重叠的圈层场域与多元身份形塑

网络亚文化圈层带来了一种新的人群聚合模式。一种圈层形成之后，久而久之，其内部就会形成一套共同认同的规则，圈层就会自动形成一种约束成员的力量，这是一种弱关系影响力量——"场域"。在皮埃尔·布尔迪厄看来，"场域是社会个体参与社会活动的主要场所，场域本身具有结构性的力量，一旦形成会对内部群体产生约束力，同时这种结构又不是一成不变的，甚至场域的边界也是不确定的，有赖于成员集体或个体的持续行为"③。我们进而可以将网络空间中的亚文化圈层看作一个个新型流动场域，活跃在趣缘文化前沿的青年群体根据共同的情感/感受、兴趣、爱好、品味聚集成一个个新部落。群体不再因阶级、性别、种族等传统的结构性因素而聚集，而是强调以趣缘为核心，在网络互动中获得一种共感和瞬时的体验，这体现出马费索利所指的一种从理性文化到"直觉文化"的转向。这种后现代部落的独特之处在于，它并不是排他的：每个人都按照日常中的不同时刻而分属于几个不同的部落，因此就在生活中不停地转变所谓"身份"，即马费索利所指的人的多样的身份化过程，它区别于现代性下个体所具有的单一身份。④ 换言之，网络社会中的人们可以在不同的甚至相互重叠的部落里扮演

---

① 柯兰，芬顿，弗里德曼. 互联网的误读［M］. 何道宽，译. 北京：中国人民大学出版社，2014：146.
② HABERMAS J. Between facts and norms: contributions to a discourse theory of law and democracy［M］. REHG W. Oxford: Polity Press, 1996.
③ 刘胜枝. 值得关注的95后群体文化圈层化、封闭化现象［J］. 人民论坛，2020（Z2）：131.
④ 王赟. "群体沉醉"与"小确幸"：后现代社会就在我们身边：米歇尔·玛菲索利教授访谈录［J］. 探索与争鸣，2020（3）：61-67.

不同的角色。

网络空间的场域有别于传统经济、文化的场域，不具有绝对的统摄性和影响力。但有无数个圈层就有无数个场域，它们交叉重叠，形塑着网民的行为方式、兴趣、爱好，甚至影响他们的意识形态。社交媒体时代，声势浩大的群体政治方式淡去了，但以圈层方式聚集的群体依然活跃，网民个体在新部落圈层中可以获得归属感，从而避免了网络时代的孤独感。网民个体可以是某个新部落圈层的成员，也可以是多个圈层的成员，出入各种圈层的网民个体需要变换不同的身份，在不同圈层场域中自然就出现了多元身份适应问题，用不同的身份表达是一种典型的网络亚文化政治表征。正如马克·波斯特所说的那样，"现代主体被信息方式置换成一个多重的、撒播的和去中心化的主体，并被不断质询为一种不稳定的身份"①。这种飘忽不定的关系形态呈现出更加开放、多元的特点，具有高度的弹性空间，表现为一种后亚文化的组织关系。交叉重叠的场域塑造了复杂多样的网民个体特性，而主体性是否还存在或主体是否还能独立都是值得商榷的。

▶▶ 二、新部落圈层内部交往的情感纽带

网络亚文化圈层提供了一种新的交往实践方式——以情感性为核心要素的新部族社交。马费索利认为，"我们目前正在目睹各种基本的社群形式的复兴，抛弃了理性的、契约式的社会关系，而转向一种有感情融入的社交形式，在这种形式中重要的不是抽象的、理想的目标，而是由直接参与到社会群体中所带来的集体归属感。……这种感情以触感和人际空间关系为基础，是不带功利性、不带政治色彩的忠诚感"②。凯文·赫瑟林顿也认为，新部族社交这种情感性的社交形式"促进了个性发展，也为个人所属的团体提供了一种强烈的共享交流体验"③。网络亚文化圈层以兴趣会友，具有明显的网络社交特征。

共享的情感是网络亚文化圈层联结的纽带。在后现代社会，情感俨然已经成为"首要的社会关系"，因为它代表着"人类互动的最高复杂性"，创造并联结起新的社会网络和社会群体。情感的重要性可追溯至巴鲁赫·德·斯宾诺莎对情感的定义，即"行动的力量"（power to act），根本在于情感本身被赋予价值内涵，成为"自我价值化的空间"（spaces of self-valorization）。④ 新部落成员之间那些直觉的、共享的情感和共通的体

---

① 波斯特. 第二媒介时代 [M]. 范静哗，译. 2 版. 南京：南京大学出版社，2005：60.
② 班尼特，哈里斯. 亚文化之后：对于当代青年文化的批判研究 [M]. 中国青年政治学院青年文化译介小组，译. 北京：中国青年出版社，2012：103.
③ 班尼特，哈里斯. 亚文化之后：对于当代青年文化的批判研究 [M]. 中国青年政治学院青年文化译介小组，译. 北京：中国青年出版社，2012：107.
④ 林仲轩. 互联网思维：交流，情感，新部落 [J]. 特区经济，2014（9）：52-54.

验才是他们能够真实联结的本质。这种共享的、相似的情感/感觉在饭圈中体现得尤为突出。

三、符号互动和圈层社交规则的重建

互联网早期的熟人社交、主动性社交正在减少，取而代之的是基于高度的趣味和文化认同的圈层社交。由于生长于互联网时代，网络新部落群体的许多行为往往是和社交行为强关联的，他们是非常愿意为自己的兴趣爱好买单的一群人，也就是俗称的"为爱氪金"。他们基于共同的趣味走到一起，也因为这种相似的行为举止，开始用一种无须挑明的话语方式和特殊符号进行内部交往。而行家的表现往往更能获得圈层内部的尊重和膜拜。其极端之处如每年花费 2 万元来收集盲盒，这与其说是一种恋物癖，不如说是圈层内部符号交往力量作用的结果，是一种自我赋予地位的方式。简单的消费活动常常转化为圈层内部的社交活动，如盲盒社区就是帮他们寻找同一类型的同好并进行稀缺款交换的圈层。

网络亚文化圈层的内部交流系统形成了自身特殊的话语规则，包括语言、文本、图像等具体的信息和文化内容的传播与接受。新部落圈层发展出内部成员专属的密码语言，各种掺杂着非主流价值观的文本在亚文化圈层中流行。这些都直接体现着互联网文化的边缘化策略，表现出对主流文化文本的解构能力。与雅克·德里达的解构理论相呼应，互联网文本展现了语言的易变性、不稳定性和作者的不确定性。传统的亚文化理论强调亚文化符号意义的确定性和本真性，但后亚文化研究者看到了亚文化风格被解构的可能性，而互联网亚文化风格正具备这一特性。

第三节　网络亚文化圈层的"新部落"功能

网络社会中圈层亚文化的"新部落"功能如何体现？从新部落相较于传统部落的变化出发，结合亚文化圈层现象，我们可以从文化、组织、个体和社会四个层面对其进行分析。

一、从地域关联到空间依恋：圈层归属感的建立

游牧时代的传统部落有特定的地理边界，往往基于氏族、宗族等亲属关系聚居而

成,而网络时代的新部落打破藩篱,不再受地域、血缘、氏族的约束,只因共同的趣味、相似的品味而联结,建立起所谓的"趣味共同体"。原则上,只要是有相同的兴趣爱好和相似的审美品味的人都可以加入进来。在美国社会学家赫伯特·甘斯看来,现代文化只与趣味有关,不一定"承载"什么价值规范。现实中存在着"趣味文化",它的功能在于为生活提供娱乐、信息并美化生活、表达趣味和审美的价值与标准。依据这一文化定义,甘斯提出了"趣味公众"(taste publics)概念。他认为,对价值和趣味文化内容做出相似选择的特定趣味文化的使用者,可以被描述为个体趣味文化的公众,即"趣味公众"。这些公众不是组织起来的,而是非组织化地聚集起来的。这种建立在趣味共同体基础上的亚文化圈层,久而久之会形成一种亲近感,并逐步形成组织性的差序格局。

我国学者薛岚等在《球场外的部落主义:一个流动的尾随者社区》一文中指出,新部落圈层为其成员提供了一条途径。以球场外的球迷尾随部落为例,球迷尾随球星的活动把球场外空间变成了一个社会"场所",在这里产生了意义,培养了依恋感。对体育景观的热爱可能源于对特定体育场、球队和/或球员的强烈依恋。在这个空间里,社区得以建立,身份得以建立,忠诚得以建立,记忆得以保留。① 正如英国学者亚伦·史密斯和鲍勃·斯图尔特所说,对集体认同的这种需求可能是部落的,为自尊的维护和提升提供了途径。② 新部落圈层看似是松散型组织,实质上充当了圈层部落成员的精神家园。在一些影响较大的饭圈中,粉丝除组建粉丝群以外,还依托网络媒体搭建突破粉丝圈层影响力的公共平台,明星的微博粉丝站子就是典型代表。站子是指"粉丝依据自己的力量所建立的粉丝网站,是连接粉丝和偶像的一种自发组织,每一个站子背后都有一个围绕站子形成的粉丝社群"③。站子的出现本是为了满足饭圈内的普通粉丝可以及时获得偶像的消息的圈内诉求,而实际上站子的建立使得非粉丝的普通网民也能够有机会查找和浏览到偶像的相关信息。站子因此演变成一个开放的资讯平台,"体量大、影响力大的站子甚至能够获得与偶像亲近的机会,并从官方得到第一手消息"④。站子的建立,从功能上说,使粉丝的身份合法化,并实现了粉丝与偶像的连接。在饭圈群体持续的网络化行动和共同表演(如"应援""打榜""抢博""控评""反黑"等)中,站子

---

① XUE L, GAO J, KERSTETTER D. Neo-tribalism outside the stadium: a fluid community of tailgaters [M]// HARDY A, BENNETT A, ROBARDS B. Neo-tribes: consumption, leisure and tourism. Cham: Palgrave Macmillan, 2018: 105-117.

② SMITH A C T, STEWART B. The travelling fan: understanding the mechanisms of sport fan consumption in a sport tourism setting [J]. Journal of Sport & Tourism, 2007, 12(3-4): 155-181.

③ 王艺璇. 网络时代粉丝社群的形成机制研究:以鹿晗粉丝群体"鹿饭"为例 [J]. 学术界, 2017 (3): 96.

④ 姜泰阳. 互联网时代粉丝社群的关系建构:以鹿晗的粉丝社群为例 [D]. 武汉:武汉大学, 2018: 24.

的社会可见度逐渐提高，政治潜能和公众性的目标追求也得以体现。

二、从"邻近"到"敞开"：新型交往实践和生活方式的产生

马费索利曾用一句话解释部落主义："从属或分享某种品味的感觉"。这实际上"是一种共享的价值观，是一种'重新捆绑（Religare）'意义上的新形式宗教"，是集体的感受性超越了群体，实现了"邻近（la proximité）"。在后现代性中，构成审美的要素不再是个人的经验或内在的经验，而是向他者的"敞开（l'ouverture）"。从"邻近"到"敞开"，"一方面是予以他者，另一方面是他者的予以"①，作为新部落功能的圈层推动了一种新型交往实践和生活方式的产生。

首先，从传播场域来看，传统的部落交流方式往往是单一的、受限的，传播的速度和效率都不高，而网络亚文化圈层的交流互动是双向的甚至是多向流通的，圈子中的成员可以不仅仅是这一个圈子的成员，还可以同时是其他圈子的成员，甚至可以是资深的核心成员。圈层的功能就是使圈粉接受圈层内部交往行为规则的规训，不同的圈层有不同的规则。例如，在饭圈中，针对不同的被粉对象形成不同的粉丝社群，即使在同一被粉对象内部也可以细分出多种多样的粉丝圈子，如唯粉、CP粉、团粉等。根据《2018微博粉丝白皮书》，粉丝圈有十多种，其中，唯粉的数量最多，不同类型的粉丝群体各司其职、密切协作，俨然构成了结构完整、功能完备的生态圈。在此基础上，饭圈的组织化、层级化越来越明显，有明确的目标和分工，拥有相应资源，成为在"统一意志之下从事协作行为的持续性体系"②。圈层内部成员的交往越来越制度化、规则化，这是圈层内部交往实践由简单走向复杂的必然结果。圈层内部的交往行动使成员保持着一种参与热情，圈层场域经由成员交往行动的再生产支配形式而被强化。

其次，从生活方式来看，互联网和信息传播技术的高速发展，使亚文化主体的生活方式发生了改变。马费索利对此早有预见：游牧生活和互联网让人们有了更好的聚合。游牧生活，有"一种无忧无虑的气氛，它不促进对明日的关心，而是相反地促进生活在当下的欲望，这涉及在时代的进程中逐步形成的一种生活方式"③。数字时代，作为互联网"原住民"的青年一代向往更加自由、无拘无束的生活方式，他们可能因趣味、情感而集聚，也可能因此而离散，体现了一种"活在当下"的时代特征，一种被现代理性主义以"进步（le progrès）"的名义抑制了的"非理性（non-rationalité）"的回归。

---

① 许轶冰，于贝尔. 对米歇尔·马费索利后现代部落理论的研究［J］. 西北大学学报（哲学社会科学版），2014，44（1）：23.
② 彭兰. 网络的圈子化：关系、文化、技术维度下的类聚与群分［J］. 编辑之友，2019（11）：9.
③ 马费索利. 部落游牧性［J］. 许轶冰，译. 江南大学学报（人文社会科学版），2012，11（2）：40.

圈层参与活动反映了青年网民的生活态度，那就是张扬自我、随心所欲。青年网民在现实空间反抗、抵制成人文化，表现出与父母不合作的姿态，却愿意在圈层内部听从 KOL 的安排，愿意随圈层集体行动。这两种截然对立的人格表现，正是新部落圈层的一种特征。

三、从"圈地自萌"到文化交融：亚文化圈层政治潜能的激发

长期以来，由于中国国内文化市场由主旋律文化主导，圈层文化一直处于"圈地自萌"的状态。[①]"圈地自萌"指的是在圈子内部"自得其乐"的一种行为方式，体现出明显的"区隔"属性。这种行为方式也可被视作一种自我保护的手段，"一种维护自我精神世界、抵抗外部伤害的内向型自我防御机制"[②]，不在公众平台争论或宣扬，也不受外界纷争的干扰。得益于数字技术和互联网的发展，分散的圈层得以突破时间和地域的限制，碰撞、交融甚至整合成全球性圈层，饭圈的明星全球粉丝会就是其中的典型代表。

从"圈地自萌"到文化交融，圈层显现出激发亚文化圈层政治潜能的功能。这表现在：其一，圈层创造了不同亚文化主体兴趣交流与分享的聚合空间，身处不同地域的亚文化主体，可以不受地理位置和社会地位的限制，通过互联网进行协作和共议，共议过程正是网络亚文化趣味认同的过程，也是其价值提升的过程，这为公众性的形成提供了机会；其二，亚文化圈层基于兴趣形成的"趣味共同体"，继而成为亚文化主体情感维系与认同建立的新部落，他们的文化实践更倾向于共同体内部文化趣味的"自得其乐"，因而网络亚文化圈层的文化实践在根本上就具有逃避、反叛的特性，体现了公众性的目标追求；其三，在当前传统主流媒体公共产品匮乏的情形下，亚文化主体可以通过各种网络能够承载的符号，进行协同合作和媒介文本的再创作，这种网络空间的协同与共创具有缓解亚文化圈层社会焦虑的功能，同时，这一文化实践也具有转化为政治参与的潜能。亨利·詹金斯提出"参与式文化"概念，认为粉丝不再是被动接受的消费者，而是在集体智慧的网络化实践中进行了身份的转化，即生产消费者（prosumer），而这一文化实践恰恰具有培养政治行动主义的潜力，即粉丝是有可能从文化消费者转化为政治参与者的。例如，粉丝通过对其他文化资源的拼贴重组创作出的同人文，就在很大程度上弥补了粉丝对原作的遗憾，满足了粉丝的文化趣味和情感需求。在虚拟世界中为自己与偶像建立起亲密关系，已经成为粉丝文化中独特的媒介景观和文化现象。

---

① 陈龙. 转型时期的媒介文化议题：现代性视角的反思 [M]. 上海：上海三联书店，2019.
② 陈龙. 转型时期的媒介文化议题：现代性视角的反思 [M]. 上海：上海三联书店，2019：240.

▶▶▶ 四、圈层营销的出现：粉丝经济发展的机遇

随着我国经济步入创新驱动、内生增长的发展轨道，市场进入精细化运作阶段，针对不同垂直人群的细分市场应运而生。在互联网解构之下，社会经济各元素被重新分类、聚集，人们倾向于和有共同兴趣、爱好、价值观的人打交道，形成特定的社交和消费圈子，即所谓圈层；圈层背后的核心支撑为圈层文化，由此产生的小众经济形态即圈层经济。圈层经济已成为当下市场经济的主流风潮，如何与特定圈层的用户进行沟通以实现高效转化，成为当下品牌主的核心诉求。由此，市场上出现了一些圈层营销的方法论。例如，相关营销报告指出了圈层营销的两个关键点：其一，打造品牌文化，推进圈层文化融合；其二，降低圈层文化门槛，以出圈为核心目标。圈层营销的出现伴随着互联网技术的持续创新迭代，将有助于圈层边界的消弭、重建，部分小众圈层开始出圈，进入大众视野，可见性得到提高，进而推进圈层文化融合共创，推动网络社会文化繁荣共生。

根据第一财经商业数据中心（CBNData）联合天猫、huya 虎牙发布的《Z 世代圈层消费大报告》，中国的 Z 世代人群约有 1.49 亿人，每月可支配收入高达 3501 元。这意味着青年亚文化圈层正成为中国互联网消费的中坚力量，不仅消费力强，还乐于为兴趣买单，这将极大助推圈层经济的发展。

社交媒体时代，在看到圈层作为网络亚文化"新部落"功能的同时，还需警惕亚文化圈层建构/传播中多元化与同质化共存、组织性与流动性共存的悖论，碎片化和流动化的文化宿命，以及"伪公共性"的陷阱。

第一，圈层化的传播特点不仅使亚文化的多元性极大丰富，而且使亚文化圈层越来越固化于自己的趣味。一方面，在社交网络的世界里，人们会将自己所属的群体内/外及自我/他人区隔开，以自己所想象的趣味、喜好标准进行自我规训，进入自己所认同的趣味共同体中；另一方面，在趣味共同体之内，人们效仿着 KOL 的表现，致力"自我小众化"，在交往实践上呈现社交群体同质化的倾向，进而使亚文化生产实践不可避免地流于碎片化、流动化的文化宿命。

第二，圈层组合的自由也带来了碰撞与分歧。不同圈层之间、圈层内部，由于个体的复杂性、异质性和层级差异，不可避免地会产生矛盾与冲突，甚至引发互联网战争。

第三，圈层在具有更强的组织性和可见性的同时，也充满着不确定性。一方面，具有共同情感维系的个体成员，在遵循严格的管理和层级规范进行互动的基础之上，形成了稳定的交往关系；另一方面，圈层成员的流动性和非强制性又加剧了群体的不稳定。组织性与流动性共存的悖论，体现的是圈层表面坚固实则脆弱的本质。当它坚固如磐石

时，可以开展大规模、持续的集体行动；而一旦它出现裂缝，又极易受到攻击，变得脆弱无比，难以为继。

第四，圈层激发的政治潜能可能只是亚文化圈层在前台的"共同表演"，是伪公共性、政治盲动或文化从众。例如，在饭圈中，粉丝的讨论和互动主要围绕被粉偶像这一核心，而非具有批判意义的公共性讨论，虽然他们在集体行动与政治功能上具有进步性和启发意义，但从其行动目标来看仍是个人化的，不太可能形成纯粹的政治动机，与倡导以公共利益为目标的社会组织仍有距离。此外，粉丝与偶像之间的情感联结建立在想象的、虚拟的亲密关系之上，这一关系本身即是想象性的，极易受到突发事件的冲击和破坏。对于养成系偶像的粉丝来说，偶像的出道就是他们心中一个无法企及的梦的实现，是他们用"真金白银"和偶像共同打造的。然而，这个梦毕竟是虚幻的、想象的，并不是真实存在的，一旦出现裂缝，就会幻灭。因此，如何引导亚文化圈层建立"公共性"，促进"圈层"功能的发挥，就成为应该受到重视的关键问题。

【思考题】

1. 圈层是以共同的兴趣和情感体验为纽带联结而成的，作为网络社会再结构化的产物，其打破身份区隔、形成新的关系本身便具有建构力量。请思考圈层能够激发政治潜能的前提与其局限性。

2. 从新部落的诞生语境出发，结合亚文化圈层现象，从文化、组织、个体和社会四个层面分析网络社会中圈层亚文化的"新部落"功能。

3. 亚文化作为一种文化资本，天然具有被具身化、客体化的可能，同时这一属性极易被全新的媒体景观和经济形式利用。请结合具体案例，从收编、合谋、反哺角度思考亚文化圈层建构及传播可能存在的风险。

第五讲

情感扮演、经济转化与隐性剥削：数字时代的情感劳动

信息技术与资本的不断整合在全球掀起浪潮，社交网络在为大众提供便捷的发声渠道的同时，也与商业资本紧密结合，由此催生出新的经济模式和劳动样态——数字劳动。从批判政治经济学的视角来看，数字劳动是根植于信息资本主义生产模式的一种资本积累和转化形态，仍然体现着资本剥削的属性。这是因为"基于大公司架构的互联网平台在发展中必然会受制于这些大公司的资本积累模式，因此也就必然会对互联网使用者的劳动进行剥削。由于互联网使用者的大部分行为——发博客、线上社交、编辑维基百科、发微博、上传视频等，都是无偿的，因此实际上这些劳动成了互联网公司利润的直接来源"①。而当下互联网产业正费尽心机，企图将网民的一切行为纳入互联网市场领域，成为资本拓展与累积的核心要素。② 麦克尔·哈特和安东尼奥·奈格里指出数字劳动的三个特点：第一，它是一种随着信息网络出现的通信交往劳动；第二，它是一种更加追求互动性与合作性的劳动；第三，这种劳动可以生产并调整劳动者的情感。③ 这提醒我们，情感在数字劳动过程中并非可有可无，相反，情感劳动作为数字劳动的主要表现形式，大量地、普遍地存在于互联网平台，成为数字劳动中不可忽略的成分与维度④，"在本质上可以被视为服务于数字资本主义的数字劳动"⑤。"当资本将人们的闲暇时间、日常生活，乃至情感全部转化为劳动之后，'社会工厂'（social factory）便诞生了。"⑥ 在"社会工厂"中，人们只要醒着，就在为资本复制资本。各个数字媒介平台为"社会工厂"提供了新的"厂房"。不同的"厂房"利用不同的内容偏重及用户体验努力抢占用户市场，为情感劳动提供了多样化的运营形式。当下，情感劳动在生产性活动中的地位日益突出。

那么，个体在享受互联网在信息交流、娱乐、社交等方面带来的便捷的同时，是如何以一种自愿的、不知不觉的甚至充满乐趣的方式，卷入由互联网企业精心设置的资本增值的旋涡之中的？社交媒体平台的游戏规则和运行机制是如何形塑用户情感劳动的方式、投入程度和应对策略的？在流量逻辑的驱使下，用户的情感劳动是否经历了某种形式的异化？对这些问题的探讨，有助于我们加深对信息资本主义资本生产机制及个体与平台关系本质的认识。

---

① 福克斯. 互联网没有改变资本主义的本质：马克思主义视野下的数字劳动 [M] //常江，邓树明. 从经典到前沿：欧美传播学大师访谈录. 北京：北京大学出版社，2020：309.
② 希勒. 数字资本主义 [M]. 杨立平，译. 南昌：江西人民出版社，2001.
③ 哈特，奈格里. 帝国：全球化的政治秩序 [M]. 杨建国，范一亭，译. 南京：江苏人民出版社，2003.
④ 庄曦，董册. 情感劳动中的共识制造与劳动剥削：基于微博明星粉丝数据组的分析 [J]. 南京大学学报（哲学·人文科学·社会科学），2019，56（6）：32－42.
⑤ 姚建华，徐偲骕. 传播政治经济学视域下的数字劳动研究 [J]. 新闻与写作，2021（2）：8.
⑥ 杨馨. 情感劳动的传播政治经济学批判：以L后援会为个案 [J]. 新闻记者，2020（9）：19.

第一节 数字时代的情感劳动

一、情感劳动的定义

情感劳动作为数字劳动中不可忽略的维度，是马克思劳动理论在信息资本主义时代的新运用。英文中存在两个不同概念："emotional labor"和"affective labor"。"emotional labor"最初由美国社会学家阿莉·拉塞尔·霍克希尔德提出。她将情感劳动定义为：为了获得报酬，员工通过调节自己的情绪，在公众面前营造一个显著可见的面部表情或肢体动作的行为。[1] 情感劳动者在付出体力、脑力劳动的同时，还控制着自己的心理和情绪，为了令服务对象满意而不停地进行着情感管理。原本极其私人的情感表达被规制，被放置于公共环境，来实现需求互换和资本积累。随后，这一概念被应用到社会性别、消费社会等领域，情感劳动主体的范围也随之扩大。"affective labor"是哈特在关注到非物质劳动的情感面向后提出的。他认为，情感劳动是非物质劳动最主要的构成部分，主要包括情感的生产和控制，能够使劳动者获得满足感和归属感。[2] 这一概念强调了情感劳动者的主动性。这两种"情感劳动"的定义存在交叉，都关注了劳动过程中包含的情感付出。"emotional labor"侧重关注劳动者的情感管理和劳动的商品化。情感劳动者在浅/深层扮演中逐渐被资本控制和规训，出现情感的异化和脱轨。而"affective labor"侧重关注情感、资本积累和再生产之间的关系，既包含着数字经济对劳动者的剥削，又包含着劳动者的解放、发挥主体性潜能的实现。当前国内很多相关研究没有特别区分这两个概念，在一定程度上交替使用或混用这两个概念。

二、数字时代情感劳动的新特征

霍克希尔德曾提出情感劳动的三个特征：进行面对面、声音对声音的交流，表达的情感与经历的情感可能不同，允许外部规则对情感进行监控。[3] 随着科技的不断发展，

---

[1] HOCHSCHILD A R. The managed heart: commercialization of human feeling [M]. Berkeley: University of California Press, 1983.

[2] HARDT M. Affective labor [J]. Boundary 2, 1999, 26(2): 89-100.

[3] HOCHSCHILD A R. The managed heart: commercialization of human feeling [M]. Berkeley: University of California Press, 1983.

进入数字时代后，情感劳动又呈现出一些新特征，主要包括以下三点：

第一，平台作为情感劳动的底层架构，支撑并塑造着用户的数据生产。数字时代的情感劳动以非物质劳动为主，UP主（源自英文 uploader，即"上传者"，指在视频网站、论坛、FTP站点上传音频和视频文件的人）依托以互联网为基础的各种平台进行生产。一旦失去各种媒介技术的支撑，他们将很难完成情感劳动。不断创新的技术使得情感劳动的场景不断拓展，越来越丰富。情感劳动也具有大量的技术前提——网络、平台、相机、手机等都是用户参与平台数据生产必不可少的物质元素。同时，技术的规则也形塑着UP主的情感劳动。情感劳动者要充分了解平台的整体运行流程，并掌握相机、手机等数码产品的使用及视频剪辑、制作等与情感劳动相关的媒介应用。这在一定程度上也可以被视为情感劳动的准入门槛。UP主在平台上的行为表现、情绪传达、肢体语言等，都会直接影响观众的感受，观众通过点赞、评论、进入、离开等方式将自己的感受反馈给UP主；生产的媒介内容，如视频的长度、特效、转场等，也会营造出不同的传达效果，进而影响生产者与消费者之间的情感传递。这就促使UP主根据各种反馈数据不断调整自己的媒介产品形态、情绪和情感状态，乃至自己的身体表现。

第二，多样的平台文化建构多样化的交流场景，进而塑造情感劳动的特质。人际交往在不同的场景下表现出不同的形式。在公众的选择权和参与权不断扩大的趋势下，出现了大量参与式文化媒介平台，衍生出独具特色的平台文化。不同的平台文化要求要有与之相适应的交流场景。情感劳动是一个动态过程。情感劳动者需要根据自身条件和劳动开展情况，及时调整劳动形式或情感投入。例如，UP主在构思阶段的首要任务是建立"人设"，打造自身特色；在筹备阶段则要收集信息，结合热点制订切实可行的情感传播方案；在实施阶段要将方案中的设计通过个人表现出来，确保自己对他人产生情感影响；在最终评估阶段要检验情感的传递效果，进一步优化情感传递策略。这一动态过程中所有要素的评估，依据的都是相应的平台文化和情感劳动规律。UP主要想取得理想的传播效果，就要充分了解并努力融入相应的平台文化，如使用场景内独有的称谓或"暗号"来拉近与受众的距离，培养受众的认可和好感，形成积极的社交氛围。这种努力反过来也会强化场景共通的特质，进一步推动平台文化的发展。

第三，情感付出具有转化为资本的潜在价值。对于媒介产业而言，注意力是一种特殊的商品，而以互联网为基础的各种社交平台能够驱动规模化的注意力，形成"流量价值"。因此，在信息生产领域，情感劳动也是一种劳动类型，和体力劳动、脑力劳动一样，可以作为生产要素参与到整个注意力生产链条中，创造特定价值，带来特定收益。"网红经济"就是情感劳动价值性的鲜明体现。"网红经济是一种诞生于互联网时代下的经济现象，意为网络红人在社交媒体上聚集流量与热度，对庞大的粉丝群体进行营销,将粉丝对他们的关注度转化为购买力,从而将流量变现的一种商业模式。"① 平台上的情感劳动者,除签订合约的雇佣劳动者以外,还有大量非雇佣劳动者。雇佣劳动者通常能获得基础且固定的资金收益,而非雇佣劳动者的收益并不被保障。但是,非雇佣劳动者所进行的情感劳动存在着潜在价值性。这种潜在价值性表现在,非雇佣劳动者在粉丝基数小、影响力较弱的时期发布的情感劳动产出,其实是为获取更大价值所做的积累。以 B 站的 UP 主为例,多数 UP 主都是从寂寂无名开始拍视频,在一个个视频中找到情感定位,也是在一次次视频发出后吸引不同的人产生情感共鸣,他们中的一部分逐渐成为更高级别的 UP 主。因此,情感劳动者的每一次情感劳动产出都具有潜在的价值。尽管能够从众多情感劳动者中脱颖而出的成功者寥寥,但这是平台许诺给用户的希望,也是一种诱惑。即使这种目标的实现存在很大的不确定性,实际上"成为头部 UP 主"对于多数人而言不太现实,但仍然有大量情感劳动者乐意投身其中,期待价值在不断累积后的爆发。

第二节 视频类社交平台的资本转化机制

在资本力量的助推下,情感劳动带来的收益不断增长。情感在劳动者没有对特定的人展现出来时,"只对劳动者自身有价值并且没有使用价值"②,因为这时它还没有外化,不能满足人们的需要。在进行情感劳动后,情感受到劳动者基于表演机制的深加工,通过载体被表现出来,同时具有了价值和使用价值,进而成为商品进入市场。UP 主在社交媒体上发布的内容,其实就是他们出于自我表达、利益获取等目的,将内在情感外化后产出的满足受众情感需求的商品。这种商品在社交平台这个市场上流动,供其他用户选择和消费。

情感劳动的具体过程是物化的,但产出的是寻求情感共鸣的非物质商品。情感越来越商品化,而商品也越来越情感化。在资本的"引导"和"诱惑"下,情感劳动者主动"释放"自己的情感,促进剩余价值的生产,情感要素被"吸收"至互联网资本的

---

① 中商产业研究院. 2020 年中国网红经济市场前景及投资研究报告[R/OL]. (2020-03-12)[2023-06-20]. https://wk.askci.com/details/a0f1a24536ab46ac9da04fd494686476/.

② 朱阳,黄再胜. 劳动的情感参与:数字时代情感的价值和生产[J]. 中共宁波市委党校学报,2020,42(2):36.

生产逻辑之中。① 而且，平台对情感劳动者的价值掠夺和剥削通常是隐蔽的，不易被劳动主体发觉。B 站是目前国内最具影响力的视频类社交平台之一，集中了类型丰富、层级分明的生产性用户，在激烈的竞争中不断探索和创新商业模式，力求从情感劳动者的劳动中获取更多的剩余价值，并占领更大的情感消费市场。下面以 B 站的平台规则为例，揭示其将用户的情感劳动转化为资本的运作机制。

▶▶ 一、以潜在收益激励持续性劳动

在互联网环境中，价值生产的关键在于用户内容的不断更新。内容更新频率的维持能够保持平台的趣味性和吸引力，加速资本的积累。② 作为情感劳动主体的 UP 主，持续更新媒介内容，除出于自身的兴趣爱好以外，还受平台激励机制的驱动。平台通过制定各种规则，如通过利益分成，形成多劳多得、营销竞争等多样化的收入形式，来扩大劳动者体量，促进用户持续地进行内容生产。多数 UP 主没有固定报酬，他们的收入大概率取决于账号的数据表现。B 站依据相应的量化规则进行报酬折算，将账号的流量变现转化为 UP 主的收入。UP 主在 B 站上获得收益的方式包括以下几种：

一是创作激励计划。拥有 1000 个粉丝或 10 万累计播放量的 B 站 UP 主可以加入平台组织实施的激励计划，有机会获得经济收入。B 站对参与活动的 UP 主上传的视频进行主题分类，为达标的 UP 主提供资金奖励，其主要目的是激发 UP 主的活力，保证有效的用户留存率，同时吸引更多新用户投身于平台的情感劳动，助力平台抢占市场。

资金奖励的评估标准主要是播放量，B 站对 UP 主自制视频的播放量、互动数等指标进行量化折算，每 1000 播放量对应 2 ~ 4 元不等的收入。播放量体现的是内容流行度。而内容流行度的评估主要依据视频垂直度和用户喜好度两大指标。视频垂直度主要是评估 UP 主的视频是否长期属于同一分区。视频分类越统一、越明确，视频垂直度就越高。B 站也更加鼓励 UP 主专注于一个领域进行视频创作，如专攻影视区或美食区等。用户喜好度是指用户对视频的喜爱程度。用户喜好度的评估主要参考用户对作品进行点赞、收藏、投币的数据。用户长按"点赞"会同时实现点赞、收藏、投币这三项功能，所以这个行为也被称为"一键三连"。

"一键三连"并不会直接转化为收益，它是 B 站设置的推荐机制。"一键三连"的数据较高，往往代表多数用户认可这个视频，算法会将该视频推荐至 B 站首页或让该视

---

① 胡鹏辉，余富强. 网络主播与情感劳动：一项探索性研究 [J]. 新闻与传播研究，2019，26（2）：38 - 61.

② COHEN N S. Culture work as a site of struggle: freelancers and exploitation [J]. tripleC, 2012, 10(2): 141 - 155.

频登上 B 站热门视频榜，以使其被更多人看到。

二是来自其他用户的经济奖励。以现实货币购买平台指定的虚拟货币，对喜爱的 UP 主及其内容进行打赏，是很多社交平台用以调动创作者积极性的方式，平台则从中抽取利润。在 B 站上，用户可以通过购买 B 币为 UP 主"充电"，即让 UP 主获得经济收益。1 个 B 币等于人民币 1 元，"充电"的最低额度是 2 元，最高额度不限，用户可以自定义"充电"金额，而 B 站在这一过程中抽成 30%。

内容更新连续且个人风格鲜明的视频 UP 主，更易聚集人气，也更容易收到受众的 B 币打赏。例如，一天一更且一直保持一种风格的头部或腰部视频 UP 主，一个月大概能够获得 100 人的打赏。

三是广告收入。有影响力的 UP 主受到广告商青睐，获得广告推广机会。广告商考虑 UP 主的热度、产品与 UP 主形象的匹配度等，选择合适的 UP 主账号作为广告投放渠道。UP 主则主要考虑产品质量和预期收益，以决定是否接广告。

推广方式主要由广告商来挑选，包括在视频中直接进行产品推荐、在视频中使用产品进行无痕植入、将产品链接放置在内容页上、在弹幕中为产品打广告等。UP 主获得的广告收入包含依据粉丝量、视频播放量及互动量等数据计算出的基础报价，同时与 UP 主投放的广告点击率、专属口令的订单量等彰显实际购买号召力的数据息息相关。不同的广告商追求的目标不同，但往往都会选择与自身产品相契合的领域内的 UP 主，希望 UP 主的多数粉丝与其目标消费群体相契合，以便更加精准地投放广告。部分广告商的推广预算较低，只追求品牌知名度的提升，选择的推广方式相对外化。而预算充足的广告商则希望在提升品牌知名度的同时，利用大众跟风心理带动产品销售。

在 B 站上，广告推广并非像想象中一样受到用户的强烈排斥，而是在一定程度上得到用户的理解。用户在 UP 主这里获得情感需求满足，对 UP 主足够信任，在消费视频中的情感的同时，也会与 UP 主本人产生情感关联。用户想要购买 UP 主的同款产品，更偏向于信任他的推荐，或者单纯为支持他而点击他发的广告，甚至进行非必要购买。多数粉丝即使没有购买行为，也会对一定数量的广告推广持包容态度。UP 主接广告进行品牌推广的行为，也被调侃为"恰饭"（方言"吃饭"的普通话谐音词，意为人要吃饭活下去，有时候就必须做一些不得已的事）。

二、以社区文化维系用户情感

情感劳动不仅能够带来情感感知和共鸣，而且还具备发展情感外延、拓展情感关系的功能。莫利兹奥·拉扎拉托认为，情感劳动能够通过不断创造与修改"沟通"的形式和条件，协调生产和消费之间的关系，即情感劳动"通过'沟通'，也是一种'社交'，形成社会关系，它在生产商品的同时生产商品的资本关系"①。B 站为这种情感关系的产生提供了支撑。

B 站的 UGC 模式让大量初级 UP 主能够发挥自己的创作才能，进行创造性的情感劳动。正因为如此，B 站在不断的发展和规划中，形成了独具特色的、富有生命力和传播力的平台社区文化。社区文化"是指人们在长期的交往与创造中形成的文化传统、风俗习惯和情感、态度与价值观体验等"②。拥有相同兴趣的用户聚集在同一分区中，共同形成这一分区的文化特色。而不同分区特色文化的形成又是对平台文化的建构。B 站的答题准入机制和优质的情感劳动内容，让平台维持着一定程度的和谐与轻松的氛围。这样的平台文化反作用于平台用户，成为维持平台日活跃量的重要因素。UP 主与用户的日常互动，创造并维系了独特的社区文化。

用户共同创造的 B 站文化中，时常会生成只有社区内的人才明白的语词，或者只有在社区内才适用的表述，这些独特的表述逐渐演化为一种文化标识。

在和粉丝的不断交互中，UP 主会逐渐意识到自身的情感付出和情感维系产生的作用力，会对粉丝产生依赖，对平台产生归属感，认可平台的文化。这也成为很多 UP 主坚持进行情感劳动，按周期更新视频，选择在 B 站长期发展的重要原因之一。

在受众方面，情感关联最初表现为关注 UP 主本人，并观看其情感劳动产出视频。在多次观看后，受众会对 UP 主形成认知和做出评判，并在评判后继续关注 UP 主，由普通受众变成粉丝。UP 主与成为粉丝的受众相互熟悉并建立信任，进行交流互动后，获得拓展的情感关系。受众凭借对特定 UP 主的喜爱、对社区文化的享受、对平台氛围的认可等情感因素，认可并选择使用 B 站。受众作为参与文化创造的一分子，同样会具有参与感并对平台文化高度认同。B 站也被许多用户称为"小破站"，这个称呼更多体现的是用户的归属感，体现了用户希望见证它不断发展的期许。

▶▶ 三、商品符号转化：将用户数据商品化

"马克思认为剥削即对工人剩余价值的无偿占有，互联网发达的今天，用户的剩余劳动主要在于他们对移动媒体的使用。"③

无论是平台上的 UP 主，还是被他们吸引的受众，都在平台上生产着各种各样的数据。这些数据包括具有原始积累价值的人口统计学信息、使用行为记录等。这些极具价

---

① 芦艺. 社交营销、情感经济与在线劳动：基于支付宝"集五福"的传播政治经济学研究 [D]. 苏州：苏州大学，2020：50.
② 林菀霖. 对加强新时期社区文化建设的若干思考 [J]. 现代经济信息，2010（24）：328.
③ 刘丹. 传播政治经济学视阈下抖音短视频用户的数字劳动研究 [D]. 南京：南京师范大学，2020：29.

值的数据，在平台包装的"同意"法则下，在用户看不见的后台中，被随意窥探和使用，转化成实际的商业收益。此外，这些数据除被平台自身占有以外，还有被贩卖的风险，在所谓的合作共赢中助力广告的精准投放。

随着网络技术的广泛普及，网民数据的重要性日益突显，网民数据正在被越来越细致和全面地获取。平台通过跟踪记录对用户的媒介行为进行大数据分析，将用户视作获取数据的商品符号，并将获取的用户个人信息和行为信息作为私有数据资本。平台还对用户自我暴露的情感内容、情感联系等相关劳动进行量化和趋势分析，从而得出具有指导意义或交换价值的商业化信息，为自身的发展提供精准导向。

个人数据的生产过程也可以被视为用户为平台劳动的过程。对用户行为信息的记录是平台复刻用户、留存用户的砝码。根据这些记录，平台能够完美洞悉用户的劳动行为和兴趣偏好，勾勒出一幅完整的用户画像，无偿占有用户画像创造的价值。用户画像的概念最早由交互设计之父艾伦·库伯（又译作"艾伦·库帕"）提出。他认为，用户画像（personas）是"真实用户的假想原型"[①]，是为精确描述用户和用户目标，在真实用户的基础上编造出来的虚假角色。平台需要依据用户画像进行运营调整，以进一步满足用户需求。

用户画像的刻画并不仅仅针对受众，同样也针对情感劳动者。UP 主产出的视频是 B 站情感劳动内容的重要构成。因此，有针对性地对 UP 主进行激励，甚至复刻 UP 主的成功模式，也是 B 站作为平台方的需求，是平台勾勒 UP 主画像所希望获得的成果。B 站将 UP 主视作商品进行考量，希望通过对他们行为选择的分析，进行有针对性的引导和激励，保持他们的创作热情和频次。UP 主的情感劳动方式、情感表达方式、情感互动形式，都成为被保留的数据。B 站还会对成功晋升的大型 UP 主在初级 UP 主阶段的情感劳动行为进行追溯分析，建立培养模板，以期培养更多具备更强号召力的潜力型 UP 主。

UP 主作为商品，吸引着受众进行情感消费。而被 UP 主吸引的受众，同样成为被平台刻画的用户。受众的点击、观看、评论、发言等媒介使用行为在满足自身、情感劳动者和其他受众的情感需求的同时，也被细致地记录下来，成为个性化推荐的有力依据。将 UP 主作为商品符号换取的用户数据中，年龄、性别等人口统计学相关信息的变动概率较低。这类信息对于平台来说几乎无须后续成本。而用户行为这类信息的变动概率较高，是平台勾勒用户画像、深入剖析用户的关键，需要平台不间断地以高成本来获取动态数据。

---

① 库帕. 交互设计之路：让高科技产品回归人性（第二版）[M]. 丁全钢，等译. 北京：电子工业出版社，2006：116.

第三节　UP 主的情感适应与情感扮演

原初语境下的情感来源于人自然而然的生理反应。马克思主义自由观语境下的情感是人们对感知到的事物的直接判断和思绪抒发，是直接的、真实的、没有再思考过程的内在表达。而当情感成为情感劳动者的劳动对象时，情感劳动者为了扩大自身情感劳动的受众面，会选择以强烈的情感吸引并影响受众，对情感进行包装。被包装的情感往往更具目的性和针对性，突出情感劳动者的个人风格和魅力。

情感扮演"要求社会交往的情感表达带有戏剧性，借助于夸张的表演，或强化特定情境的氛围，或刻意制造出一种（微）景观，以吸引公众的注视"[1]。

情感扮演的方式主要包括浅层扮演和深层扮演，且这类表演中都包含不可或缺的"印象整饰"。UP 主在网络消费的环境中，为了追逐利益，会逐渐习得相应的情感规范来对自己的情感进行整饰，通过不断调整使视频传递的情感符合受众的期许。

情感劳动的方式涉及视频的选题、文案，以及视频画面构成、自身表达等多个方面，每个方面都需要精心设计。情感劳动者可以选择浅层扮演，也可以选择深层扮演，或者在实践浅层扮演的基础上选择深层扮演进行受众固化。情感劳动者对情感劳动方式的选择一方面受到个人意愿的影响，另一方面受到资本和市场反馈的指引。与部分头部和腰部 UP 主由团队提供脚本、由资方进行规划不同，初级 UP 主相对而言具有情感劳动方式的选择权。具体的情感劳动方式在不同分区的 UP 主身上会有所差别，但大体形式是依据表演方式进行情感劳动。

互联网和新媒体技术带来了一种双向的情感消费方式。情感扮演方式的转变不仅仅依据情感劳动者的判断，与受众的反馈也存在很大关联。随着信息服务产业的发展，UP 主不再仅仅是情感的生产者，他们希望受众深度参与和积极互动，接收受众的情感反馈。这些反馈会进一步影响 UP 主的情感劳动方式。

▶▶ 一、情感适应：自信的建立与压力的抵御

情感适应是指对重复或连续刺激的情感反应变弱的心理过程。[2] 即使是初级 UP 主，

---

[1] 成伯清. 当代情感体制的社会学探析 [J]. 中国社会科学，2017（5）：95.
[2] FREDERICK S, LOEWENSTEIN G. Hedonic adaptation [M]//KAHNEMAN D, DIENER E, SCHWARZ N. Well-being: the foundations of hedonic psychology. New York: Russell Sage Foundation, 1999: 302-329.

也需要进行情感调适，只有具备强大的情感承受力，才能长期坚持下来，尤其在无人问津的起步阶段。在情感适应的过程中，初级 UP 主需要迅速建立自信，勇于表达和表现自己，放平心态面对劳动成果，坦然并更加释然地面对网络世界，做好投身于情感劳动的各项工作。

首先要建立表达自信。在自媒体行业中，原创内容上传者，尤其是露脸的原创内容生产者，免不了受到身份各异的陌生人对自己各个方面的评价。他们将自己暴露在镜头前，而从幕后走到幕前，无论其表达是否真实，都需要一定的勇气。许多初级 UP 主都遇到过初次出镜紧张不安的情况，这时就需要其建立自信，在做好充分的心理调适后进行自然且流畅的表达。同时，初级 UP 主在平台中自然需要尊重和适应平台文化，适应平台中 UP 主总的话语体系与行为逻辑。

放下害羞与腼腆，建立自信后在视频中充分表现自己，正视自己分享的内容，尽快调整心态以适应初级 UP 主视频更新的规则，是初级 UP 主进行内容更新的基础，也是初步的情感适应。

其次要能接受低关注度。初级 UP 主在进行视频更新的初期，都会面临低关注、低人气、低流量的情况。这种情况可能会持续很长一段时间，甚至是长期的。一方面，初级 UP 主的受关注基数较小，其影响力还无法与大型 UP 主相比；另一方面，现存的粉丝也缺乏一定的忠诚度，有随时取消关注和离开的可能性。因此，低关注期可能会持续很长时间，关注度的提升也可能在略有起色时陷入停滞。这些都需要初级 UP 主进行情感适应，在低关注期保持平常心，不气馁地维持更新频率，提升视频内容的质量，提高活跃度和互动量，只有这样才有可能在越过低谷的临界点后，提高人气，获得越来越多的关注。初级 UP 主逐步熟悉并掌握平台规则后，其情感适应就会初见成效，可能会聚集一部分的基础人气。初级 UP 主面临的情况复杂而难以预料，他们只有调整好心态，才能承受付出与收获的失衡。

最后要能承受网络恶意。互联网的开放性和隐匿性使得部分网民在虚拟账号的掩护下表现出不友好的一面，对他人出言不逊甚至进行人身攻击，缺乏社交礼仪。UP 主将自己暴露在鱼龙混杂的公众面前，遭到无端谩骂的情况时有发生。在这个过程中，UP 主需要具备强大的心理素质，及时调整好心态，更加坦然和从容地应对外界的质疑或观众的偏见和恶意。只有充分做好情感调适，才能跨越心理障碍，在作为 UP 主这条道路上走得更远。

▶▶ 二、浅层扮演：经营"人设"与吸睛引流

受众之所以会关注 UP 主，是因为发现了自己认为有趣的人物形象，希望通过他们

满足自己的情感需求。由此,有些UP主会隐藏真实的个性,为了迎合受众进行浅层扮演,通过屏幕展示设计好的形象,塑造"人设"。这一选择受到市场、平台和商业资本的共同影响。

在情感劳动中,一个鲜明而生动的形象,能够快速给受众留下记忆点,也更容易受到关注。对于UP主来说,他们需要整饰自己的情感进行"营业",使自己的形象符合粉丝心中的角色形象。当角色的塑造与UP主的自身情感相违背时,浅层扮演就会发挥作用,帮助UP主在视频中表达并不真实的情感。这个角色最初是由UP主根据市场需求并结合自身条件塑造出来的,也就是所谓的"人设"。

不同分区的UP主的浅层扮演内容不尽相同,塑造的"人设"各具特色。例如,美食区的初级UP主常见的"人设"有"大胃王""猎奇者"等。他们会对自己吃的量、食物的味道进行不同程度的夸张,甚至通过假吃或吃后催吐的方式,在镜头前塑造"大胃王人设"。也有初级UP主会使用部分道具,使吃某一种食物看起来极具挑战性,成为食物"猎奇者"。他们塑造这些"人设",一方面是希望激发受众的食欲,另一方面是希望刺激受众,提高自己的关注度。

再如,游戏区的初级UP主中有人选择塑造"冒险人设"。在游戏过程中,他们会表现得比平时更加激进,乐于冒险进攻,选择难度高、刺激性强的操作。在冒险成功时,他们用自己的技术印证了所塑造的"冒险人设";在冒险失败时,他们成为被调侃的对象。他们还会在操作时配合夸张的语调或肢体动作,这会让受众感受到更加强烈的冲突性,跟着UP主一起产生情绪起伏。口头语言与肢体语言的相互配合,更加有助于UP主的"人设"塑造。

又如,生活区的初级UP主中有人选择塑造"翻车人设"。他们在日常生活中有意无意地出现失误,表现得难以成功做出新的尝试,这种"人设"产生的幽默效果有独特的吸引力。也有人选择塑造"治愈人设",因为这一"人设"更加讨喜,更具话题性。他们会在视频中表现得比平常更加精致,在大量的生活用品上花费心思,塑造出一种精致生活、文静治愈的形象。

对于大多数UP主来说,单纯依靠时间积累,粉丝量增长非常缓慢。缺乏专业运营推广的初级UP主,快速受到广泛关注并涨粉的途径之一就是自我炒作,通过制造博眼球的话题形成热度。一些初级UP主在经历较长的无名期后,心态可能会发生变化,不再追求正常的自我表现和情感交流,为了提升关注度,他们选择自我炒作,通过迎合公众的庸俗趣味来获取流量。他们并不在乎流量是否能够转变为存量,而是在乎吸睛视频带来的瞬时流量。这类自我炒作的视频中同样包含了大量的浅层扮演。

浅层扮演的UP主在刻意选择的有争议的主题下进行表演,为了达到相应的效果——

遍遍摆拍，以刻意的方式获取情感关注。例如，美食区的部分UP主会特意在国外做我国禁食的食物的吃播，或者刻意造成烹饪失误等；生活区的部分UP主则会特意选择性骚扰等极具争议和话题性的主题进行摆拍，甚至制作成搞笑视频，引发争议。这些炒作行为确实为他们带来了巨大的话题度和热度，也让他们获得了部分追求恶趣味的受众的追捧，从而为他们带来了收益。

情感劳动者在浅层扮演中进行情感伪装会消耗精力和心理资源，需要大量的情感投入。情感劳动者在深层扮演中根据视频对象和场景的变化，做有针对性的情感调节和管理，在保证"虚假自我"不断靠近所需情感后，还要进行真实自我与"虚假自我"的来回切换，同样需要大量的情感投入。此外，在浅层扮演中，初级UP主还要把握情感伪装的程度，使视频中包含的情感以一种略微夸张但不会浮夸到让受众明显感受到有所伪装的形式呈现。

三、深层扮演：尝试营造"人设"与真实表达

深层扮演是指个人在与他人互动时，尝试唤起内心深处的情感，使其与需要展示的情感保持一致。而深层扮演之所以被称为"扮演"，是因为霍克希尔德认为在深层扮演中也存在情感劳动者对自身情感没有清醒意识的情况。他们在欺骗别人的同时也欺骗了自己。因此，深层扮演被分为主动的深层扮演和被动的深层扮演。主动的深层扮演是指情感劳动者通过积极的思考和调节，努力使自身情感与需要表现的情感相一致；而被动的深层扮演是指个体内心的情感与需要表现的情感几乎一致。[①] 被动的深层扮演也需要扮演者付出努力，只是其努力程度远小于主动的深层扮演。詹姆斯·迪芬多夫等人在此基础上，将被动的深层扮演归为真实的情感表达。[②]

对于采取主动的深层扮演的UP主来说，他们并没有意识到自己对情感的管理，而是表现出深入而自然的印象整饰。在主动的深层扮演中，UP主会分化出一个"虚假自我"。这个"虚假自我"不断靠近和迎合需要被表现的情感，它与真实自我并不一致，却也难以被UP主发觉。将"虚假自我"和真实自我混淆的UP主并没有将自己的情感尝试和妥协视为扮演，反而认为自己的情感表现均发自内心。

这种扮演的最终目的，是为UP主的"人设"服务。为了契合"人设"，UP主分化出的"虚假自我"需要不断与不同的情感相融合，努力维持受众认可的形象。同时，

[①] HOCHSCHILD A R. The managed heart: commercialization of human feeling [M]. Berkeley: University of California Press, 1983.

[②] DIEFENDORFF J M, CROYLE M H, GOSSERAND R H. The dimensionality and antecedents of emotional labor strategies [J]. Journal of Vocational Behavior, 2005, 66(2): 339-357.

主动的深层扮演也可以作为浅层扮演的巩固手段，进一步将浅层扮演吸引的受众转化为相对稳定的粉丝群体，带动情感消费。

主动的深层扮演这一情感扮演方式同时还附加高强度的受众关联。情感劳动者和受众有时甚至意识不到自己处在一场表演中，反而深深沉浸在与对方的情感关联中。一般来说，初级 UP 主的进一步关系构建策略分为以下几个步骤：首先，他们会选择性地将自己的生活与粉丝进行分享交流，为自己营造一种贴近生活的真实感；其次，他们会默认并欢迎粉丝试图打破距离感进行互动的行为，甚至听取粉丝的建议完成相应的表演，使双方建立起共同成长的亲密关系；最后，他们会将作品的部分选择权交给粉丝，并公开表达对粉丝的感谢等，让粉丝在拥有参与感的同时体会到群体的归属感。

但 UP 主在进行深层扮演的过程中，并不总是虚假的。随着时间的推移，UP 主可能与自己塑造的"人设"融为一体，展现出真实的情感，即进行被动的深层扮演。确实存在部分 UP 主坚持真实表达，将自己的生活记录下来，不加修饰地进行分享。尽管没有受到较多的关注，尽管做了较长时间的初级 UP 主，但他们依然只做没有任何设计的纪实性视频，坚持表达真情实感。被动的深层扮演的实现，一方面可能是因为初级 UP 主的"人设"与本人的贴合度较高，另一方面可能是因为受到粉丝群体的影响。初级 UP 主在情感劳动中对自己的"人设"逐渐形成身份认同，实现了情感劳动对自我生活的真实改造。

多数独立运营的 UP 主有选择进行浅层扮演或深层扮演的机会，而他们中的大多数更倾向于选择深层扮演。初级 UP 主比较看重向公众展现自己真实的一面，虽然他们也会感知到市场的导向，发现通过浅层扮演策略能够快速吸睛、快速提高人气，也不乏在感知到市场的导向后转向浅层扮演的，但他们中的大多数依然坚持自己的选择。他们希望不加伪装地在视频中进行表达，也希望能够在维持好现有关注度的同时，找到市场与自身的深层扮演间真正的契合点。

当然，多数初级 UP 主没有区分主动的深层扮演与被动的深层扮演的意识，他们认为包含自己真实情感的视频，就是对真实自我的展现，也就等于真实表达。他们会表现出对浅层扮演的不屑，以及对其后续作用力的质疑。因此，对深层扮演性质的混淆与否，并不会影响他们对深层扮演的偏向。

无论是浅层扮演还是深层扮演，UP 主都有不同形式的情感投入和情感管理。他们在浅层扮演中的情感投入相对明显，自己也能意识到这是一种"表演"；而在深层扮演中的情感投入更为真实、深刻，同时也相对隐蔽，有时连他们自己都没有发觉。

对于平台来说，浅层扮演的情感伪装虽然能够大范围地吸引用户来为平台撑起热度，却无法对高质量用户进行长期保留。因此，深层扮演对于平台来说也是不可或缺的。而深层扮演中情感劳动者的自我分化,会使其情感劳动呈现不稳定的状态。因此,从平台的立场来看,它更希望情感劳动者能够全身心投入自己的情感劳动之中,打破"虚假自我"与真实自我的界限,实现被动的深层扮演,进行真实的情感表达。

第四节 UP主情感的经济转化与回馈

在进行情感适应和情感扮演后,UP主就掌握了情感产出的方式,产出的情感内容趋于成熟。UP主逐渐向情感劳动者的角色蜕变。他们也在不断的情感产出中收获了一定基数的粉丝,其情感投入获得了一定的成效和反馈,但其情感劳动并没有结束。

UP主接下来还要将投入的情感转化为切实的经济利益,在利用不同转化形式获得一定收益后,再给予情感消费者一定的回馈,以此稳固双方的关系,这也是在稳固UP主自身的经济价值。

一、情感价值的经济转化策略

从上文对UP主潜在收益的分析可知,UP主的收入渠道主要包括平台激励、粉丝打赏和广告收入。播放量和粉丝量是两个重要的基础指标。因此,UP主,特别是初级UP主,非常重视提高观众对产出内容和对自身的关注度,通过各种方式优化这些量化指标的表现,以实现经济转化。

而粉丝量相近的两名初级UP主的视频,其播放情况及受到的推荐和打赏可能存在较大差异。这些指标会直接影响两者的经济收益。而这种差异的存在,不乏情感运作的影响。UP主在情感价值的经济转化中主要利用直白请求、差别化对待、反向激将三种策略,积极激发情感消费者的热情,保持自身热度,加大经济价值的再转化力度。

首先是直白请求。将对关注度的需求直白地表露出来,是很多初级UP主选择的方式。他们会在视频开头或最后增加几秒专属的"一键三连"动画,或者直接在视频中、评论区下说出来,提醒受众进行热度助力。当然,也有运用一定技巧表达自身利益诉求的,如部分初级UP主会将视频中出现的物体制作成"投币"图标,把"一键三连"设计成一个所谓的"梗"添加到视频中。在不引起反感的前提下,直接表达希望观众支持自己,确实具有明显的效果,这也成为初级UP主在情感价值的经济转化中的常见做法。

其次是差别化对待。一部分人难以在现实社会中获得关注与支持,内心孤寂,于是寄希望于虚拟的网络世界，希望在网络环境中受到重视，以填补内心的空虚。这部分人容易受鼓励，产生从众或攀比心理。

部分UP主正是抓住了这样的心理，在发放福利时对受众进行差别化对待。他们依据与账号的互动榜单，或者依据"打赏"榜单，向榜单的前几名发放福利。这种方式会激起粉丝的攀比心理，进一步催化账号的互动和受赏。

UP主的差别化对待在充分满足"铁粉"的虚荣心后，会强化UP主与"铁粉"之间的关系，使两者的关系更加亲密和稳定。同时，这种明显的差别化对待很容易让其他粉丝察觉。部分粉丝会在攀比心理的驱使下，产生追逐榜单排名的心理，不断增加与UP主的互动，进一步催化UP主的情感产出。差别化对待最终会提高情感产出的热度，助力情感价值的经济转化。

最后是反向激将。它与直白请求策略相反。部分UP主为了避免在视频中过多要求受众关注自己，或者直接请求"一键三连"引起反感，便进行逆向操作。

他们策略性地在视频中表达自己不需要"一键三连"支持。他们还会对某个视频的质量或后期制作等问题进行反思，号召受众仅仅观看视频，无须做点赞等行为，塑造对自己的作品进行严格把控并极其重视受众体验的形象。

反向激将实质上是一种心理战术，UP主巧妙地掌握了受众的心理，在美化自身形象的同时，让受众"心甘情愿"甚至"执意"对UP主的情感产出进行认可和支持。对于初级UP主而言，对这种反向激将策略的使用更多的是无意识的，在反向操作中碰巧实现了激将，满足了自己的利益诉求。

二、情感劳动者的回馈

在利用不同策略实现情感价值的经济转化后，UP主会获得即时的经济收益，实现情感投入向经济收益的转化。同时，UP主积累的粉丝也成为其后续获得经济收益的基础。但情感劳动并没有结束。粉丝群体具有不稳定性，若UP主没有进行持续的情感投入去维系与粉丝之间的信任和感情，则粉丝很容易流失。因此，为了让粉丝持续关注自己，特别是巩固已有的粉丝群体，UP主会对粉丝进行回馈，主要表现为物质回馈和情感回馈。

在物质回馈方面，UP主会通过抽奖等方式向粉丝发放礼物，或者在粉丝群发现金红包等，对粉丝的关注和支持表示感谢。回馈的对象通常是更具黏性和活力的粉丝群体。这一行为在一定程度上催化了普通观众向粉丝的身份转变。对于物质回馈，粉丝看重的是这一行动蕴含的友谊和善意，而不是物质本身的价值。在这里，小礼物其实是UP主情感的一个载体。粉丝在UP主的物质回馈中体会到被牵挂、被重视的满足感。长期的物质回馈有利于增加粉丝的黏性，以获得他们更加长久的关注和支持。

UP 主与受众之间的互动是一个动态发展的过程。一开始 UP 主只能直接请求受众给自己更多的关注和支持，推荐自己的情感产出，处在相对被动的地位。但随着 UP 主受到越来越多受众的关注，互动与回馈的形式也越发丰富。一些 UP 主会设置自己的专属粉丝勋章，为向自己账号累积投币达到一定数量的粉丝派发粉丝勋章。勋章是跟随在账号昵称后的小牌匾，是有等级的，粉丝互动量越高，等级增长得越快。粉丝可以自行选择是否佩戴勋章。UP 主能利用这一功能进行身份的再区别，对大力支持自己的粉丝给予更丰厚的回馈，针对这一群体发放一些专属福利。UP 主在这一过程中掌握了一定的主动权。

除借助于物质这一载体进行回馈外，部分 UP 主还选择用更为直接的情感交流方式进行回馈，主动与粉丝建立情感交流的空间。在这一空间中，UP 主与粉丝聊天和互动，跳出视频内容进行更加多面的情感交流，产生情感联结，拉近彼此之间的距离。这一空间可以是平台上的弹幕、评论区或私信，也可以是能够实现群体内实时交流的 QQ 群或微信群。

也有初级 UP 主选择直接在视频中进行情感回馈，直言与粉丝是互相陪伴、共同成长的关系。还有 UP 主会定期发布与粉丝互动的主题视频。在视频中，他们选取粉丝通过私信等渠道提出的问题或个人表达，针对这些内容进行自己的分享，透露自己的生活近况，为粉丝解答困惑。这种方式让其他粉丝也能参与进来，提出自己的意见和建议，实现互相帮助，也会在一定程度上激起其他受众的窥探欲，吸引更多新的受众。

UP 主通过平台内的情感产出及交流渠道，以及平台外的社群运营，利用问答交流、线下碰面等方式，实现与粉丝的情感互动，直接或间接地表达对粉丝的关心和在意，进行情感回馈，提升粉丝的好感度和忠诚度。同时，他们还希望利用情感回馈，吸引还没有成为粉丝的受众，形成情感投入与回馈的良性循环。在这一过程中，UP 主与粉丝之间的距离被不断拉近，两者之间的关系得到巩固，这为 UP 主的成长提供了物质和精神上的双重支撑。

第五节　情感劳动商业化中的隐性剥削

情感劳动中对部分劳动者权力的下放，表现出一种为情感劳动者赋权的表象。情感劳动的商业化在为平台积累用户、占据市场的同时，也为情感劳动者带来了关注度和收益，为受众带来了大量的情感消费品，其积极作用不可否认。但情感劳动的商业化也会产生消极影响。由于资本的逐利属性，社交媒体用户投身于情感劳动之中，难免会受到资本和平台的剥削，其情感付出也会因此异化，导致部分初级 UP 主情感失调，权利得不到保障，情感产出呈现出投机的趋向，进而影响甚至改变整个社交平台的创作生态。

一、赋权表象下的剥削实质

需要将 UP 主的情感劳动与平台之间的关系置于更为宏大的信息资本主义的框架中进行理解。UP 主在为平台带来巨大流量的同时，也成为商业化中被剥削的对象。这一现象在平台赋予 UP 主更多权利的情况下依然存在。UP 主自我表达的欲望、对经济收益的追求被利用，成为主动生产资本与价值的"情感筹码"。在情感劳动不断商业化的过程中，隐性的剥削一直存在，但也正是因为这种隐蔽性，情感劳动者才更加难以发觉其存在。

在自由地进行自我表达、获得经济收益等多重诱惑下，UP 主心甘情愿地主动从事情感劳动，重复地进行情感扮演，对潜在价值充满遐想，无法看清这些只是数字资本精美包装的陷阱。UP 主被吸引并主动参与情感劳动的行为，并没有逃离被剥削的逻辑。互联网时代的资本剥削只是披上了看似平等的"价值回馈"的外衣，情感劳动者仍旧被平台和资本利用与剥削。这种剥削在情感劳动不断商业化的过程中变得更加隐蔽。情感劳动者逐渐形成劳动习惯后，更加难以发觉其中包含的隐性剥削。

（一）被利用和受诱惑下的主动性

UP 主的主动性贯穿了其劳动过程。UP 主主动进入平台，主动进行情感扮演，主动发布媒介作品，主动进行情感互动。但即使存在这些主动性的表现，也不意味着 UP 主在劳动过程中不会受到制约和剥削。UP 主进行情感劳动，更多的是希望实现自我的情感表达，得到平台的激励，获得经济收益。这些潜在收益成为 UP 主主动进行情感劳动的重要支撑。

UP 主在缺少强制性合约制约和高额广告费支撑的情况下，仍旧保持着强度较大的持续性劳动。在自由式创作占比极高的 B 站，存在大量保持较高产出却没有达到预期粉丝量的初级 UP 主。他们无法获得巨大的流量，也就很少有机会将流量转化为存量，但他们多数还在坚持进行情感劳动。从某种意义上说，初级 UP 主属于主动、积极的劳动群体。

"互联网的发展使得后工业时代的劳动剥削方式发生了改变，它将网络用户的好奇心、忠诚和消费欲望等情感转化为具有商业价值的数字化资本,形成了'情感经济'。"① 情感经济将 UP 主的情感劳动与平台之间的关系置于更为宏大的资本主义信息生产的逻辑框架中,因此也应该在这一逻辑框架中对 UP 主的主动性问题进行理解。

UP 主在主动参与情感创作和分享时,隐蔽地成为社交平台和商业主义的剥削对象。他们在平台上充当劳动力,为平台有效吸引用户,增加用户黏性,构建社区文化。同时,他们还被平台转化为商品符号,助力平台获取用户数据,这些数据被平台出售给广告商以换取收益。

平台还会不断为 UP 主的主动性增设筹码,使其保持进行情感劳动的热情和频率,并对主动性进行包装,使其成为被迫生产资本与价值的情感遮蔽。因此,UP 主自主自愿的付出并不能为资本的剥削实质开脱,甚至主动性的动力也被囊括在资本逻辑之中。

(二) 更为隐蔽的剥削性

情感劳动暗含的剥削性随着平台商业化的发展逐渐变得更加隐蔽,更加难以被发觉。造成情感劳动剥削性越来越隐蔽的因素,其实都包含在情感劳动的数字化和商业化过程中。

互联网的不断发展使参与式文化成为大趋势。公众逐渐习惯通过自主生产进行网络参与的模式。这一模式不断壮大,成为公众网络参与的重要渠道。因此,大部分 UP 主选择在某一平台进行创作或展示时,已经对这种网络参与模式习以为常,并不会对其进行质疑。

即使 UP 主具备一定的反思意识,平台还有各种激励策略,制造"劳动有回报"的等价交换幻象,对 UP 主产生巨大的吸引力,使他们选择认可平台规则,忽视其中的隐性剥削。

另外,平台也很巧妙地将情感劳动负面影响的出现归因于他人,以 UP 主的个人素质掩盖平台的剥削实质。在市场导向和平台的量化压力下,不少 UP 主为了追求流量效应,降低了情感产出的质量,有时哗众取宠,甚至表现得低级、恶俗。情感劳动负面影响的出现是资本主导下各方选择导致的结果,UP 主也受制于平台规则,因此不能将其归因于某个人或某个群体。但就现实情况来看,多数受众会将劣质内容的出现归因于情感劳动者个人,认为是 UP 主过度追求流量效应,才导致负面影响的出现。而整个剥削逻辑隐藏在 UP 主身后,悄悄实现了责任转移。

---

① 董清源. 养成系偶像粉丝社群的情感劳动研究 [D]. 苏州:苏州大学,2020:49.

二、资本剥削对情感劳动生态的破坏

情感劳动的商业化在为情感劳动者带来充分的情感投入和可观的经济收益的同时,也使得被遮蔽的剥削愈演愈烈。资本逻辑不仅体现在平台运营和隐性的剥削机制中,还体现在情感劳动者本人身上及其情感产出中,随后对平台的创作生态产生消极影响。

(一)情感失调:深浅情感转换不畅

长期的情感劳动消耗了 UP 主大量的个人情感,容易引发情感失调。情感失调是指个体内心的情绪感受与期望表达的情绪之间不匹配[1],进而产生情感混乱。具体而言,情感失调是 UP 主在内部感受到的情感与需要表达出来的情感不一致,或者无法分清内部情感与表达出来的情感是否一致的情况。

在浅层扮演中,UP 主对情感的认知较为清晰。他们在设计出完整的虚假情感后进行表演,知道自己在进行情感伪装,但仍然积极投入。他们会分化出一个真正的自我和一个表演着的自我,以此来区分真实情感和设计出来的情感。表演着的自我承担着视频全过程的情感伪装任务。这种去个人化角色,能够使 UP 主以更小的心理负担去伪装出与本人反差较大的个性,说服自己进行设计出来的情感表达。

对于更加偏向主动的深层扮演的 UP 主来说,最为重要的是让受众感受到自己的情感是发自内心的。主动的深层扮演是情感劳动者对模糊虚假表演和真情流露之间的界限的尝试。这一尝试也成功模糊了 UP 主对虚假情感和真实情感的区分。在主动的深层扮演中,UP 主同样在内心进行了划分,分化出一个真实自我和一个"虚假自我"。不同的是,UP 主本人大多意识不到这个"虚假自我"的存在。他们认为自己的情感表达出自真心,认为表现的情感和内心的情感是一致的。这属于更深层次的情感失调。

同时,在日益工具化、商业化的情感付出中,UP 主容易出现懈怠、厌倦等一系列心理问题,进而影响其对 UP 主身份的坚持。

(二)内容投机:重流量,轻质量

社交平台上发布的内容从表面上看由 UP 主自己决定,但其实受到多方面因素的影响。在商业化逻辑运作下,部分 UP 主陷入了对流量的盲目追求状态,选择产出低质量的内容来博取用户的眼球,争夺稀缺的注意力资源。视频曝光量、讨论度等数据直白地向 UP 主也向平台展现了市场偏向。在这种趋势下,一切复杂或严肃的话语都被期待以

---

[1] ZAPF D. Emotion work and psychological well-being:a review of the literature and some conceptual considerations [J]. Human Resource Management Review,2002,12(2):237-268.

轻松、玩味的方式表达。高度娱乐化、高度同质化的内容被源源不断地生产出来，极大地掌控了大众的注意力。社交平台上充斥着"标题党"、猎奇类甚至低俗的内容。视频中加入各种滤镜，使得大众的审美走向单一化，甚至出现了对丑化、土化的反向追求。

流量导向使得情感的内容呈现出投机和质量差的趋势，大范围的内容投机反过来影响受众对内容的选择，二者相互作用。传播效果理论的"麻醉功能说"指出，大众传播将现代人淹没在表层信息和通俗娱乐的滔滔洪水当中，会不知不觉地削弱人的社会行动能力，使其满足于被动的知识积累。① 在移动数字媒介时代，这种麻醉效应不减反增。受众被淹没在表层信息和通俗娱乐之中，逐渐失去对内容质量的判断能力，庸俗内容大行其道。

（三）权利侵犯：隐私泄露，版权模糊

平台对情感劳动者的剥削是隐性的。在隐性的剥削途径中，近年来最受关注的就是对用户隐私的侵犯。平台对用户隐私进行窥探、非法泄露用户隐私等事件层出不穷。平台泄露用户隐私的最大驱动力是商业利益。平台会通过文字游戏巧妙地规避平台方在保护用户隐私方面的责任，造成平台获取隐私都是经过用户授权的。除非彻底放弃使用平台，否则用户只要登录平台就面临着隐私让渡。

UP 主在平台上的权利因商业化受到了侵犯，其个人隐私和信息数据被窃取与利用，其情感劳动产出无法得到严格的保护，在版权受到侵犯时也会面临较高的维权成本。

平台为了保障原创内容在平台上的流动，几乎默许其他用户对著作权所有者的作品进行二次创作。视频内容被抄袭的现象屡见不鲜，平台上存在着大量抄袭、模仿他人原创的视频。许多视频的原生产者的版权意识不强，对其他用户基于自己的视频进行二次创作的行为只有标明原出处这个最为基础的要求，并没有意识到其他用户对自己的作品进行模仿、二次创作可能涉嫌侵权。而且，当视频的背景、话术改变时，侵权与否也变得难以判定。情感劳动者想要维权也并非轻而易举，如果再涉及跨平台抄袭，那么更加难以举证，难以维护自己的权益。

---

① 郭庆光. 传播学教程 [M]. 2 版. 北京：中国人民大学出版社，2011.

【思考题】

1. 数字技术与资本的深度整合，使文化产品生产的"情感商品化，商品情感化"趋势进一步加强，谈谈这一趋势对用户生产内容（UGC）的影响。

2. 从数字资本主义的理论视角来看，视频类社交平台的哪些规则或机制系统性地形塑了 UP 主情感劳动的方式？这种情况对于 UP 主的自主性而言意味着什么？如何理解技术赋权与异化劳动之间的张力？

3. 数字劳动的政治经济学视角受到较多关注，也在一定范围内达成共识。除此之外，我们还可以从哪些理论视角出发，以超越"劳动剥削"框架？

第六讲

数字传播时代网络亚文化的区隔与分层

数字媒介与算法技术正在越来越广泛、深入地影响人们的文化实践。从表面上看，数字技术似乎降低了文化生产的门槛，扩大了文化实践群体，并使更丰富的文化样态得以呈现与传播。但事实上，人们的行为、思维、表达和互动方式，以及人们的文化兴趣、偏好等都在被不断融入大数据和算法系统之中；文化对象、文化偏好和文化实践成为可分析、可计算的数据，文化活动则逐渐成为算法系统处理的任务之一。这改变了人类文化长期以来的实践、体验、感知及理解方式。软件可以去做选择和连接，形塑用户的日常文化经验。人本身作为文化生产者、消费者、仲裁者等的专有权被逐步剥夺。更重要的是，过滤、分层、排序算法可以通过影响和改变文化材料的流动来塑造文化实践。而由此产生的文化区隔与分层成为亟待关注和讨论的问题，这关涉着社会平等与认同。

20 世纪，法国社会学家皮埃尔·布尔迪厄从阶级的形成与对立角度阐释了文化区隔；当代，网络平台化开启了数字算法传播变革，带来网络文化实践转型，文化区隔也呈现出与布尔迪厄所处时代的传统阶级文化模式所不同的新形态。算法传播作为一种新的控制权力形成了怎样的新型文化区隔与分层机制，带来了怎样的社会文化风险后果，是本讲所要集中讨论的问题。

第一节 趣味、圈层与区隔：数字传播技术下的文化实践

关于新传播技术与文化实践的研究自互联网诞生以来便受到关注。从传播的文化研究视角来看，传播技术的不同偏向将形成不同的文化建制。如哈罗德·伊尼斯划分的"空间偏向"与"时间偏向"的媒介技术形塑了不同的社会文化。而互联网技术的诞生改写了以往固有的时空结构与文化规则。人们突破现实空间的限制，在网络空间形成一些具有共同兴趣爱好、共享文化经验的"虚拟社区"。[①]

社交网络时代，文化形态发生了质的变化，以趣味为代表的文化偏好得到细分。传播技术的变革促成了文化的小众化，文化多样性建立在趣味分野之上，而网络亚文化正是按照趣味建立起了"趣味共同体"。同时，社交网络传播的"圈层化"特点成为一个备受关注的现象，体现并影响着文化群体的聚集与分化。圈层化的传播使网络文化群体

---

① 蔡骐. 网络虚拟社区中的趣缘文化传播 [J]. 新闻与传播研究，2014，21（9）：5–23.

越来越固化自身的趣味，并通过一系列方式从技术、文化资本等方面建构着彼此的区隔。① 文化社会学中一些从趣味/品味区隔去考察文化与社会分层的经典论著为分析当今的网络文化、数字文化提供了有益的理论视角。布尔迪厄在《区分：判断力的社会批判》一书中阐述了趣味/品味的生成，他指出表现为"生活风格"和"趣味/品味"的惯习形塑和制造了阶级/阶层，对不同阶层进行着区隔与分层。② 赫伯特·甘斯在对"品味文化"与"品味公众"的分析中，也指出品味文化对应、区分着品味公众。③

网络文化的区隔、分层与不同阶层人群心理上的落差及现实社会分层之间的关系越来越受到研究者的关注。"网络社会既深刻反映着现实的社会结构，又以自身特有的方式影响着人的社会关系与社会定位。"④ 有学者以网络语言为例，指出网络语言作为维系互联网群体的表征系统，体现着因兴趣、话题、利益诉求集结起来的不同群体共有的文化心理；不同文化群体都生产出了一套群体特色鲜明、具有一定群体区隔作用的网络语言系统，互联网群体传播及网络语言推动着社会阶层的分化。⑤

值得注意的是，网络文化群体的区隔有其丰富而独特的维度，网络亚文化的区隔也突破了传统的阶层区分。其中，新传播技术作为一个重要因素，以新的模式形塑着文化区隔与分层。"现代社会（新）媒体以及消费主义的发展催生了以生活方式为中心的文化公民，他们的生活方式与电视、网络或消费紧密相连。"⑥ 传播学界对数字鸿沟的关注，也从最初的信息和通信技术（ICT）的"接入沟""使用沟"过渡到重点关注数字化使用带来的社会分化、社会排斥及社会不平等问题。⑦ 数字媒体所带来的机会对于不同群体而言并不是均等的。关于数字不平等的研究几乎一致表明，在互联网使用模式与数字技能上体现出突出的社会差异。⑧ 数字媒体的使用方式除会因受教育程度、社会经济地位、年龄、性别、居住地区的不同而呈现出差别以外，还会因不同的数字媒体设备

---

① 彭兰. 网络的圈子化：关系、文化、技术维度下的类聚与群分 [J]. 编辑之友, 2019 (11): 5-12.
② 布尔迪厄. 区分：判断力的社会批判 [M]. 刘晖, 译. 北京：商务印书馆, 2015.
③ GANS H J. Popular culture and high culture: an analysis and evaluation of taste [M]. New York: Basic Books, 1974.
④ 彭兰. 网络社会的层级化：现实阶层与虚拟层级的交织 [J]. 现代传播（中国传媒大学学报）, 2020, 42 (3): 15.
⑤ 隋岩, 罗瑜. 论网络语言重构社会阶层意识 [J]. 社会科学战线, 2020 (1): 180-185.
⑥ 易林, 王蕾. 西方公民身份研究中的文化转向：面向未来的文化公民身份 [J]. 国外社会科学, 2011 (5): 76-77.
⑦ 闫慧, 孙立立. 1989年以来国内外数字鸿沟研究回顾：内涵、表现维度及影响因素综述 [J]. 中国图书馆学报, 2012, 38 (5): 82-94.
⑧ SCHEERDER A, VAN DEURSEN A, VAN DIJK J. Determinants of Internet skills, uses and outcomes: a systematic review of the second- and third- level digital divide [J]. Telematics and Informatics, 2017, 34(8): 1607-1624.

使用而有所差异，而这些数字媒体设备本身也体现出社会结构特征。① 数字媒体传播尽管从经济、时间、空间等方面扩大了文化消费实践的机会，但不同层级的文化偏好依然起着突出的作用，依然是影响文化实践中社会分层与社会公平的重要因素。而算法技术正在将人们的品味作为可记录、分析、分类、排序的数据进行处理，算法系统可以作为关键的媒介，塑造用户与他们的文化生态系统之间的交流②，通过排除或包含及组织文化信息来行使权力③。因此，算法传播可能开创一种新的、不负责任的、不透明的歧视和社会分类形式，这种歧视和社会分类不是建立在以人为尺度的叙事基础上的，而是建立在巨大的、不断增长的、不可理解的相互联系的网络上的。④

第二节　数字传播：文化分层的"自动生产"

一、被数据化和被计算的"品味"

在文化分析中，"品味"（taste）是一个与日常生活风格及消费相关的表达，同时从理论渊源来看，它的内涵指向美学和哲学层面。自16世纪末期开始，"taste"逐渐成为艺术鉴赏和审美判断的关键概念，并且在这个层面被译为"趣味"。在康德所著的《判断力批判》中，"趣味"被认为是"合目的性而无任何目的"的，这意味着审美活动的纯粹性与高尚性。这一层面的"趣味"也更为抽象，超越了社会、经济、文化等外部因素而与心灵和智慧相关。相较而言，社会学家所关注的"taste"具有更强的社会现实性，这可以说是"趣味"内涵的一种变迁，也可以说在这个层面"taste"被广泛地译为"品味"。

布尔迪厄关注的品味，区分着不同的社会阶层，并且标识着个体的社会地位。将文化因素带入社会分层分析中的布尔迪厄认为，相同的惯习制造了阶级/阶层，这种在成

---

① VAN DEURSEN A, VAN DIJK J. The first-level digital divide shifts from inequalities in physical access to inequalities in material access [J]. New Media & Society, 2019, 21(2): 354-375.
② GILLESPIE T. The relevance of algorithms [M]//GILLESPIE T, BOCZKOWSKI P J, FOOT K A. Media technologies: essays on communication, materiality, and society. Cambridge: The MIT Press, 2014: 167-193.
③ MORRIS J W. Curation by code: infomediaries and the data mining of taste [J]. European Journal of Cultural Studies, 2015, 18(4-5): 446-463.
④ ANDREJEVIC M, HEARN A, KENNEDY H. Cultural studies of data mining: introduction [J]. European Journal of Cultural Studies, 2015, 18(4-5): 379-394.

长经历和生活经验中沉淀的惯习会外化为生活风格，成为区隔或分层的标识。① 而品味是惯习在文化实践尤其是文化消费中的具体体现，受到惯习的影响或者说是其产物。与此同时，品味作为社会分层的标识，是文化资本的外在体现，因此品味差异也意味着文化资本的差异。

布尔迪厄所阐述的作为区隔的品味在算法时代面临着新境遇。在算法传播中，品味被数据化并被纳入计算系统。算法时代，个体的生活痕迹被各大互联网平台不断抓取并以数据形式记录下来。而这不仅仅意味着对人们在互联网平台中的点击、转发、评论、购买等行为进行数据记录，更意味着对其背后的个体思维、兴趣、偏好及受教育程度、生活区域、社会经济地位等进行数据化及系统分析，使用自动化与基于数据的技术和方法来"监视"人们的品味，预知用户如何发现和体验文化商品。文化对象、文化实践和文化偏好正在被数据化。

算法系统收集有关用户的数据，对这些数据进行分析处理，并提出建议。正如有研究者所指出的，这可以看作"数据的循环反馈"（recursive feedback of data），对人们的生活世界有一种建构性影响。② 例如，亚马逊专有的 Whispersync 技术可以收集 Kindle 用户的信息，如用户读了什么，他们的阅读速度有多快，乃至他们给哪些段落加了下画线，然后将这些信息添加到其消费者数据库中；Last.fm 音乐平台专门通过 Scrobbler 程序来记录和分析用户的音乐品味，将用户的音乐收听活动数据传输给其用户数据库，正是通过这一音乐用户个性化的数据库及其进行的数据分析，用户的音乐品味被明确标识出来，获得一种"可见"形式（a visible form）。③ 可以说是算法系统"告诉"了用户他们的文化偏好与品味，并成为平台下一次推荐文化内容的依据。由于许多算法的目标都是最准确地满足个人偏好，即进行"个性化"推送，文化消费者很可能会反复接触到相同或相似类型的文化内容，因此过滤气泡效应很可能在文化领域产生。经由算法分析，文化消费者的选择被其之前选择的品味偏好控制和形塑，因此，算法传播使文化实践更加"排外"，也更加容易分化。

与此同时，算法系统还形塑文化内容的生产，使文化内容与数据化的用户品味更精准、更有效地匹配。通过对用户品味数据的分析，算法可以为流行文化产品的生产提供有针对性的建议，并塑造受众发现、使用和体验文化内容的方式。有研究者通过考察一

---

① BOURDIEU P. Distinction: a social critique of the judgement of taste [M]. NICE R. Cambridge: Harvard University Press, 1984.
② BEER D, BURROWS R. Popular culture, digital archives and the new social life of data [J]. Theory, Culture & Society, 2013, 30(4): 47-71.
③ KARAKAYALI N, KOSTEM B, GALIP I. Recommendation systems as technologies of the self: algorithmic control and the formation of music taste [J]. Theory, Culture & Society, 2018, 35(2): 3-24.

个基于算法推荐的数字音乐平台发现，对音乐品味的细分和对从人们音乐实践中收集到的数据的利用，使得人们听音乐的活动实际上变成一种商业数据，为后续生产这种符合人们品味偏好的音乐提供"量化"的依据。用户跳过、屏蔽或评级等使用行为所产生的新的数字轨迹可以作为指标，被纳入一个更大的数据配置文件中，以便进一步定位和细化。[①] 电子书出版商也会利用读者的数据来设计它们的下一个出版项目，包括他们喜欢的单词长度或主人公的类型。类似的算法运作在 YouTube 等视频类社交平台中同样存在，并被认为是一种符合互动经济预期的基于数据分析的营销模式。视频博主渴望自己的视频被算法推荐，从而被更多的用户看见，那么他们最终会被推到与 YouTube 的神秘算法系统合谋的地步。[②]

对用户文化品味的数据化和计算分析与基于数据分析进行的文化内容生产形成一个循环，因此这两者最终是不可能分开的；用户的文化实践不断地被算法作为数据提取、分析，而算法也塑造着文化实践。由此可见，人们的品味被自动明确和固定了，经由算法技术的处理，这种明确甚至超越了人们自身的感知。这恰好符合资本的商业逻辑：数据化与系统的算法技术处理，带来了"个性化"的深度发掘、精准推送与广告投放，意味着市场的细化与商业利益更广泛的实现。于是，在这样的逻辑之下，不同"调性"的平台、产品纷纷出现，以适应不同品味区隔下的用户群体需求。

然而，我们不应该忘记布尔迪厄所指出的文化品味的社会结构特征及其所带来的文化与社会区隔，这种区隔构成一种"符号暴力"，在其伪装下维护的是权力关系的再生产。但在数据和算法系统的驱动下，品味区隔以一种更加不易被察觉的合理化的方式被快速、精准、大量地"自动生产"着，甚至品味区隔之下艺术符号秩序的"感觉分配"（partage du sensible）不平等[③]也被圈层内的"舒适感"掩盖着。

▶▶ 二、算法排序与层级文化区隔

"圈层化"已成为我们，认识社交媒体中网络人群关系模式的重要维度。圈子化与层级化代表着人群分化的两个不同方向与逻辑。如果说圈子有其壁垒，更多的还是在水平方向上的考量，那么层级间的区隔就体现为一种垂直方向的"高低落差"[④]。若将文

---

① MORRIS J W. Curation by code: infomediaries and the data mining of taste [J]. European Journal of Cultural Studies, 2015, 18(4-5): 446-463.
② BISHOP S. Anxiety, panic and self-optimization: inequalities and the YouTube algorithm [J]. Convergence: The International Journal of Research into New Media Technologies, 2018, 24(1): 69-84.
③ 汪民安，邓冰艳. 歧见、民主和艺术：雅克·朗西埃访谈 [J]. 马克思主义与现实，2016（2）：102-108.
④ 彭兰. 网络社会的层级化：现实阶层与虚拟层级的交织 [J]. 现代传播（中国传媒大学学报），2020, 42 (3): 9.

化作为"解释项"来考察这种分层,则正如布尔迪厄所指出的,品味是对分配的实际控制,它使人们有可能感知或由直觉知道一个在社会空间中占据某一特定位置的个体可能(或不可能)邂逅什么、适合什么,从而引导社会空间中特定位置的占有者走向适合其特性的社会地位。① 由此,人们在日常生活中表现出的品味偏好不再单纯关涉个人志趣,通过它,不仅建构了群体间的区隔,还定位着社会空间中的分层位置。亦如甘斯在《大众文化与高雅文化:品味分析和评估》中对"品味文化"和"品味公众"的讨论,他以音乐这一具体形式为例,更清晰明了地指出对价值和品味文化内容有着相似选择的使用者被描述为"品味公众",并进一步区分了从"高雅文化"(high culture)到"准民俗下层文化"(quasi-folk low culture)五种不同的品味文化及其对应的品味公众。② 而在算法传播中,文化品味区隔体现出的等级分化在数据驱动下被系统"自动"生产和强化着。

首先,在一个基础的层面,算法会反映和延续现实社会的分层结构。数字平台的产品定位设置与现实生活数据的"输入",使算法系统接收并"学习"了人类社会的分层结构。不同的平台根据社会结构进行不同的市场定位,如"中小城市—超大城市""城市—农村"等,这也与社会学者观察到的中国社会基本的分化状况相一致。③ 技术门槛的降低,扩大了数字产品的使用范围,也将更多维的社会层级纳入了算法系统,在平台产品的设置与商业部署上即体现为用户市场的"下沉"。不同层级的平台或平台内不同的圈层聚集起不同的用户群体。2018年4月,腾讯新闻与企鹅智酷联合发布的《热潮下的社交短视频:快手&抖音用户研究报告》显示,抖音的核心用户70%以上来自一、二线城市;抖音上的本科及以上学历用户比快手多10%,快手上的高中及以下学历用户比抖音多14%。

其次,高低分层的文化区隔在算法驱动的文化实践与传播中自动地再生产着,并被进一步强化着。过滤、分层、推荐算法体现出强烈的"排序文化"(ranking culture)。一方面,是对内容的排序,区分内容在平台中的可见性。这往往是一个复杂且不透明的过程,同时也是一个内容与用户互动的过程。用户对排序做出的反应,成为排序的依据。用户的完播率、点赞量、评论量、转发量等数据是确定内容综合权重的关键指标,"叠加推荐"算法会根据内容综合权重进行排序和叠加推荐,从而使内容可见性的等级次序

---

① BOURDIEU P. Distinction:a social critique of the judgement of taste [M]. NICE R. Cambridge:Harvard University Press,1984.
② GANS H J. Popular culture and high culture:an analysis and evaluation of taste [M]. New York:Basic Books,1974.
③ 李强,王昊. 中国社会分层结构的四个世界 [J]. 社会科学战线,2014(9):174-187.

迅速呈现并拉开巨大的差距。对内容可见性的排序还意味着对文化生产者的排序，文化生产者自身也在被算法"驯化"，他们与算法驯服和平台势力进行博弈的能力很弱，在市场话语中要么作为获得平台扶持的创业者，要么作为统计数据中"沉默的大多数"；同时，不同生产群体之间的互动也遵循着算法排序的逻辑，成功的文化生产者得益于算法规则的赋能，他们会主动强化与算法平台的合作，将更多数量的创作者收编到算法平台主导的价值体系中。① 另一方面，是对人的排序，人的社会结构数据被算法进行着排序，这也带来研究者对算法偏向与歧视的讨论。常见的如算法排序对人们的贷款、保险、医疗等活动的影响，还包括"价格歧视"，均体现出等级区分。你到底是谁取决于你在哪里消磨时间，买了什么东西。当人们的生活已经被数据"掠夺"时，被记录下来的数据表明你是谁，被预测的用户形象是由几十个甚至数百个数据点描述的一个人。然而，并非所有消费者及其数据都是平等的，随着新的跟踪技术的发展，算法系统会发展出完全基于消费者行为的新型社会歧视。因此，由数据驱动的歧视会不断增加，生活各领域的平等关系由此受到威胁。

此外，同样重要但尚缺乏关注的一点是，算法系统同时具有很强的社交性质，是一种交互传播模式；社交平台的算法系统影响甚至控制着人与人之间的交往，以及圈层的聚合。有研究者考察了 YouTube 的算法系统在政治传播背景下对网络社区形成的影响，发现 YouTube 的算法推荐系统促进了高度同质性社区的创建。这样的算法推荐与针对个体的"个性化"算法推荐不同，针对的是平台层面的频道推荐，可以认为是"计算公众"（calculated publics）。②

如同"网络公众"概念强调了通过社交媒体聚集起来的用户群体，以及这些公众如何形成、互动，且有时也会分崩离析的一种技术结构，算法技术也在建构着公众，形塑着群体。网络社群、网络群体，通过兴趣、话题等联结起来，兴趣已成为一个突出的影响因素。但相较而言，算法"计算公众"所形成的"算法群体"具有新的特征。一方面，形成联结的主导权发生了变化，从用户自身转移到了算法系统；另一方面，当人们被作为更大量的甚至整体性的"数据群"纳入算法系统时，在精确、复杂同时带着社会现实印记的"计算"中，更容易形成具有高低层级的群体。这也是我们需要去反思的算法系统产生人与人之间的联结，进而形成"算法群体"，其背后的算法文化。③

---

① 黄淼，黄佩. 算法驯化：个性化推荐平台的自媒体内容生产网络及其运作 [J]. 新闻大学, 2020 (1)：15 – 28.

② KAISER J, RAUCHFLEISCH A. Birds of a feather get recommended together: algorithmic homophily in YouTube's channel recommendations in the United States and Germany [J]. Social Media + Society, 2020, 6(4)：1 – 15.

③ GILLESPIE T. The relevance of algorithms [M]//GILLESPIE T, BOCZKOWSKI P J, FOOT K A. Media technologies: essays on communication, materiality, and society. Cambridge: The MIT Press, 2014：167 – 193.

通过以上分析可以发现，在算法传播中，传播内容在何种程度上可见，用户处于怎样的社会层级位置，以及人与人之间的互动联结、群体形成，都被纳入算法系统并被其形塑。在文化实践中，不同层级的用户有着怎样的品味偏好，什么样的文化产品与之相匹配，以及不同文化群体、文化类型如何连接并形成分层等级结构，都由算法系统掌控。虽然算法排序未必与社会层级完全一致，但其带来的文化层级区隔十分突出。例如，近几年在以上海为代表的一线大城市颇为流行的脱口秀，并不会顺畅地"下沉"到四、五线城市，一些脱口秀表演宣传更是直接把脱口秀表述为"中产阶级"的文化产品；相反，一些在大城市"精英"人群中被贴上"土味"标签的文化产品或类型，却可能在小城市拥有市场。即便不以城市结构观之，数字平台或产品间广泛存在的或明或暗的一串串"鄙视链"也将不同文化群体间的高低分层展现无遗。

文化社会学者往往从实践层面讨论这种文化区隔与分层的形成。安·斯威德勒从象征互动论和社会建构主义取向出发强调了文化在生活实践中的运用，认为文化可以被看作一个"工具箱"（tool kit），其中包含惯习（habits）、技巧（skills）、风格（styles）等象征资源，行动者用其建构自身的行动策略（strategies of action）。[①] 布尔迪厄指出，作为文化资本和惯习外在表现的品味，构成了一种文化的策略；文化品味或生活方式作为阶层的符号表达，二者之间的对应关系并非天然存在，而是由于权力或各种资本的差异，由优势阶层在象征斗争中主动建构的，其中也包含着对立与斗争。如今，这种"策略"被算法系统"接管"，在资本与算法的合谋下，以一种更加隐蔽、不透明与难以捉摸的方式，自动生产和强化着文化区隔与层级分化，同时几乎排除了行动者的主体性与文化的相对自主性。

第三节　算法系统与层级文化的权力不均

文化区隔与分层不仅存在着"高低落差"，还存在着权力上的不平衡。这不仅体现在思想、观念上，更扩展至日常生活层面的文化实践。正如劳伦斯·格罗斯伯格所指出的，日常生活不是政治救赎所许诺的乐土，若将结构、权力与日常生活分开，即集中关注日常生活，则创造的是一种幻象。[②] 因此，也可以说，处于社会上层的文化通过价

---

① SWIDLER A. Culture in action: symbols and strategies [J]. American Sociological Review, 1986, 51(2): 273-286.
② GROSSBERG L, NELSON C, TREICHLER P. Cultural studies [M]. New York: Routledge, 1992.

值、观念体系、生活方式等的渗透来控制社会下层的文化。

布尔迪厄在阐释"文化区隔"时,展示了专断的嗜好和专断的生活方式是怎样逐步变为合法的嗜好和合法的生活方式的。资本主义统治阶级给自己的生活方式强加了一个"优秀"的评价,形成了一种"自然差别"的错觉,而这种被认为"优秀"的生活方式只不过是他们自己的生活方式。[①] 文化品味被当作一种分类标准,资本主义统治阶级据此来区别对待不同的文化群体或文化类型,采取或接纳或排斥、或亲近或疏远的不同态度,由此再生产着上层文化的强势与下层文化的弱势。

而值得警醒的是,算法系统正在延伸并强化着这种不平衡。大数据被认为不可避免地倾向于权力不对称和统治。弱势层级的文化实践被排除在上层文化之外。算法偏见中一种突出的偏见表现为"选择偏见",指受数据影响的算法会导致过于放大某一群体,从而使该算法对这一群体有利,而代价是牺牲其他群体。这种偏见在性别、种族、经济地位上的体现正日益受到学者的关注。凯西·奥尼尔将算法霸权比喻为数学杀伤性武器,认为带有偏见的数字建模将会惩罚社会中的穷人和其他受压迫的人。[②] 弗吉尼亚·尤班克斯也在其著作《自动不平等:高科技如何锁定、管制和惩罚穷人》中,以三个深入调查访问的案例分析,系统地研究了数据挖掘、政策算法和预测风险模型对美国贫困和工人阶层的影响。[③] 正如在基于算法的外卖系统中,算法根据商业利益决定将权力交给消费者一方,同时通过算法"优化"不断压缩骑手的送餐时间。

一方面,在文化实践上,数据与算法偏见带来的不平等日益突出,强势文化群体更容易成为强势和显著的"数据",成为被算法选择和放大的一方,从而获得更多可见性及红利。相反,由于无论是在数据的收集、处理阶段还是在算法规则的制定及运算阶段,现实中的偏见与不平衡都在被不断纳入算法并重新由算法归纳与体现出来,弱势层级的文化实践往往不可避免地被排斥,甚至被"折叠"而从主流群体的目光中消失。透过一种文化形态的被排斥或消失,应关注其背后实践群体的生存状态与困境。邱泽奇等社会学研究者将任何因既往投入形成的、具有互联网市场进入机会并可以通过互联网市场获益的资产界定为"互联网资本",并认为个体、群体、地区、城乡之间互联网资本的拥有及运用差异带来了互联网红利差异。[④] 在算法时代,当数据成为一种"新型文

---

① 夏建中. 当代流行文化研究:概念、历史与理论[J]. 中国社会科学, 2000 (5):91-99.
② 奥尼尔. 算法霸权[M]. 马青玲, 译. 北京: 中信出版社, 2018.
③ 尤班克斯. 自动不平等:高科技如何锁定、管制和惩罚穷人[M]. 李明倩, 译. 北京: 商务印书馆, 2021.
④ 邱泽奇, 张樹沁, 刘世定, 等. 从数字鸿沟到红利差异:互联网资本的视角[J]. 中国社会科学, 2016 (10):93-115.

化资本"① 时，不同文化群体间的差距也进一步扩大，不具备此种文化资源的群体，更会因不能形成或使用数据而不被算法系统"识别"。算法的支配性及其在现实建构中的作用，使其成为社会文化秩序的源泉和重要形塑力量；而算法选择对现实的建构则可以被看作一种以信息/数据选择或遗漏为特征的"治理"。

另一方面，高层级文化握有"定义"和"阐释"的权力，低层级文化在争取表达与关注的同时难免陷入被观看、被消费、被建构的命运；文化权力不均被算法技术的偏向加持并加剧着。技术降维和商业逻辑把低层级文化群体纳入文化生产与表达平台，也纳入算法系统中的流量与可见性竞争平台。从表面上看，数字鸿沟的"接入沟"被逾越，低层级文化尤其是底层文化获得了表达机会；但其缺乏文化资本，最直接的反应便是以夸张的方式来竞争关注。于是，产生了乡村短视频早期生产大量低俗甚至自虐内容的扭曲景象，或许"惊诧"是突破层级、获取关注的捷径与策略。

虽然早期突破伦理的乡村短视频被迅速治理，底层文化生产在扩大，但其被观看的方式仍由高层级文化掌握。从受到高度关注与称赞的李子柒，到粗糙、原生态的"喊麦""社会摇"等"土味文化"，对乡村生活的呈现近年来不断突破阶层而颇受关注。其一，高层级文化对李子柒田园牧歌式的生活及文化呈现表现出欣赏与向往，实质上是当今社会充满焦虑的城市中产阶级通过其短视频的文化重构寻找一份情感慰藉，在舒缓的节奏中短暂放松紧绷的神经，这也可以满足现代人对原生态乡村的怀旧与猎奇。同时，李子柒视频中呈现的个人形象及家居陈设，古朴却具有艺术美感。这样的文化产品本身已符合高层级文化所界定的"美好"品味与生活方式，因此无疑会获得认可。其二，同样反映乡村生活的"土味文化"则不同，虽然获得关注，但更多的是高层级文化对底层文化的一种"观看"，以及具有鄙视、嘲讽意味的"消费"，也有研究者称之为趣味"歧赏"②。因此，虽然微博上的"土味挖掘机""土味老爹"等账号通过将快手等平台上的短视频搬运到微博上而获得了几百万粉丝，但搬运的同时添加的嘲讽意味的文字恰恰表明了其"观看"态度与"消费"心理。同样地，即便高层级文化群体也开始借用诸如"土味情话""土味表情包"等"土味文化"产品，但群体内部很容易达成一种使用时的心理默契，即明白这不过是一种"玩梗"的消费行为，高层级文化群体仍站在自己的优势品味上进行着俯视与评价。正如甘斯所指出的，美国中西部的乡村酒吧里，摇滚乐、蓝草音乐、牛仔服等成为乡村品味公众的荣誉象征和乐趣；虽然城市中上层阶级也会光顾中西部乡村酒吧，但他们不会成为其品味公众，他们仅仅是把自己

---

① 陈龙. 文化转型：开启以数据为中心的媒介文化 [J]. 探索与争鸣，2020（6）：11.
② 夏维波. 新媒体文化中趣味的区隔与导向 [J]. 社会科学战线，2019（7）：149.

的光顾当作猎奇；某一类品味公众可能参与到其他许多品味文化中，但也总保持其原有的品味与实践。① 而在数据和算法驱动的短视频平台，高层级文化群体的种种反馈形成数据并被纳入算法系统，算法不断"学习"并归纳和再生产着这种文化权力不均的具体方式，并形成一种文化消费秩序乃至文化机制。同时，当技术"接入沟"在一定程度上被弥合，人们刚开始欣喜于低层级文化群体能够逐渐展开自主性的文化表达时，又几乎同时陷入了算法选择与控制对主体性不断消解的旋涡。算法设计声称可以不断改进，并促进个体对不同类型信息的接触，乃至根据算法推荐来调整、提升、扩大个体的文化品味。这似乎带来了所谓的"文化杂食"（culture omnivorousness），即优势阶层并非仅仅欣赏高雅艺术，而是有着更多元的艺术倾向，用高雅艺术和大众艺术兼顾的品味作为阶层区隔的标志。② 但事实上，"文化杂食"者也正是拥有更多文化资本的群体，这种所谓的算法推荐提升与扩大文化品味，很可能更多的是给文化优势群体带来益处。

第四节 对数字传播中文化区隔与分层的风险反思

一、文化多样性的陷阱与文化分层固化的风险

在数字媒体时代，文化实践与文化内容都变得丰富而多样，数字传播渠道的拓宽激活并丰富了文化主体，各种数字应用产品也使文化消费拥有更多更便利的选择。人们被告知"每一种生活都值得被记录"，短视频更是对乡村文化的一场视觉"赋权"。于是，数字媒体不仅呈现了多种形式的表演，还形塑了不同品味风格的文化形态。

然而，这种表面上的文化多样性背后潜藏的是选择控制与边界区隔的陷阱，由此带来了文化分层固化的风险。首先，人们可感知的文化选择实际上被"个性化"的精准推送窄化了，数字媒体背后的算法充当着文化内容的"把关人"。正如研究者们注意到的，文化实践的多样与广泛应从"结构"上界定，而不是从"数量"上界定。人们看似有许多选择，但久而久之实际上倾向于依赖一种简单的方式，通过这种满足个性化的工具进行被动的重复选择，从而人们将不再是一个自主做出选择的主体，而是将自己身

---

① GANS H J. Popular culture and high culture: an analysis and evaluation of taste [M]. New York: Basic Books, 1974.

② PETERSON R A, KERN R M. Changing highbrow taste: from snob to omnivore [J]. American Sociological Review, 1996, 61(5): 900-907.

体、思想、行动的数据不断交给算法，逐步被算法的选择框定在一个固定的文化品味之内。能否接触到新的文化类型，也将由算法系统的规则调整及商业利益因素决定。其次，虽然在数字媒体时代依然能观察到一些文化群体接触着不同品味层级的文化内容，但这并不意味着文化层级间的顺畅流动。一方面，文化层级间依然存在尖锐的符号边界；另一方面，跨越符号边界需要更强大的文化资本。由此，网络平台中出现了"五里不同风，十里不同俗"的封闭圈子，以及被"鄙视链"串起的不同层级。甘斯在分析品味文化与品味公众时还看到了在一定程度上变动不居的文化和相对稳定又不断流动的公众。而算法传播带来的个性化、精准化定位与形塑，以及算法偏见带来的结构性不平等，都加剧着文化层级的区隔与固化。数据资源的"精英俘获"（elite capture）也在所难免。布尔迪厄认为，精英俘获如此强大主要是因为精英群体通过象征权力施加其影响力。算法选择实际上正形塑和再生产着这种象征权力。

进一步看，网络文化层级在一定程度上折射了现实的社会分层状况，文化层级的区隔与落差的存在也会对社会结构产生长远的影响。文化层级间缺乏流动在一定程度上体现了社会阶梯中持续存在的机会不平等，关系到社会公平与整合机制。

▶▶ 二、文化参与的陷阱与文化冲突的风险

算法传播是一种参与式传播。在数据的连接与驱动下，作为网络文化生产者与使用者的用户既参与生产内容，也参与生产行为，还参与内容分发；然而，这种文化参与看似是用户的主动选择，实则是算法在生成更多微妙而全面的新形式的用户控制。[1]

这种文化参与的陷阱在带来用户控制的同时，使连接、参与并不带来良好的文化交流，反而易形成文化冲突的风险。一方面，算法传播对信息的精确控制与个性化推送消解着文化的公共性，同时也建构着对"他者"的区隔。"文化屏障"逐渐成为各阶层外显的与隐藏的分界标识，或者说是一种"文化符号"，使其他阶层的人不能进入这个阶层，也使自己阶层的人的利益不受侵犯。"文化屏障"有时是以外显的方式作用于阶层保护，有时是以隐藏的方式排斥其他阶层的接触。[2] 另一方面，算法的参与"陷阱"，建构着人与人之间的连接方式，易形成同质化且带偏激性的社群。层级内部的强化也使他者化的冲突被放大，形成排斥对话的传播氛围，甚至可能带来群体极化。数据红利上的不平等还可能进一步带来利益的冲突。

---

[1] 全燕. 智媒时代算法传播的形态建构与风险控制 [J]. 南京社会科学，2020（11）：99 - 107.
[2] 钱民辉. 教育真的有助于向上社会流动吗：关于教育与社会分层的关系分析 [J]. 社会科学战线，2004（4）：194 - 200.

因此，尽管网络中的文化区隔与分层不能全然代表现实的社会分层状况，但算法传播通过数据的收集、分析与驱动，将网络社会与现实生活更紧密地连接在一起并使其相互建构。算法传播也许并没有直接生产文化的区隔与分层，但其传播形态与机制一方面将现实存在的区隔与分层归纳并集中表达着，另一方面还强化与自动生产着这种区隔与分层。

【思考题】

1. 算法传播通过塑造用户的文化偏好来影响文化实践中的社会分层与社会公平，这种数字传播技术下的文化实践呈现出怎样的特征？从用户角度分析社会交往中某一具体领域的算法困境。

2. 算法传播作为一种新型权力控制方式，如何生产和强化文化区隔与分层？对不同层级的文化实践有何影响？网络文化区隔与分层会带来怎样的社会文化风险？

第七讲

网络亚文化的"趣味"及其价值意义

第七讲 网络亚文化的"趣味"及其价值意义

用精英文化与大众文化、物质文化与观念文化等传统二元对立体系来分析研究网络亚文化无疑会落入经验论的窠臼，难以洞察这种新型文化的内在本质。换一种视角，或许能找到打开问题之门的钥匙。20世纪末21世纪初，人文社会科学研究的文化转向，使得文化成为各学科聚焦的重要领域。虽然学界围绕文化的定义展开了激烈的讨论，但至今仍未有一个精确的定义。西方社会学者试图通过区分不同的价值体系来划分文化类型，这种尝试在新媒体时代有一定的现实意义。美国社会学家赫伯特·甘斯认为，现代文化只与趣味有关，不一定"承载"什么价值规范。现实中存在着"趣味文化"，它的功能在于为生活提供娱乐、信息并美化生活、表达趣味和审美的价值与标准。甘斯的文化定义方法使作为复杂整体的文化趣味的理论化成为可能，预示了在社会学家当中，用特定意义和"符号表达"的术语来定义文化的趋势正在形成。依据这一文化定义，甘斯提出了"趣味公众"概念，他认为对价值和趣味文化内容做出相似选择的（特定趣味文化的）使用者，可以被描述为个体趣味文化的公众，即"趣味公众"。这些公众不是组织起来的，而是非组织化地聚集起来的。需要指出的是，甘斯强调了文化与社会之间的区别。假使我们不在文化"趣味"与社会"公众"之间做出区分，我们就不会理解文化是如何运作的。这是由于趣味文化与趣味公众之间的关系并非那么简单。同样的文化可以被不同的公众以迥然不同的方式使用。①

网络亚文化是一种典型的建立在传播主体趣味交往实践基础上的文化形式。那么，它的趣味认同过程和路径是怎样的？趣味公众是怎样形成的？对这些问题的探究有利于文化的发展引导和网络空间的深度治理。

第一节　作为"趣味文化"的网络亚文化

"趣味"是一个古老的概念，其历史可以追溯到古希腊时期亚里士多德的"共同感"概念，后经17世纪、18世纪英国经验主义美学家改造成一个美学概念。康德认为，"趣味"是以普遍有效的方式进行判断和选择的能力，人们做出美学判断是基于自己的主观感受。但他同时指出，判断的基础也许在于超感觉的人性底层，即存在人性的普遍性。在康德的解析中，趣味判断一方面保持了个体性和经验性，另一方面还获得了普遍的必然性，这是康德结合经验主义和理性主义传统创造性地建构起来的现代美学成

---

① 霍尔，尼兹. 文化：社会学的视野[M]. 周晓虹，徐彬，译. 北京：商务印书馆，2002.

果。康德把趣味判断作为一种能够调节主观和客观经验、协调知识和道德判断的能力，在他看来，趣味"合目的性而无任何目的"，具有主观的"共同有效性"，建立在人们共同"评判机能"即"共同感"基础上。① 基于此，他提出了著名的"趣味的二律背反"命题，认为趣味既是主观的，具有个体特征，又是客观的，存在社会性标准。② 可以说，康德的趣味判断主要源自人类先验综合判断的思维范式。芬兰学者尤卡·格罗瑙将康德的思想应用于社会学领域，提出了"趣味社会学"概念，并以此为视角考察了趣味与时尚的关系中个性与共性的复杂关系。他指出："现代时尚模式是解决二律背反的主要的，同时也是最典型的社会结构之一。"③ 趣味的个性化和普遍化不断转换，进而形成创新与模仿不断互动循环的过程。皮埃尔·布尔迪厄从社会学角度对趣味的生成做了深入的研究。在《区分：判断力的社会批判》一书中，布尔迪厄批判了传统学院派美学把趣味看作个人审美眼光和审美能力的差别的观点，认为该观点忽视了趣味的社会生成过程。一个人的文化趣味与家庭出身、资本、学校教育等因素有着密切的关系。这些因素造成了社会主体分层，不同阶层拥有不同的趣味空间。④

社交网络时代的文化形态与20世纪相比发生了质的变化。随着审美现代性的式微，那种沿着传统文化轨道行走的文化实践逐渐转型。新型文化趣味的生成超越了布尔迪厄传统阶层趣味的"区分"模式，传媒技术变革带来了文化转型，尤其是技术的赋能、赋权，将网络文化趣味带入一种全新的模式，促成了文化的小众化。文化多样性建立在趣味分野之上，而网络亚文化正是按照趣味建立起了"趣味共同体"。技术的赋能、赋权改变了文化趣味的分层模式。

当前的网络亚文化到底是一种什么性质的趣味文化？这里有必要先对亚文化的历史做一个简单的描述。亚文化最早出现在16世纪英国"圈地运动"之后，大批失地农民涌入城市，形成了当时城市中引人注目的"流浪者群体"。这一特殊群体形成了与城市精英文化格格不入的行为方式和语言系统，即流浪者亚文化，如俚语、黑话、行话等，这些是亚文化的早期形态，可以看出反主流的行为方式和语言系统是早期亚文化的主要表现形式。19世纪，移民潮形成了具有美国特色的移民亚文化，尤其突出的是越轨和犯罪亚文化。帮派冲突、比狠斗恶、街角闲逛、无事生非等构成这种亚文化的主要内容。早期这些亚文化的趣味特征其实并不明显，到了20世纪50年代"仪式抵抗"的青年亚文化才显露出些许趣味特征来，嬉皮士、摩登族、雷鬼乐、朋克等已初步体现出趣

---

① 康德. 判断力批判：上卷[M]. 宗白华, 译. 北京：商务印书馆, 1964.
② 康德. 判断力批判[M]. 邓晓芒, 译. 3版. 北京：人民出版社, 2017.
③ 格罗瑙. 趣味社会学[M]. 向建华, 译. 南京：南京大学出版社, 2002：109.
④ 布尔迪厄. 区分：判断力的社会批判[M]. 刘晖, 译. 北京：商务印书馆, 2015.

味倾向，可以说是当时特征鲜明的青年亚文化。20世纪80年代中后期，嘻哈（Hip-hop）文化在美国兴起，说唱、街舞、涂鸦、DJ等形式，黑人青年的表现形式、黑人英语及带有一点玩世不恭的"政治说唱""帮派说唱"等，这些渐渐形成嘻哈文化的"趣味"。其中隐含着对黑人遭受的各种不公正待遇的不满和愤怒，而诵唱、和声应答、合唱、互动等松松垮垮的形式，正是美国青年所追捧的，因此趣味认同也就容易实现了。作为一种典型的亚文化，嘻哈文化表现出与主流文化分庭抗礼的姿态。从生产过程来看，它大多继承非洲音乐文化传统，并借助于电子音乐技术形成独特的节奏韵律。从接受角度来看，美国社会中无论是白人青年还是黑人青年都对现实有着强烈的不满，嘻哈文化迎合了他们的精神需求，成了他们情绪发泄的出口，因此美国青年成为嘻哈文化的忠实粉丝。同时，青年的广泛参与使得这种文化的风格更加突出，活力无穷。青年趣味逐渐成为青年亚文化建构的根本，可以说，没有趣味就没有这种亚文化的内核，没有趣味就没有这种亚文化的魅力和价值。青年由此也成为亚文化历史上最早的趣味公众。

既承继20世纪亚文化的总体特性又有自身发展的网络亚文化，它的精神内核又是什么样的呢？纵观21世纪以来网络亚文化发展的总体趋势和特点不难发现，崇尚自由、突出个人感受、强调个性化表达等是其精神内核。毫无疑问，这些与网络全球化所带来的新自由主义思潮有很大的关系。网民所看到的恶搞、调侃、戏谑、反讽及"佛系青年""葛优躺"等网络语言符号，均可以被看作对网络亚文化精神内核的直接反映。文化趣味越来越成为网络亚文化的精神纽带，其复杂性远胜于英美早期的亚文化形式。

第二节　区隔、习性与亚文化趣味特征

网络亚文化趣味有哪些特征？要回答这一问题，我们不妨借助于布尔迪厄的文化社会学理论来加以阐释。网络亚文化产生于与主流文化"话不投机"的总体背景下，"趣味相投"体现在社交网络的趣味配置上，既有与生俱来的审美能力的因素，也因技术变迁产生新的规则和话语秩序，因此，它既隐藏于代际传承之中，也存在于代际变革之中。社交网络世界里进行着的是新生代文化对上一辈文化传统的反叛。就其文化实践而言，体现出三个方面的优势：① 书写频率快，技术水准高；② 内容选择自由；③ 风格鲜明。书写频率是亚文化主体掌握技术的表现，即利用技术赋权占领优势文化地位。虽然社交网络正在逐渐覆盖越来越广泛的年龄层，但青年群体已经迅速占领了有利地形，并形成了自身的文化实践特色。以网络文学为例，网络小说动辄上百回、上千回，这种

书写频率是上一辈作家所不能想象的。同时,在书写过程中,写作者还可以与成千上万的"追文族"进行互动,根据"追文族"的需要改写人物命运,这在纸媒时代是难以实现的。只有在趣味共同体形成之后才会出现如此"趣味相投"的亚文化形态。同样,技术赋能造成也成就了抖音和快手这种文化样式,它们成功的原因正是强调在商业竞争中突出自身独特的调性。平台用户因自身的文化资本而形成的趣味也被平台竞争的环境强化。低层级文化社群由于缺乏文化资本,在表演前台发挥其技术强项,以"接地气"的方式赢得关注,不断将话语符号降级,以致超越伦理和隐私的界限。

从内容选择角度来看,网络亚文化群体选择的内容已与成人媒介文化内容脱钩,他们在自己封闭的文化资源库里进行自由选择,久而久之,社交网络的圈层化传播特点使网络亚文化群体越来越固化于自己的趣味,在亚文化互动的场域中,青年网民用自己的方式相互评论、点赞、批评、谩骂,构成了趣味生产的传播和反馈机制。网友在此过程中进一步确立和固化自己的趣味,也就从微观上使个体卷入社交网络文化时尚的自我推动过程。这种主体行为的发展趋势逐渐成为一种文化潮流,而在文化发展过程中,趣味逐渐成为文化建构的本体。内容选择的自由,也带来了圈层组合的自由。一方面,在社交网络世界里,人们会将自己属的群体内/外及自我/他人区隔开,根据自己想象的趣味、喜好标准进行自我规训,进入自己认同的所谓"志同道合"的趣味共同体中。例如,网游爱好者群体是一个共同体,这个圈层内部还有区隔,不同的游戏内容选择形成不同的内容趣味圈层,不同水平的人又因水平差异形成不同的层级趣味圈层。另一方面,在趣味共同体内,人们效仿着 KOL 的表现,致力"自我小众化"。如此造成的结果,则是社交网络世界里不断自我推动的时尚。

从风格角度来看,网络亚文化从产生时起就表现出了对抗性姿态,在消费社会时代,这种对抗性姿态慢慢消失了,但网络亚文化与主流文化之间的壁垒并没有消失。区隔成为一种现实,同时也是一种保持文化独立性的策略。区隔的方法则是通过标新立异来突显自身鲜明的个性风格。与 20 世纪五六十年代青年亚文化对风格的追求不同,网络亚文化的风格、趣味增加了技术成分,要想将其收编为全社会流行的文化几乎不可能了。即使成功实现了商业收编,其流行范围也仅限于青年群体。布尔迪厄认为,一切文化实践中存在的趣味,实际上都与教育水平和社会出身两大因素有关,有什么样的文化消费者的社会等级,就有什么样的艺术消费等级。只有把狭义的高级文化趣味,也就是合法文化的趣味,与一般认为是形而下的、粗俗的文化经验的趣味结合起来,才能真正了解文化实践的意义。① 在网络时代,区隔的阶级意义已不太明显,代际的文化趣味分

---

① 布尔迪厄. 区分:判断力的社会批判[M]. 刘晖,译. 北京:商务印书馆,2015.

野却越来越明显。各种新奇怪异的亚文化类型，完全与传统的成人文化形态形成区隔。花样繁多的亚文化汇入了晚期现代性的河床，成为现代性外观最活跃的浪花。当然，这种强占了现代性风头的网络亚文化也会给社会成员带来文化不适应。网络亚文化无论是形式还是内容都难以与成人文化兼容。趣味，其作用与其说是区隔，不如说是建构亚文化自身的圈层。虽然这种圈层建构有向文化体系建构方向迈进的倾向，但网络亚文化不可避免地存在着一种文化宿命，即它始终处在变动不居的形势中，碎片化是其总体特征。随着现代社会总体趋势中"俗性"对"神性"的颠覆和晚期现代性的发展，现实主义美学已经失去了它的特权地位，逐渐为一种"无孔不入"的再现美学所取代。这就意味着网民更多地认同那些强调表象和外观而不是复杂性和深度的特征，对内在关联和可能性的探索往往通过有趣的杂乱状态而不是叙述的连贯性表达出来，技术发展无疑通过再现形式给文化传统带来了巨大的压力。①

布尔迪厄提出了"习性"（habitus）这个术语，肯定了人的本质主义的内在属性。习性无疑是社会建构的产物，同时又反作用于新的社会建构。习性是行为主体的感知、意识、性情等精神世界系统的反映，是一种整体的精神状态。习性是社会区隔和文化任意性的历史产物，而非内在本质属性。习性既是被建构的，也是建构性的、能动的。习性具有相对稳定性，理解这个特性对于我们探究网络亚文化中的青年心态具有积极意义。布尔迪厄特别指出个人最原初的生存经验的极端重要性，他认为习性的形成与个人的成长环境有很大关系。他所说的个人最原初的生存经验包括按照年龄顺序属于最早生活阶段的那些经验，主要指的是童年时代的生活经验；习性具有本能保护自身同一性和恒定性的倾向，具有自我稳定性和维持自我稳定性的基本条件。按照这一特性，童年时代和最早的生存心态结构处于个人完整生存心态的基础和核心地位，对之后试图改变原有生存心态的种种努力都尽可能进行顽强而持久的抗衡。② 新生代青年从小开始接触互联网，因此其思维方式、行为方式及文化实践都与互联网关系密切。网络亚文化群体的习性直接影响到他们的文化趣味。

根据布尔迪厄的理论，趣味作为文化习性的一种突出表现，可以被视为整体的阶级习性的一个关键性的区隔标志，也可以被理解为是一种群体身份标志。习性与教育、成长环境关系密切。"90后""00后"这代网络亚文化群体的习性形成比较复杂。从社会语境来看，随着审美现代性的终结，康德、伽达默尔意义上的规范性审美趣味淡出了人们的精神世界，消费社会以时尚消费和感官感知为中心的趣味成为社会主流。从文化全

---

① 钱尼. 碎片化的文化和亚文化 [M]. 魏万磊，译//班尼特，哈里斯. 亚文化之后：对于当代青年文化的批判研究. 中国青年政治学院青年文化译介小组，译. 北京：中国青年出版社，2012：44-58.
② 高宣扬. 布迪厄的社会理论 [M]. 上海：同济大学出版社，2004.

球化和现代性趋势来看,外来文化形式尤其是发达国家中产阶级文化趣味伴随着互联网传播进入中国,属于西方社会价值体系的东西也随之进入。特别是对个人主义的张扬,适应了网络亚文化群体——趣味公众的精神需求。主流文化中的"合法趣味"在教育、新闻、文化等各个领域都显示出强大的符号霸权,挤压了青年个体愉悦的精神空间。网络亚文化群体的文化实践本质上具有逃避、反叛宰制性文化趣味的倾向。例如,"二次元"文化的精神实质就含有渴望自由、向往乌托邦的成分。网络亚文化群体的文化实践更倾向于共同体内部文化趣味的自得其乐,即那种基于身体、功能和技术的文化自足性,与此同时,他们所做的种种刻意的努力其实都是想打破"合法趣味"的宰制。他们对消费社会的大众趣味嗤之以鼻,因此,自然就会对自创的文化趣味设置技术门槛,这样能确保共同体内部的分享和传播的纯粹性。趣味公众的意味由此得到提升,虽说是小众化圈层的文化实践,但仍然体现了公众性的目标追求。

第三节　新型文化资本与网络亚文化趣味的价值

有技术含量的超前观念与标新立异的风格,在网络亚文化群体中引领风尚,成为一种新型文化资本。作为社会象征意义的一部分,文化资本必然随着社会的变迁而发生一系列变化。文化资本的嬗变不仅仅是趣味与风格的表征意义的变化,而是更本质地反映了现代性进程中新型文化形态与传统文化形态之间的冲突。

既然称之为新型文化资本,那么必然要体现出它与传统文化资本之间的差异。文化资本毫无疑问是一种知识资本。它可以给予个体认知与行动的信息,以及不论是具体的还是抽象的,可以让下一代继承的文化财物(具体的)与文化能力(抽象的)。更重要的是,它是一种与各种社会机制共谋的,并借由这些社会机制(如教育场域的运作)来使自身合法化的资本形式。"文化资本的展现是一种能够'辨识'出具有特殊符码性质实践的组成图像或是音乐上、文化上的知觉和评价模式系统,它以有意识及无意识的方式发挥作用。当人们尽力去培养自己或后代的这种特殊辨识系统(习性)时,这种特殊的辨识系统就形成了一种文化上的资本,可以供其在复杂的符号世界中使用。"① 传统文化资本的获得,通常是通过习得教育、阅读经典,不断学习、参悟其中的堂奥,掌握常人未能领悟的经世致用的知识,因此,常规路线是知识积累,并在传统知识体系的掌

---

① 周守军. 学科与权力:以国家重点学科为例 [M]. 武汉:武汉出版社,2015:160.

握和运用中占据有利地位。网络亚文化的文化资本形成过程则完全不同，其侧重点转向了对技术的学习，这与网络亚文化群体自幼爱好网络游戏、网络聊天，进而对信息技术产生兴趣有很大的关系。掌握信息技术有助于创造新的文化形式，自幼形成的技术储备为成年后的文化生产和消费提供了便利。于是，传统知识习得底蕴的浅薄化和网络知识接受的碎片化，使得网络亚文化群体在传统文化资本面前自惭形秽。但网络技术带来的种种便利改写了游戏规则，促成了新型文化资本的诞生。

首先，新型文化资本体现了新创文化的前端性。对于网络亚文化群体来说，其文化资本表现为在技术急速变革的大潮中对新技术掌握的娴熟程度，特别是在文化生产过程中对技术运用的熟练程度。青年群体掌握的文化形式始终是超前的，他们是新技术、新型文化样式的弄潮儿，因而具有先导性，抖音、快手平台上的短视频创作和生产即体现了这一特点。另外，还表现为在文化接受和使用过程中的敏锐程度，如游戏的竞技水平等。这些都体现着新型文化资本的前端性、超前性。在新型文化资本形成过程中，传统的知识崇拜被技术崇拜取代，网络亚文化共同体中的"高手崇拜"是趣味深化的有效途径，由此，共同体内部的关系由弱关系转向强关系。

其次，新型文化资本展现了与传统文化资本的巨大反差。文化资本嬗变的根源是文化"合法趣味"已经成为一种单调趣味，掌握网络技术的青年群体创造出了多样性的文化，他们作为互联网的"原住民"很早就从卡通、游戏中接触到了西方文化的价值趣味，因此，这一群体对"合法趣味"从一开始就是抵制的。不说教、不搞一言堂、彼此平等，网络亚文化的多样性就自然而然产生了，其中体现了青年群体文化实践的价值取向，自由、多元的网络亚文化自然具有吸引力。

再次，新型文化资本不再是以知识为标准，而是以文化为标准。文化产品适应网络亚文化趣味，就是有生命力的。青年群体强调生活中的自我释放，误把文化娱乐当作知识，大量的网络亚文化内容填补了他们的闲暇时光，也充实了他们的精神世界。然而，不由知识构成的文化资本终究难以可持续发展。青年时代终结后，他们终究要按知识的生产和使用及其效能的发挥来安排自己的生活。在新型传播形态下，知识储备和技术储备同等重要，社会竞争的核心要素是知识，而竞争的逻辑就是资本的逻辑。资本既是场域活动竞争的目标，也是用以竞争的手段。文化的市场化转化取决于这种文化趣味的受欢迎程度和潜在使用人群。资本所看重的正是网络亚文化新型文化资本转化的可能性。

最后，网络技术的赋权、赋能改变了社会结构中的文化资本配置格局。从传统文化资本角度来看，个人在社会结构中的位置影响了其文化资本的积累。例如，新生代农民工是由"年龄、出身与职业"多重要素划分出来的群体，他们的出身大大影响了其文化资本的积累，进而影响了他们的文化实践。但是，在社交媒体网络中，年轻人基于共同的喜好、意义和价值而形成的场域，已经打破阶级所限制的文化资本积累对他们的影响，重构了现实社会中文化资本的形式，从而形成了年轻人自己的新型文化资本。经济背景不同的人可以玩相同的游戏、分享共同的网络内容。

网络亚文化群体在文化发展过程中存在一种矛盾心态：一方面，他们要刻意摆脱主流文化"合法趣味"的宰制，努力标新立异；另一方面，他们身处消费社会，渴望借助于消费力量，将"合法趣味"浅薄化，将网络亚文化趣味合法化。这样的矛盾心态也决定了网络亚文化趣味价值的矛盾性。渴望放飞自我、渴望不走寻常路的网络亚文化，其吸引人的地方正是不受成规约束的自由性，这也是共同体趣味形成的关键要素。而渴望借助于商业力量将网络亚文化趣味合法化，无疑是一种商业价值的考量。

第四节 交往行动的文化实践与网络亚文化趣味的生成

网络亚文化产生于互联网空间的交往行动。交往行动是人与人之间发生社会性关系的中介。马克思认为，正是由于分工的出现，人才沦为生产的工具，失去主体的自由，受到限制。他指出："个人力量（关系）由于分工而转化为物的力量这一现象……只能靠个人重新驾驭这些物的力量，靠消灭分工的办法来消灭。"① 也就是说，个体的发展取决于他和他所生活的空间的交往状况。尤尔根·哈贝马斯在《交往行动理论》一书中区分出了四种行动类型：目的性行动、规范调节的行动、戏剧式行动和交往行动。他更看重第四种行动，因为它更能解释当代媒介社会的现实，它是行动者个人之间以语言为媒介的互动。理解与共识是交往行动的核心，而语言在其中具有特别重要的地位。

无论是马克思的唯物主义交往理念，还是哈贝马斯所强调的"交往理性"，都将人与人之间的交往置于重要的位置。网络亚文化是交往行动的产物，网络亚文化的趣味是共同体成员在交往行动中共建的产物。这需要从文化主体的文化实践和交往行动过程角度进行分析。

首先，网络亚文化群体的文化实践的社会基础是网络空间的交往行动。从生产方式来说，传统农业社会自给自足的生产模式被大工业生产模式取代；从社会环境来说，如果我们从历史纵深处来考察，便可以清晰地看到中国社会中愈演愈烈的生产关系变革和传统交往的有机连带崩溃现象。随着以血缘、地域为联结的有机连带转变为网络空间系

---

① 马克思，恩格斯. 马克思恩格斯文集：第一卷［M］. 北京：人民出版社，2009：570-571.

统的功能性、趣味性联系，作为联结社会关系的交往行动面临着多重挑战。面对传统与新型社会关系的矛盾，青年群体中新型的交往行动方式逐渐形成。他们热衷于亚文化的生产和消费，言谈中充斥着"吐槽""恶搞""戏谑"等内容。以亚文化为载体，他们重新适应并建立了自己的人际交往模式。在这样的情况下，网络亚文化既是交往实践的产物，又是一种新的交往行动方式。网络亚文化共同体内部成员之间相互影响、相互作用，"共建"了文化趣味。

其次，网络亚文化交往行动表现为一种圈层文化生产。无论是网络语言还是网游体验交流，青年群体的文化实践逐渐酝酿成各种"非合法化的"文化趣味，并日益活跃于社交媒体的朋友圈、微信群、QQ 空间，久而久之，成为青年特有的共享趣味。在网络空间的交往中，圈层成员因共同的兴趣、爱好甚至观点而自发地走到一起，于是出现了网游、耽美、萌宠、弹幕等亚文化圈层，其交往初始阶段并无明显的政治倾向，但随着青年"普遍交往"的深入，文化的交往实践自然会涉及政治内容。例如，网络恶搞、吐槽、反讽、贴标签、"人肉搜索"等，作为交往行为，已经发展成社交媒体平台上的一种特有文化样式，成为圈层"想象的共同体"内广泛接受、认同、喜好的符号形式，这也可以被看作一种"趣味共同体"的经验和意义分享。这是最直接的、最表层的交往行动。在当前传统主流媒体公共产品匮乏的情形下，这种网络空间的共议有缓解网民的社会焦虑的功能。共议过程正是网络亚文化形成趣味认同的过程，也是其价值提升的过程。

再次，网民的交往行动是在信息碎片化传播环境中进行的，这决定了网民的交往行动具有天然的不系统性，决定了网络亚文化生产具有碎片化倾向。网络亚文化主体的政治诉求往往被"隐写"为自由、放松，多数情况下是对成人世界的反叛和抵抗，其终极诉求是对自我的放纵。网络语言是一种特殊的亚文化，它直接体现了交往行动。就语言学"以言行事"规则来说，吐槽、恶搞、反讽、自嘲等各种网络行动表达了网民群体对现实的批判、抗争、恐惧、无奈、沮丧甚至绝望。交往行动中非系统的、碎片化的政治诉求始终停留在感性政治阶段，而非理性的交往行动决定了多数情况下的趣味认同是一种政治盲动或文化从众。凭借网络事件的感同身受、网络活动的共同爱好、网络产品的共同体验形成的趣味认同难以承载公共领域的使命。

最后，青年网民在交往行动中对公共性议题的关注逐渐减少，对个体议题的关注逐渐增多。这导致了文化趣味的转型，而网络亚文化趣味渐成气候。网红表演，"双 11"购物感受，抖音、快手等平台都宣示着青年网民趣味的改变。他们对明星、时尚、游戏、耽美、萌宠等私人性话题的关注超过了对公共性议题的关注。按照赫伯特·布鲁默的理论，网民在交往行动中往往会假设存在一个"趣味共同体"，每个个体与这个群体有一种"共感"约定，只讨论这个群体关注的话题。比如，网民通常愿意在微信群、朋友圈分享文章或游戏心得，而且随着交往的深入，他们更倾向于小范围分享，因此，小众化"专业"议题是"趣味共同体"更为认同的纽带。专业化议题的讨论，逐渐远离了政治公共性。例如，对某款网游通关技术的探讨，就是一个非公共性话题。即使是在相当扩展的空间，如QQ、微博、微信，相关群体所讨论的内容也往往夹杂着私人信息，公共性话题和私人性话题的界限非常模糊。与此同时，欧文·戈夫曼提出的"前台"概念也提醒我们：青年网民的某些交往互动存在着伪公共性倾向，某些圈层成员为了给他人留下好的印象，往往会进行一定的表演，因此，所表达的意见并不具有公共性。这种交往互动"共建"结果使亚文化实践越来越丧失公共价值，有走向庸俗趣味的倾向。甘斯所说的"趣味公众"沦为只有趣味的乌合之众成为现实，这正是文化危机的根源所在。

网络亚文化趣味建构处在一种矛盾的境地：一方面，趣味共同体内部交往行动形成的共识有助于社会批判；另一方面，知识的碎片化使得其始终处于"非系统性"状态，处在感性政治阶段。这样，网络亚文化作为公共领域的可能性逐渐消失了，这也标志着传统大众传播时代的文化意涵建构已经被用户、玩家趣味取代。哈贝马斯所说的目的性行动、规范调节的行动、戏剧式行动和交往行动渐渐褪去了价值理性，渐渐被工具理性控制。玩家趣味按照工具理性只需实现用户群体和利益最大化，因此，交往行动的结果就是不知不觉按照市场逻辑行事。于是，在快手APP上，类似"14岁少女怀孕晒娃"的网红视频屡见不鲜。高点击率、高点赞量成为衡量文化价值的标准，也成为衡量趣味认同的标准。

以游戏体验、吐槽、恶搞为代表的亚文化成为新的交往行动方式，意味着趣味成为交往的主要目的。一方面，交往的主体是基于趣味进行交流的。在传统农业社会，社会关系是以血缘、地域、邻里关系为纽带的，这时候的交往基于社会性的需要；到了工业社会，人们的交往基于功能性的需要；而到了现代社会，人们将网络亚文化作为交往行动方式，基于一种纯粹的趣味性靠拢。人们在交往过程中消解了传统的宏大叙事，不再因理性的、社会性的需要进行交往，而是以展演、倾诉、发泄为目标，这是一种碎片化、混杂性、短暂性的交往行动。另一方面，交往的主体也在交往中获得了趣味。谈论网游的人不只是谈论游戏本身，还谈论游戏里的副文本，如游戏的背景故事、游戏人物或游戏角色的"皮肤"装备等。在交流中，谈论者获得了超越游戏本身的趣味。而吐槽不包含理性话语交谈中的价值判断、情感倾向，只是集中于趣味和娱乐。但趣味和娱乐的获取并非没有门槛，吐槽式的交往行动存在着"槽点"的设置，只有读懂"槽点"的接收者才能真正理解吐槽并分享吐槽的趣味。这一点与布鲁默提出的"集体趣味"

十分契合：趣味形成的环境是人与人相互作用的社会环境，且趣味的形成得益于他人的肯定和交往中他人给予的定义。①

正如哈贝马斯所强调的，语言在交往行动中具有重要的地位，趣味的建构也建立在语言文字的书写互动之上。在网络空间这个新的语言场域中，网民突破了时空的枷锁，沉浸于后现代文化的狂欢中，颠覆、重构、消解着自然语言的严肃性和规范性，追求着碎片化、快餐式和混搭的语言表达，以有限的语符创造出意境无限丰富的内涵。② 在网络空间这个随心所欲的舆论场中，理性的语言和严谨的书写被随意、碎片化的书写风格取代，人们沉浸在这样的话语狂欢中，建构了一种颠覆、无羁的狂欢式趣味。

【思考题】

1. 思考趣缘群体的形成和发展与阶层变动的关系：趣缘群体的形成究竟是身份区隔的打破，还是同一阶层内部的流动现象反而带来了更大的社会区隔？

2. UGC 文化自生产与模因传播促使亚文化趣味向感性体验靠拢，谈谈建立在感性体验之上的文化认同对文化整体性建构的冲击。

3. 基于具体的文化现象，思考趣缘群体身份认同的形成机制与趣缘群体在面向群体外部成员时表现出共性的话语传播策略。

---

① 布鲁默. 时尚：从阶级区分到集体选择 [J]. 刘晓琴，马婷婷，译. 艺术设计研究，2010 (3)：5-12.
② 曹进. 网络语言传播导论 [M]. 北京：清华大学出版社，2012.

第八讲

技术作为网络亚文化的新型文化资本

近年来，随着5G、人工智能（AI）技术的不断发展，一种崇尚科学主义的社会潮流开始在中国社会形成，技术创新提高生产力已成为全社会的共识。在这一社会潮流中，媒介文化的本体特征也在悄然发生变化。从媒介发展史角度来看，在信息技术刚刚兴起之时，其带来的变革曾引起人们的极度恐慌，德国媒体理论家弗里德里希·基特勒甚至认为，"当信息技术的垄断走向末路之时，才催生了恐慌审美学"①。荷兰美学家约斯·德·穆尔也认为，"现实性在20世纪被不断地依照大众传媒的美学加以塑型"②。过去十年，社交媒体的普及加速了人类社会的"数字化"迁徙，彻底改变了人们的生活方式和文化形式。技术在社会发展中扮演着越来越重要的角色，技术理性正在成为统辖整个社会的隐形力量。尤尔根·哈贝马斯意义上的"生活世界"正在不断被信息技术重绘。从更广阔的历史来看，信息技术逻辑的扩散实质上改变了世界认知、知识生产和文化传承的方式。资本与技术的勾连促成了媒介生产的劳工重组；算法技术成为网络平台核心竞争力后，传统忍受式接受转变为强迫式接受；算法技术在网络空间的现身与缺席都直接影响媒介文化的整体品质。随着移动媒介具身性的日益强化，基于纸质媒介、视听媒介的传统阅听行为渐渐弱化，由此，基于传统知识习得路径的文化资本也渐渐式微。在传统阅听行为基础上形成的规训方式随之渐渐丧失其影响力，附魅于传统知识接受体系的文化模式逐渐消解。信息技术现代化进程的加快，带来了信息的自由流通，生产和接受都呈现出自由、灵活的特性。

然而，颇为吊诡的是，人们在摆脱了旧媒介传播体系的束缚，欢呼来到媒介新天地之时，却发现一种新型附魅正在产生。所谓新型附魅，即技术附魅，是指在文化生产和接受过程中因技术复杂而崇拜某种文化形式却忘记或放弃对文化"灵韵"的追求。随着5G、AI技术在全社会的崛起，信息技术成为整个社会关注的焦点，而媒介内容、媒介文化该向何处去却少有人关注，这正是一种媒介文化现代性的"涂层"现象。这种刷在媒介文化之上的技术"涂层"，潜藏着深刻的社会危机，技术的逻辑——科学和理性主义作为现代性的支配性的发展维度，驱使媒介文化走向一条新路线，依据后传统的秩序进行历史性的安排，而这种趋势再次印证了安东尼·吉登斯关于晚期现代性的判断。以信息技术进步为特征的媒介文化生产是一种现代化表征，但这种现代化催生和放大了许多问题，文化质性的下降就是其中最突出的表现之一。那么，在技术占支配地位的现代性社会，媒介文化以何种途径实现了自身的蜕变？媒介文化究竟经历了一个怎样的过程才形成文化资本格局？这种文化资本对媒介文化的发展将产生怎样的影响？其中

---

① 基特勒. 留声机 电影 打字机［M］. 邢春丽，译. 上海：复旦大学出版社，2017：前言2.
② 德·穆尔. 赛博空间的奥德赛：走向虚拟本体论与人类学［M］. 麦永雄，译. 桂林：广西师范大学出版社，2007：28.

潜藏着怎样的危机？本讲将对这些问题进行深入探讨。

第一节 技术崇拜与新型文化资本生成

技术逻辑下的新型文化资本具有一定的语境依赖性。移动互联的智能传播社会基于互联网海量的数据，每时每刻与现实世界进行信息交互，在这个背景下，关于传播的传统理念正面临着挑战。5G、AI等技术实现的智能化、场景创造、可穿戴设备、沉浸式传播等改写了传播格局，自然也改写了媒介文化。这里所说的信息技术是进化、融合的产物，涉及计算机技术、网络技术、虚拟仿真技术、数据算法技术等。它作为新型的信息承载中介，不再只和媒体有关，而是正在改变我们的内容呈现方式。媒介、传播者、渠道、效果这些传播学体系中的要素需要重新调整。在信息技术的推动下，新型传播形态形成了，与此同时，媒介文化的生产、传播、接受模式发生了变化，社会对文化资本的认知、评价和追求也发生了变化。

传统文化价值体系的消解是在许多细节中体现出来的：网络社会形成后，文化的大众媒体独家生产、传播走向了多元格局的媒介生产、传播；偶像、粉丝由大众媒体走向网络新媒体；"爆款"代替了经典；电商代替了传统商业模式；一切都在发生位移。随着人类社会的"数字化"大迁徙，秩序消解与重建都在动态发展之中。这场以信息技术为核心的变革，主要体现在信息处理和交往能力上，其意义不亚于能源之于工业革命。它重组了人类传播方式，促成了现代社会的再结构化，而文化的转型正是社会再结构化进程中的一个有机组成部分。美国政治学者马歇尔·伯曼将这种社会再结构化视为"现代运动"，他指出"这很可能是现代环境的确定景象，正是这种环境，从马克思的时代到我们自己的时代，引起了令人吃惊的众多现代运动"①。媒介文化变革作为一种狂飙突进的现代运动，最引人注目之处是全社会对技术的膜拜，一种信奉技术逻辑的认知受追捧的社会潮流占据了文化发展的主导地位，重塑着人们对现代性的观感。这种技术逻辑就是强调掌握技术即能掌握经济、掌控文化。从某种意义上说，技术已成为文化资本的重要组成部分。

文化资本是皮埃尔·布尔迪厄将马克思主义经济学中的资本概念进行扩展后提出的

---

① 伯曼. 一切坚固的东西都烟消云散了：现代性体验[M]. 徐大建，张辑，译. 北京：商务印书馆，2003：22.

一个社会学概念。在布尔迪厄看来，文化资本是以"趣味"为基础的货币，包含高雅的艺术气质、高超的鉴赏能力和渊博的知识。他观察到一些看似自由选择的行为，如对古典音乐或摇滚乐的偏好，其实和人在社会中的处境高度相关；此外，某些语言上的细节表现，如法国人的语言腔调与语法，也往往具有特殊魅力，影响着人的社会流动。布尔迪厄将文化资本视为社会阶级再生产的途径，将文化资本的存在形式分为具体状态（具身化文化资本）、客观状态（客观化文化资本）和体制状态（制度化文化资本），如表8-1所示。"具身化"是文化资本的第一种形态，布尔迪厄认为，这是一种具体的状态，"即采取了我们称之为文化、教育、修养的形式，它预先假定了一种具体化、实体化的过程。这一过程因为包含了劳动力的变化和同化，所以极费时间，而且必须由投资者亲历亲为……衡量文化资本的最为精确的途径，就是将获取收益所需的时间的长度作为其衡量的标准"①。

表8-1 文化资本的三种存在形式

存在形式	存在载体	表现形式
具体状态（具身化文化资本）	个体	精神和身体的持久"性情" 文化、教育、修养
客观状态（客观化文化资本）	文化商品	图片、书籍、工具、机器等
体制状态（制度化文化资本）	社会	文凭、证书等

布尔迪厄认为，社会阶级的再生产，其实就是文化资本不断复制造成的。那么，文化资本的社会决定性理论是如何运作的？在布尔迪厄看来，文化资本就是文化形式的资本或者说是资本的文化形式，在生产资料私有制的社会条件下，它被人们在私人性的基础上占有，从而成为内在于社会结构的强制性力量和获取资源的文化工具。它广泛存在于社会的各种领域，并内化于人们的身体和头脑，塑造人们的习性，从而划分和区隔了不同的社会阶级。文化资本就是一种标志行动者社会身份的，被视为正统的文化趣味、消费方式、文化能力和教育资历等的价值形式。在布尔迪厄那里，"习得""熏陶"是个体获得文化资本的主要途径，这是一个漫长的文化学习-实践过程。布尔迪厄所说的文化资本的社会价值和获取渠道，均是一种传统的社会共识，如同教育文凭、古董商鉴定古董的能力一样为大众所共同向往。

新型文化资本是以技术"习得"为核心的文化资本，这种文化实践过程并不产生"腹有诗书气自华"的气质型效果，但是在掌握信息技术的过程中可以形成区隔，这大

---

① 布尔迪厄. 文化资本与社会炼金术：布尔迪厄访谈录[M]. 包亚明, 译. 上海：上海人民出版社, 1997: 194-195.

体可以从网络平台和用户两个方面加以说明。从网络平台来说，它属于布尔迪厄所说的"客观状态"，其存在载体是文化商品，表现形式则是网络文化、网络软件等；从用户来说，它是用户习得的信息技术。与传统的具身化文化资本不同，新型文化资本的存在形式在用户那里不再表现为气质、教育、文化水平，而是表现为对技术的操控、使用能力。新一代信息技术即将颠覆现有的信息传播、消费和娱乐方式，塑造人们的生产、学习和生活模式，以网络为支撑的信息社会将成为人们日常生活的基本形式。网络泛在化、智能终端化使得内容定制、线上服务、手机付款等应用模式成为新的行为惯习。生活中的扫码、注册、下载等行为，对于老年人来说是一种障碍，但对于年轻人来说是一种便利。对于平台传播机构来说，技术是其核心竞争力，网络基础设施建设的目标之一是将网络由"需求"驱动的媒介使用行为转变为"发现"驱动、技术引领的媒介使用行为。新的信息技术对传统行业的颠覆将从狭义的信息消费领域扩展至所有领域，它在催生出诸多新领域的同时，也带来了诸如信息鸿沟等问题。

然而，新型文化资本的技术属性不是天然的，它的背后是社会经济资本。资本的逐利性，使其敏感地觉察到信息技术对于商业的价值。IPv6等新一代网络技术在资本的推动下迅速普及，信息、经济、文化的版图随着信息技术的融合而重组，社会传播的个性化产品和服务的新业态、新模式正在不断涌现。诸如：基于大数据挖掘、算法设计等技术对传播链条上的企业、个人、金融、物体、知识进行全面刻画，对社会的生产要素进行全面精准管理；利用强化学习、流式计算、因果分析、数据可视化等人工智能技术，为全社会运营决策提供智能辅助建议；等等。在资本的推动下，一个以网络平台为中心节点的传播新格局正在形成。在新型传播形态的坐标中，技术的快速发展带动了资本的涌入。技术决定着资本博弈的天地，也决定了资本的回报率。技术决定论把技术发展看成是一个按技术的"内在逻辑"自我展开的过程，一个与社会情境不发生关联的过程，这种观点误导了很多人。有学者就曾揭示其本质，认为技术决定论的核心是强调技术的自主性和独立性，认为技术能直接主宰社会命运。"技术决定论把技术看成是人类无法控制的力量，技术的状况和作用不会因其他社会因素的制约而变更；相反，社会制度的性质、社会活动的秩序和人类生活的质量，都单向地、唯一地决定于技术的发展，受技术的控制。"[1] 很明显，这种观点看到了技术在社会经济发展中的作用，看到了技术在社会再结构化中的能量，因而对技术因素倍加推崇。

当下，网络社会已经形成，人们对互联网的依赖与日俱增，也对基于互联网的媒介内容有了很高的期待，信息技术创新的使命就是将这种期待变成现实。在社会资本的助

---

[1] 于光远, 等. 自然辩证法百科全书 [M]. 北京：中国大百科全书出版社, 1995: 225.

推下,信息技术促使新的媒介内容不断产生,也让新的媒介文化生产方式和接受方式不断裂变。在这一过程中,最突出的现象是新的网络文化圈层的形成。在网络文化圈层内,主体对文化资本的社会共识在潜意识里已发生迁移,熟悉某种文化生产、使用、消费技能不再是一个长期的习得过程,也不再是一种具身化气质。技术赋能可以"炫酷",可以"引流",可以提升影响力,最终可以"变现"。因此,网络平台为每个个体提供了实现自己创造价值的无限可能性,而在网民那里,网络技能为创富神话的现实转化提供了可能性。文化资本向技术的迁移,彻底消解了传统文化资本形成的模式,技术在赋能的同时,也附带赋予主体某种理念。从这个意义上说,文化生产走向感性化,与崇拜技术的新型文化资本有很大的关系。

第二节 技术作为文化资本的结构性诱因

美国组织理论学者斯蒂芬·巴利在《技术作为结构化的诱因:观察 CT 扫描仪与放射科社会秩序获取的证据》一文中,通过观察 CT 扫描仪这一新型医学成像设备对放射专家和放射技师之间的传统角色关系的影响,认为在某些条件下,新技术会切实地改变放射科的组织结构和职业结构。技术如何通过改变制度性的角色关系和互动模式形塑不同的组织结构?在"技术形塑组织结构"这一理论表述中,技术被视为社会性对象而非物理性客体,而结构被概念化为一个过程而非实体。很明显,传统 X 光领域医师习惯了 X 光科室内的组织结构和工作流程,也习惯了等级关系和固有秩序。然而,CT 扫描仪的出现改变了诊疗模式,传统 X 光领域医师的诊疗经验全部过时了。[①] 这一现象也恰好是当下媒介文化变革的一个寓言。

从社会科学的观点来看,过往的研究已经再三表明技术通过改变习俗和生产关系来改变社会。由于工业社会中的大多数生产过程发生在正式组织中,所以当现代技术改变生产关系时,自然也就改变了组织形式。21 世纪以来,技术变革速度的加快,强化了人们关于媒介文化的技术决定论观点。一个多世纪以来,从打字机、电报,到广播、电视,再到互联网,信息传播方式的变迁也带来了人们社会角色的变迁。打字机、电报时代的女秘书、女报务员、女接线员等的社会角色设定在 Web 2.0 时代是不可想象的。在

---

① 巴利. 技术作为结构化的诱因:观察 CT 扫描仪与放射科社会秩序获取的证据[M]//邱泽奇. 技术与组织:学科脉络与文献. 北京:中国人民大学出版社,2018:104-136.

今天，虽然女报务员、女接线员的社会角色消失了，但直播网红兴起了，这或许是信息技术带来的新的社会角色设定。技术迭代与社会角色关系设定，之所以在我们的社会被视为具有合理性，都归功于公众对技术赋能的认知。于是，全社会投入大量的财力、物力、精力去开发技术，因为人们相信技术可以创造新的文化，新的文化自然可以带来新的财富。媒介文化就直接被化约为技术文化或有技术门槛的媒介文化。技术的渗入使媒介文化诸如抖音、快手、网红等变得越来越炫目、刺激、好玩，如同城市中的高楼大厦、流光溢彩的现代化景观让社会中的大多数人产生一种幻觉：周遭绚烂的环境就是自己生活的空间，由此产生幸福、愉悦的文化认同感。各种使用信息技术而出现的创富神话都让人深信不疑，抖音、快手等平台上的短视频 UGC 形式很快就被青年认为是自己的文化，从而形成文化认同。社会结构性差异因技术而产生，在转入网络虚拟空间后，传统基于亲情、血缘关系的社会结构被虚幻的共同体圈层取代。

技术具身化的必要性源于社会集体无意识。使用 VR、AR，制作短视频、玩手游、进行 Cosplay、做 UP 主、熟悉各种网络操作等，各个界别都有其技术层级。例如，玩手游通关，高手与新手所获得的圈层内部声誉是不可同日而语的。青年将互联网中的技能看作一种时尚、一种"本领"，这如同 X 光科室的医师由技术经验形成等级关系，而技术经验就是一种文化资本。

每当一种新技术出现，社会就会重新进行一次拼图，这种结构性变化对于社会角色调整、政治格局变化、文化生产等来说都意味着机遇和挑战。当下，数字传播技术的普及所带来的结构性变化表现为：① 传播职业的重组。传统大众传播职业的从业人员开始重新设计与定位自己的职业角色，媒体的主体不再是单纯的记者、编辑等专业的生产者，自媒体的崛起也为传播从业者开辟了新的通道。掌握新的信息技术正在成为一种新的职业资本。正如曼纽尔·卡斯特所言，在信息化范式的劳动过程中，就业者将会被区分为网络工作者、被网络连接者、被隔离的劳工。这样，工业社会的社会分层似乎对他们不再起多大的作用，社会需要一种新的标准来进行劳动分工和社会分层。① 网络技术带来的种种便利改写了游戏规则，为阶层跨越提供了机遇。熟谙新媒体技术的人凭借自己的技能找到自己的角色位置。② 传统媒体垄断内容生产的格局被打破。以前只有大众媒介的专门机构才可以进行内容生产，现在 UGC、PUGC（专业用户生产内容）等内容生产形式和 MCN（多频道网络）机构如雨后春笋般涌现，内容生产被垄断的局面不复存在。③ 话语权被重新分配。信息技术的进步使得网络空间的意见表达更加自由，

---

① 谢俊贵. 凝视网络社会：卡斯特尔信息社会理论述评 [J]. 湖南师范大学社会科学学报，2001（3）：41-47.

这是一种明显的结构性变化。获得利用新媒体技术进行交流的能力事关民主议程和社会公平正义。从信息流动来讲,网络带来的社会流动性的增强不应只表现为同一阶层内部的信息和思想交流,也应表现为不同阶层之间的信息和思想交流。技术具身化使得话语权在公共空间得到重新分配,从而有效阻止了"一言堂"。此外,圈层组织的不断涌现与重组本身也是技术作为结构性诱因的产物。

第三节 技术附魅:新型文化资本的隐性危机

"技术价值中立论"在很长一段时间内是社会的主导意识,这种将技术与社会、目的与手段割裂的观点仅从研究逻辑来看具有一定的合理性。但是,随着技术的发展,技术的规模与影响日益扩大,技术价值中立论的消极后果日趋明显。在这样的背景下,基于广义技术视野的"技术价值负荷论"逐步孕育与发展起来。技术价值负荷论认为,"每一事实都含有价值,而我们的每一价值又都含有某些事实"①。技术价值负荷论肯定了技术价值的存在,但这种价值负载是不是就能成为文化资本呢?从工具理性视角来看,信息技术的发展体现的是一种非充分决定性现象,表现为相关的社会旨趣与价值取向成为技术的建构因素,这说明技术功能的实现依赖与技术发展相向而行的社会情境属性。技术在与社会情境的互动中被赋予了价值。与技术相向而行的社会现实情境的总体趋势已经证明,在当下技术被赋予了很高的价值,崇尚技术已转变为一种民族国家的集体认同。例如,"厉害了,我的国"是技术成功后民族自豪感的自然流露。

价值中立的技术在当今社会是较为罕见的,现实处处都显示出技术已深深嵌入我们的生活,并左右了我们的行为方式和思维方式。信息技术在线上娱乐、线上支付、沉浸式体验、物流管理等方面全面刷新了人们的认知,其便捷化、丰富性前所未有。卡斯特认为,在以信息技术为基础的网络社会,文化、经济的核心是以知识为基础的生产力及对获利能力的强调,脱离了工业经济单一的生产力提高方式。信息化因其对信息技术的运用而推动了以知识和信息为基础的新的技术范式和文化范式的形成。信息化是指一种生产和管理的社会与技术组织的特殊形式,它通过对新的信息技术的运用而使以知识和信息为基础的生产效率得以实现。② 信息技术在网络传播中的价值是赋能、赋权,使原

---

① 普特南. 理性、真理与历史 [M]. 童世骏,李光程,译. 上海:上海译文出版社,2005:223.
② CASTELLS M, AOYAMA Y. Paths towards the informational society: employment structure in G-7 countries, 1920-1990 [J]. International Labor Review, 1994, 133(1): 5-33.

本想象中的东西变成现实中的东西。

在当下的社会现代性进程中，人们崇尚信息技术，认识到其在解放生产力中的巨大作用。特别是看到 AI、数字技术在内容生产领域的惊人表现后，人们开始逐渐放弃文化生产的旧有模式，与之同时被放弃的还有人们对自身行动的"反思性监测"，这种监测使人们摆脱了屈从于技术统治的陷阱。

而追逐以技术为核心的新型文化资本，会带来以下几种趋势性后果：

首先是给媒介文化带来新的技术附魅。AR、VR 全息内容沉浸式体验，机器人写作，Netflix 式依据算法进行剧情组合，算法精准推送内容，这些神奇的形式为人们打开了一个个全新的世界。在技术赋能基础上开始的媒介文化再生产，给人一种错觉：技术创新是无穷无尽的，技术也是无所不能的。这样就为技术附魅提供了土壤。新的文化范式以数字技术、算法技术等为核心，而智能、算法崇拜培植出的文化新魅带来了数字殖民。在全社会渲染技术话语，形成数字崇拜、技术崇拜的大背景下，人的对象化、客体化被忽视了。在技术至上的社会大潮中，建构、积累新型文化资本不可避免地会受到技术理性的规训，个体被训练成一个具有效率的技术化工具。

其次是不可避免地带来新的文化霸权。技术的操控者将最终决定文化生产的走向，他们迎合受众、引导受众，经过科学测算制订媒介内容的生产方案，确定媒介文化的趣味选择。网络平台经营者凭借自身掌握的海量数据，在媒介内容的生产方面呼风唤雨，久而久之，必然形成自身独有的文化霸权。马克思在《资本论》中开宗明义地指出："资本主义生产方式占统治地位的社会的财富，表现为'庞大的商品堆积'。"[①] 网络时代的媒介文化生产也体现出这一特征。当社会进入平台资本主义阶段时，文化生产的平台垄断趋势已经形成。在实践中，资本对技术的操控、对数据资源的剥夺性占有、对媒介文化内容的控制，表现为不断推动文化产品的商品化。而且，随着技术要素市场和技术产品市场的发展与完善，媒介文化生产所体现的霸权特性日渐明显。在平台资本主义阶段，大数据、云计算、AI、物联网等迅猛发展，信息技术开始向数字技术发展，算法设计、数据分析能力显著提升。在数据标注、机器深度学习和算法匹配的合力作用下，海量数据转化为行之有效的"交易决策"成为现实。"让数字说话"，正在成为一种权威举证方式。算法权力久而久之会转化为一种文化霸权，并在文化生产和文化接受等多个层面表现出来。正如维克托·迈尔-舍恩伯格和托马斯·拉姆什所言："新技术的产生似乎带来了某种动力加强版的指挥与控制系统，关于员工、流程、产品、服务和客户的

---

① 马克思, 恩格斯. 马克思恩格斯选集：第二卷 [M]. 3 版. 北京：人民出版社, 2012：95.

数据就是其动力燃料。"① 从虚拟网络的用户活动到现实空间的人机交互，听觉、视觉、触觉等各种呈现形式的文化形态都已经被数字技术塑造，各大平台在技术日臻完善之后，所做的就是操控海量数据，炮制各种话题、趣味，平台资本对各种算法技术"秘而不宣"，因而也把释放巨大算法生产力的数字机器牢牢地掌控在自己手中。文化风格的走向取决于平台的指挥棒，取决于商业利润的大小。

再次是丧失传统文化资本所特有的那种气质。布尔迪厄意义上的文化资本是一种知识资本。它是一种与各种社会机制共谋的，并借由这些社会机制（如教育场域的运作）来使自身合法化的资本形式。"文化资本的展现是一种能够'辨识'出具有特殊符码性质实践的组成图像或是音乐上、文化上的知觉和评价模式系统，它以有意识及无意识的方式发挥作用。当人们尽力去培养自己或后代的这种特殊辨识系统（习性）时，这种特殊的辨识系统就形成了一种文化上的资本，可以供其在复杂的符号世界中使用。"② 传统文化资本通常是通过习得、阅读、参悟等行动积累起来的，因而自然形成一种文化主体所特有的气质。以技术为核心的新型文化资本跳过了漫长的习得过程，改以技术为文化训练要素，因而传统文化习得过程中所形成的特有气质就不复存在了。布尔迪厄所说的"特殊的辨识系统"最终被网络空间的"炫酷""标题党""特效趣味"等技能取代。

最后是技术新潮取代文化"灵韵"。"智能""短视频""数据""算法"等是当下文化传播中的热词，它们与文化中的"灵韵"毫不相干，因为其不符合"灵韵"生成模式。"灵韵"关系到一个民族文化的生命力，没有"灵韵"的文化终将是社会泡沫、过眼云烟。瓦尔特·本雅明在揭示灵韵在现代艺术中消失的根源时指出："光韵的衰竭来自于两种情形，它们都与当代生活中大众意义的增大有关，即现代大众具有着要使物在空间上和人性上更易'接近'的强烈愿望，就像他们具有着接受每件实物的复制品以克服其独一无二性的强烈倾向一样。"③ 使物"更易'接近'"就是去除物的隐秘性，使其更为确定；"克服其独一无二性"也就是弘扬共有的东西。不隐秘的、确定的，也就是共有的。因此，本雅明接着指出，这种"'世间万物皆平等的意识'增强到了这般地步，以致它甚至用复制方法从独一无二的物体中去提取这种感觉"④。文化生产中的"灵韵"不是在掌握技术后简单操作就可以获得的，它是一种感性经验的产物。在本雅明看来，经验关乎救赎问题，他的现代性批判也集中体现在鞭挞艺术向机械复制转化过程中个体丧失了自律特征，进而沦落为他律的存在。

---

① 舍恩伯格，拉姆什. 数据资本时代 [M]. 李晓霞，周涛，译. 北京：中信出版社，2018：88.
② 周守军. 学科与权力：以国家重点学科为例 [M]. 武汉：武汉出版社，2015：160.
③ 本雅明. 机械复制时代的艺术作品 [M]. 王才勇，译. 北京：中国城市出版社，2002：90.
④ 本雅明. 机械复制时代的艺术作品 [M]. 王才勇，译. 北京：中国城市出版社，2002：91.

在技术统治占据重要支配地位的现代性社会，数字技术背景下的媒介文化与大众传播时代的媒介文化有着迥然不同的境遇。如果说在本雅明所处的时代，机械复制技术对文化艺术的冲击尚处在一个有限规模之中，社会自我反思性使文化尚在努力保持"灵韵"价值，那么在完全数字化传播的当下，复制速度、复制形式和复制规模都大大超越了那个时代。"灵韵"不再是当下人们关注和追求的价值目标，在以速食化为特征的媒介文化中已荡然无存。

第四节 新型文化资本作为一种现代性涂层的认知与危机化解

伴随着新技术的应用，往往还会出现超前的观念与标新立异的风格，它们在媒介文化消费群体中引领风尚，成为一种新型文化资本。准确地说，技术本身并不具有文化属性，它只是嵌入文化生活，助力产生新型文化，进而融合产生新的文化资本，这种新型文化是文化的技术化或者说是具有技术色彩的文化，甚至还可以说是一种技术成果。因为技术是以智力为主的精神创造活动，是信息构建活动，投入的是庞杂的散乱信息，生产出来的却是新颖的可以用于明确目的并能与一定的物质条件相结合而产生巨大利益的信息。正是新型文化资本形成过程的特殊性，导致其具有不同于一般文化资本的特性，而资本逻辑是最大的幕后推手。用技术手段追逐商业利润最大化是一种现代商业捷径。对于以技术为核心而产生的生产、消费模式的重组与分化，都可以用资本逻辑解释。

技术进步是否意味着文化进步？走向数字化、智能化生产的媒介文化是否就是先进文化、进步文化？信息技术推动下的当今社会如同疾驰的列车，体现出现代、便捷、高效等诸多特征，存在着许多现代性的隐性危机，而附着在其上的新型文化形态也不能例外。作为社会象征体系的一部分，文化资本必然随着社会的变迁而发生一系列变化。文化资本在当下的嬗变不仅是趣味与风格的表征意义的变化，还更本质地反映了现代性进程中新型文化形态与传统文化形态之间的价值冲突。面对数字技术时代现实的复杂性，我们必须找到当下媒介文化发展真正的现代性症候。

从社会总体文化氛围来看，需要廓清以下几个本质性的认知：

第一，技术理性至上是新型文化资本大行其道的根本原因。网络化、数字化、智能化……媒介文化的现代化变革，在带来新奇、便捷、趣味的同时，也催生、放大了某些问题。技术理性至上就是其中一个突出的问题。文化发展注重形式（尤其是技术形式），其目标是海量用户。用户喜欢好玩、好看、热闹的内容，技术就帮你朝这个方向努力,去实现这个目标。于是,平台资本就会调动一切技术手段,让文化产品看上去光鲜、炫目,其他有价值的东西都不重要了,这个实现过程就是一种工具理性在发挥作用。工具理性作用下的社会行动极易在突出某要素的基础上,演变成局部最优的状态。基于市场逻辑的量化评级,产值、销售额、利润等的排序都有待技术的最优化来实现。马克斯·韦伯指出:"'经济行动的形式合理性'将被用来指称在技术上可能的,并被实际应用的量化计算或者核算的程度。另一方面,实质合理性则是指按照某种(过去、现在或潜在的)终极价值观(wertende Postulate)的标准、通过以经济为取向的社会行动向(不论什么范围的)既定人员群体供应货物的程度,不管这些标准的性质是什么。"① 由于平台机构的内容生产决策依赖算法技术,数据分析的结果决定了内容生产的方向,因此内容生产只会迎合大多数用户的口味而不可能超前设计。这是由平台资本主义的市场逻辑决定的。技术合理性从速度、效率、便捷性、全息性四个基本维度形塑媒介文化特性。当前的 5G 技术就是最快的信息传输技术;而大数据、算法、AI 等技术大幅提高了信息传播效率;AR、VR 等技术则打破了原来的二维信息传播局限,提供了完整、全息化的信息场景。在全社会拥抱技术的大背景下,工具理性必然以计件制方式考核市场价值。媒介文化何时重视审美价值和伦理价值,取决于价值理性逻辑回归的程度,而这将是一个社会难题。针对技术理性盛行的社会潮流,尼尔·波斯曼发明了"技术垄断"一词,他解释道:"所谓技术垄断论就是一切形式的文化生活都臣服于技艺和技术的统治"②,"技术垄断是文化的'艾滋病'(AIDS),我戏用这个词来表达'抗信息缺损综合征'(Anti-Information Deficiency Syndrome)"③。波斯曼眼中的技术不仅指机械技术,更是一种包含技术性思考的信仰系统,这个信仰系统的隐性存在对媒介文化发展的危害很大。

第二,新型文化资本作为现代性涂层本质上是一种由技术引发的文化异化状态。从 PC 互联网到移动互联网,信息技术带来的便捷、互动自由改变了人们对传播技术的认知,媒介化的文化开始登上历史舞台。好用、方便、有趣等工具理性层面的目标逐渐实现,文化竞技的主场已由传统媒体转移到新媒体,媒介文化生产和消费的规则由主场行为主体来确定,信息技术带来的便捷、丰富、多样的新型文化形态,已经足够人们用来打发休闲时光,并且衍生出了新的商业模式。人们也许有更高的目标,但这些更高的目标绝不是价值理性层面关于人性、人道等方面的自我提升,而是技术理性层面向更高级形态的升级。技术理性膨胀的恶果之一便是社会价值体系的单一性。正如韦伯所言:

---

① 韦伯. 经济与社会:第一卷 [M]. 阎克文,译. 上海:上海人民出版社,2010:182.
② 波斯曼. 技术垄断:文化向技术投降 [M]. 何道宽,译. 北京:北京大学出版社,2007:30.
③ 波斯曼. 技术垄断:文化向技术投降 [M]. 何道宽,译. 北京:北京大学出版社,2007:37.

"由理性科学与技术的思维方式及功用熔铸而成的工具理性越来越成为生活的依据，这种过程伴随着世界的除魅（disenchantment）、奇理斯玛式的权威衰落、道德信仰的沦丧；在社会组织的层面上，如机器般精确、固定的科层制权力体系牢固建立；所有个人的整体价值、人与工具和过程的密切联系均已消失，代之以单一方面的价值和深度的孤离感。"① 从沉迷于游戏，成为宅男、迷族这些由媒介文化消费催生的人类新型的存在状态可以看出技术理性导致的后果。当大数据、算法、AI 技术进入媒介生产、传播领域时，精准把握、靶向投送、数理逻辑代替了人文思维，人们由此告别了对象化、监督化。在广义线性思维下，媒介内容可以专门定制，可以直逼个体的心性结构，社会中的人很快被"召唤"成为媒介机构所需要的文化实验对象，人的异化、低智化自然也不可避免。

信息技术理性将不断向纵深发展，媒介文化的场域也会越来越宽广，但是信息技术所带来的社会意义和文化意义已经超越信息技术本身，技术催生的工具理性让人们沉浸在技术创新的喜悦中，所有媒介文化生产都被纳入经过精确计算的流水线，因而文化工业的诸种特征依然存在。

在互联网时代，技术已经可以不断自我改进，消除一些笨拙的表现形式，采用贴近大众的方式，从而包装出大众喜闻乐见的华丽、精美产品。它最具创新性的一面是找到一些新概念、新玩法、新趣味。能激发用户兴趣的就是好的文化产品，于是，从工具理性角度来看，点击率、点赞量、下载数、"日活用户"等成为考核文化产品价值的指标。此外，大数据、算法等生产模式颠覆了原有的生产模式，在这种情况下，无数消费者被媒介机构当作目标用户，在"信息茧房"效应下进入自我循环认同，被异化为"容器人"。

第三，新型文化资本作为现代性涂层预示着技术引发文化再结构化。加速社会本质上是在技术一骑绝尘之后产生的。在技术逻辑的驱动下，社会结构、文化结构都在发生变化。信息技术对文化的再结构化表现在内容多元化、生产组织新模式、圈层组织新形式等方面。在现代性社会，一方面，我们陷入了技术系统的统治之中，数字化已使人类一步步被结构到数字技术组织的网络之中，无可逃避。另一方面，信息技术又对我们的社会角色进行重新安排，如同 CT 扫描仪这样的新型医学成像设备及其操作技术会切实地改变放射科的组织结构和角色关系一样。在某些条件下，这些技术媒介文化生产的技术逻辑以技术意识（techno-consciousness）的文化领导权即霸权（hegemony）为特征。在技术意识的统治下，一切对智慧和知识的追求都被对文化创富成功的强烈渴望取代

---

① 李公明. 奴役与抗争：科学与艺术的对话［M］. 南京：江苏人民出版社，2001：92.

了。这种普遍的再结构化以一种潜移默化的方式影响着社会，一步步地改变着文化生产者的组织结构。当前，多如牛毛的 MCN 公司、网红公司、散在网络平台外围的 UP 主，围绕着网络平台形成新的媒体生态。在文化内部，这种再结构化既包含文化体制的再结构化，也包含内容风格取舍的再结构化。前者表现为从大众传媒的集中生产模式转向 UGC、PUGC 等新生产模式，在这一点上，现代性涂层的"新"在于其受到的制度性压迫越来越少，直接表现为技术解放了生产力，释放了创造力，快速、便捷、高效的文化生产方式和炫目的流水线式的文化产品就只剩下光鲜的现代性外观。此时，大众追求的新型文化资本就是对文化生产线的操作能力。比如，头部带货主播被很多人羡慕，具备了一切为实现利润的技术手段、技术装备、操作技能，包括化妆、场景布置、灯光美术、文案创意等，离创富成功似乎也就不远了。从网红到短视频制作角色的重新分工，就是在追逐新型文化资本过程中的一次再结构化。

第四，新型文化资本作为现代性涂层暗含了资本价值运动的新趋势。在媒介文化发展到数字媒介传播阶段，资本的热情一下被激发出来，"数字淘金"热的出现表明资本的价值运动出现了新动向。基于数据挖掘、分析、处理的数字产品交易成为当代资本价值运动的新奇观。尼克·库尔德利等人在研究资本主义数据生产的本质时指出，在资本主义数据生产中，资本家的商业、广告营销等资本积累逻辑主导着资本主义数据生产，这种逻辑迫使提取数据的基础设施总是试图全方位地直接介入每个人日常生活的既有结构。[1] 源源不断形成的"行为数据剩余"就是与土地、石油等量齐观的宝藏，蕴藏着巨大的商业价值。资本借助于大数据、算法、AI 等现代技术，不断开发和深度加工数据，形成功能各异、五花八门的数字产品和服务。然而，数字技术并不是终极产品，从媒介文化角度来看，19 世纪 30 年代资本对大众报业的青睐和 21 世纪资本对数字产品的青睐，其中都有资本各自"最好的想法"。前者是注重将报纸的内容锚定在大众的趣味上，实现受众的最大化；后者的"玩法"则是锚定在数字技术上，通过技术手段锁定目标用户，实现用户的最大化。两个时代操作路线不同却殊途同归，因为它们秉持的都是市场逻辑，而对市场逻辑的极致追求必然导致文化生产的短期行为，导致文化领域被形式主义侵占，轰动、热闹、光鲜文化的涂层化成为总体特征，资本的价值运动难辞其咎。

化解技术化的文化现代性涂层危机其实并不复杂，可以从以下几个方面着手：① 倡导"灵韵"价值本位的文化价值体系，以中华优秀传统文化为参照，特别要注重

---

[1] COULDRY N, MEJIAS U A. The costs of connection: how data is colonizing human life and appropriating it for capitalism [M]. Standford: Stanford University Press, 2019.

文化规划和沉淀。在技术附魅时代，需要从教育、社会风尚营造角度强化文化"灵韵"价值本位，这是一个漫长的过程，也是一项社会系统性工作。② 加强文化"正餐"的生产，以替代文化"快餐"。速食文化是平台技术化大生产的一种突出景观，当这种文化甚嚣尘上时，社会的文化窳败征兆就已显现。媒介文化的现代性涂层往往给大众以光鲜、热闹的表象，网络平台大量输送的是"爆款""热搜""流量明星"等，这些正是文化现代性的涂层，久而久之会成为文化发展的障碍。回归布尔迪厄意义上的文化资本营造，就是要强化文化生产的习得过程，突出文化的审美性和反思性，这需要教育、文化、社会系统性联动。③ 推行清新、活泼、形式多样的文化实践。当前的网络文化实践是一场深刻的文化层面的革命，其孕育的新型文化尚处在野蛮生长阶段，要引导这种文化走上健康轨道，不是回到从前，而是以人为本，适应消费社会的发展形势，"推动现代消费主义的核心动力与求新欲望密切相关，尤其是当后者呈现在时尚惯例当中，并被认为能够说明当代社会对于商品和服务的非同寻常的需求。因此，理解现代消费主义意味着去理解一种生产过程的性质、起源和功能"①。当前在全社会推行线上线下多形式的质朴文化尤为迫切，文化全部走向虚拟化会使文化现代性涂层化日益严重。

技术和文化工业的关系已经被讨论了一个世纪，只不过当下技术突飞猛进，导致社会、经济、文化层面的变革速度太快，再次刺激到知识阶层的敏感神经。当前技术嵌入下的媒介文化工业已与一个世纪前的文化工业大相径庭，再次开始的文化现代性问题讨论似乎有了新的内容。"晚期现代性危机"是一个多世纪以来现代性议题中经久不衰的话题。德国历史学家莱因哈特·科泽勒克在其著作《批判与危机：启蒙运动与现代社会的病态》中，将现代性视为一种充满危机的话语，同时他也不认同阿多诺、霍克海默利用辩证法建构真实世界的思想，他不认为批判具有救赎的力量。科泽勒克的悲观论调在20世纪具有代表性。文化危机论自20世纪初开始出现，进入20世纪80年代，这种文化危机、现代性终结论愈演愈烈。当人类历史进入数字技术时代时，新型文化资本作为社会共识登场了，这成为文化工业的新症候，阿多诺、霍克海默式的担忧又成为现实。

不能把技术进步的一维方向视为文化发展的总体方向。技术主导的文化市场化工具理性容易误导人们，导致文化实践出现偏差。新型文化资本中的技术维度和趣味维度均不能保证文化保值，毕竟网红，电竞，B站、抖音、快手等在网络世界的存在大多是以实现商业价值为目标的，那种促使人们对彼岸世界思考的文化在快速发展、竞争激烈的商业场域难以存续。社交媒体时代，夹杂着交互性、社交性的生产消费（pro-sumption）需求，均是在瞬间完成的。算法技术将这种"时不我待"的消费格局推向了极致。当

---

① 罗钢，王中忱. 消费文化读本 [M]. 北京：中国社会科学出版社，2003：266.

下人们追逐的文化资本正是当今社会"再度封闭"与"再度禁锢"的根源。没有人们对文化传播价值理念的自觉调整,没有文化互动模式的合理化,化解文化现代性涂层危机就终将是一句空话。

在数字化信息技术逐渐成为 21 世纪的媒介方式时,人们有理由相信,它也会轻易地从一股解放的力量蜕变为一股新的控制力量。库尔德利等人所担心的数字殖民现象有了现实依据。媒介文化现代性新魅的产生,在于媒介文化中加入了技术的成分,数字化、算法技术、精准推送、智媒传播等构成媒介文化的新景观,这在当下就是一种典型的现代性涂层。现代、先进、便捷——当全社会都在为新媒体技术欢呼时,数字崇拜、技术崇拜下的文化新魅就诞生了。在新旧动能转换、消费升级的环境中,以数字技术为代表的新经济、新文化、新动能,正在成长为社会奇观。对于诸如网络游戏技术使用能力等,很多青年在幼年时期就已掌握,他们在这一仪式性的过程中所获得的技术具身性成了一种间接的成人礼。这种新型文化资本对于新一代公民来说已转化为一种"人生必备"。

在一个由 5G、AI、数字技术构成的新型"物"的体系中,最容易消失的是人的主体性。因此,找回文化主体是当下最重要的工作。在繁花乱眼的现代性涂层下,找到媒介文化发展的主线、认清社会追逐新型文化资本的弊端、重塑文化的价值本位才是正道。文化资本祛魅的首要工作即是防止技术对文化价值的僭越,防止文化的异化,只有如此才能确保"人"走在健康的轨道上。

【思考题】

1. 以信息技术为核心的媒介文化变革带来了全社会对技术的膜拜,谈谈技术崇拜的新型文化资本是如何生成的。你认为文化资本向技术迁移与文化生产走向感性化之间存在怎样的关联?

2. 数字传播技术的普及带来的文化资本的结构性变化有哪些表现?追逐以技术为核心的新型文化资本将对媒介文化的发展产生怎样的影响?请举例说明。

3. 技术逻辑重塑人们对现代性的观感,我们应如何看待作为一种现代性涂层的新型文化资本?面对技术化的文化现代性涂层,你认为如何才能化解有关危机?

第九讲

新型亚文化形态：数字藏品及其交往实践意义

第九讲 新型亚文化形态：数字藏品及其交往实践意义

随着支付宝"集五福"、闲置卡片兑换数字藏品等网络促销活动的推出，"数字藏品"这个概念开始走进大众视野。数字藏品是使用区块链技术，对应特定的作品、艺术品生成的唯一数字凭证，在保护数字版权的基础上，实现真实可信的数字化发行、购买、收藏和使用。① 作为一种新生事物，数字藏品的售卖与消费之所以能成为一种新生代文化时尚，根本原因在于其体现了新生代青年网络交往行为方式。而正是因为这种交往行为方式本身具有某些亚文化属性，所以数字藏品才有了特别的价值。数字藏品从总体上看属于"游戏化"文化范畴。在媒介技术的推动者看来，"游戏化"的藏品设计与消费并不意味着玩物丧志，而是一种生活方式和引导潮流的手段。数字藏品是设计者和玩家的想象力碰撞所创造出的一个平行世界，是一种按照传统思维难以理解的文化消费产品。

基于用户"趣味"开发的各种数字藏品，在丰富青年群体的文化世界的同时，也引发人们对这种发行方式的思考。NFT（Non-Fungible Token，非同质化代币/通证）数字藏品创造了完全不同的文化消费体验，它是年轻人自己的独创，用来与成人文化区隔。同样是接受，数字藏品推行的是一种浅阅读，迥异于纸质出版物的阅读；同样是收藏，数字藏品推出的是虚拟物的收藏，迥异于现实空间的古玩收藏；虽然数字藏品不能直接流通和交易，但"发圈"、晒图、收藏数字藏品行为背后蕴藏的是一种娱乐方式，更是一种新型文化产业。通过区块链技术对数字藏品进行确权，生成唯一的数字凭证，可以实现真实可信的数字化发行、购买、收藏和使用。在NFT热潮中，一些艺术品、卡片、数字图画等创意产品具备了某种价值。那么，体现了创意、思考的文化生产物是否可以采用NFT模式发行？答案是肯定的。文化生产物可以成为数字藏品，也可以是数字读物的周边、衍生产品，其作为新型文化产业的成长空间很大。因此，厘清NFT数字藏品生产、发行、消费的内在机制，对于引导文化生产物走藏品化道路意义重大。

第一节 作为亚文化资本的NFT数字藏品

NFT数字藏品依托区块链共享数据的生产逻辑，对数字产品进行哈希算法处理，即通过映射数字信息形成固定长度的字符串，将NFT产品特征与作者信息一起作为初始

---

① 袁璐. 区块链技术激活传统文化，国内博物馆试水数字藏品［N/OL］. 北京日报，2021-12-22［2024-04-21］. https://xinwen.bjd.com.cn/content/s61c29adae4b07de687875271.html.

元数据置于区块链上①，为数字产品生成唯一的数字凭证，在保护数字版权的基础上，实现真实可信的数字化发行、购买、收藏和使用②。NFT 数字藏品的形式丰富多样，具有收藏价值的数字产品基本上都可作为 NFT 数字藏品出售。NFT 技术使得"收藏独一无二的数字化物件"的梦想成为现实，数字藏品变得和物理空间中的实物一样可以确权，也同样具备可交易性、可转让性、原真性等特征③。换言之，NFT 技术和区块链技术将传统艺术藏品的生产、流通与消费逻辑成功转嫁至虚拟世界，以算法和算力为基础创造的 NFT 数字藏品可以被收藏、被传递，存在溢价的可能与空间。因此，NFT 数字藏品是一种全新的数字化文化产品，可以被视为传统艺术作品、古董藏品等在平行虚拟世界的数字延伸。

在有关文化产品的探讨中，皮埃尔·布尔迪厄认为，个体拥有艺术作品、古董藏品的所有权，就意味着占有文化资本。在他看来，文化资本是一种标志行动者社会身份的、被视为正统的文化趣味、消费方式、文化能力和教育资历等的价值形式④，泛指任何与文化和文化活动有关的有形及无形资产⑤，包括三种不同的存在形式：具身性形态、客观性形态和制度性形态。布尔迪厄的"文化资本"概念首先对应知识资本，它体现为具身化（embodied）的个体长期浸染而成的社会习性的资本积累，表现为个体拥有抽象的高雅艺术气质、高超的鉴赏能力和渊博的知识等。其次，文化资本可以通过客观化（objectified）的物质和文化商品形式得到展现，具体指书籍、绘画、古董及机械等文化财富，它们在物质性层面是可传承的实体。最后，通过授予合格者文凭和资格认定证书等社会公认的制度化（institutionalized）形式，将行动者掌握的知识与技能以某种形式（通常以考试的形式）正式予以承认。⑥

显然，传统的艺术作品和古董藏品是一种物化形态的文化资本。布尔迪厄指出，行动者的藏品越丰富、质量（文化价值）越高，行动者拥有的文化资本就越多。但客观化的文化资本并不是一种完全"物化"的资本，也不存在单独行动与纯粹意义上的客观化文化资本，任何物化形态文化资本的积累都或多或少地依赖身体实践，这与行动者的

---

① 王韵，张叶. 非同质化通证技术赋能数字版权保护的应用优势与实践策略 [J]. 中国编辑，2022（8）：34-40.

② 袁璐. 区块链技术激活传统文化，国内博物馆试水数字藏品 [N/OL]. 北京日报，2021-12-22[2024-04-21]. https://xinwen.bjd.com.cn/content/s61c29adae4b07de687875271.html.

③ 陈苗，肖鹏. 元宇宙时代图书馆、档案馆与博物馆（LAM）的技术采纳及其负责任创新：以 NFT 为中心的思考 [J]. 图书馆建设，2022（1）：121-126.

④ WEBB J, SCHIRATO T, DANAHER G. Understanding Bourdieu [M]. London：SAGE Publications Ltd，2002.

⑤ BOURDIEU P. The forms of capital [M]//RICHARDSON J G. Handbook of theory and research for the sociology of education. New York：Greenwood Press，1986：241-259.

⑥ 朱伟珏. "资本"的一种非经济学解读：布迪厄"文化资本"概念 [J]. 社会科学，2005（6）：117-123.

身体化过程密切相关。聚焦到文化产品上，在艺术作品和古董藏品面前，不存在天生的审美，艺术作品和古董藏品只对掌握其编码方式的行动者产生意义和旨趣。行动者在收藏过程中的表现涉及后天习得的鉴赏本领、丰富的收藏知识和较高的文化素养等方面，这是一种长期浸润其中、知识与经验积累的结果，是在不断学习和文化实践中习得的具身化文化资本。因此，对于行动者而言，对艺术作品和古董藏品文化资本的占有，不仅是用雄厚的经济资本换取的，更是他们基于具身化行动获取的最终成果。

制度化的方式能为艺术作品和古董藏品提供经久不变的合法性保障。它与各种社会机制与机构共谋，以社会公认的方式，为艺术作品和古董藏品的价值背书，具体表现为任何用来评定艺术作品和古董藏品价值与等级的文书、凭证等。布尔迪厄将此种依赖权威标准证明文化资本合法性的过程称为"社会炼金术"，即某种社会权威通过强调艺术性、审美性和高雅性等特征，赋予艺术作品和古董藏品高不可攀的文化价值，使其拥有随时转化为"经济资本"的巨大潜力。总体看来，行动者在艺术作品和古董收藏中所获得的实际收益，是与他们所掌握的具身化、客观化文化资本的多少成正比的。行动者既要后天习得鉴赏的本领，以便在众多的艺术作品和古董藏品中快速判断，寻找出最具文化价值的藏品，也要拥有雄厚的经济实力，为成功换取客观化文化资本做支撑。最终，具身化和客观化的文化资本以制度化合法性的形式被确认，行动者在收藏过程中占有文化资本。

作为传统艺术作品和古董藏品在平行虚拟世界的数字延伸，NFT数字藏品的文化实践中自然也存在着文化资本，但NFT数字藏品具备数字化特征，与传统艺术作品和古董藏品在行动者类别和文化属性上存在差异，这使得NFT数字藏品中的文化资本具有不同的表现形式。从行动者类别角度来看，艺术作品和古董藏品的行动者是拥有雄厚资金、独特审美与丰富收藏知识的个体，其获取文化资本的门槛较高。而NFT数字藏品文化实践中的行动者则以青年群体为主，其中，Z世代是主要追捧者，他们是被互联网浸润的一代，其思维方式、行为方式和文化实践都具有网生属性。作为新生事物的NFT数字藏品，满足了青年群体的猎奇心理和对精神沉浸体验的追求，成为青年群体的专属文化，显著区别于传统艺术作品和古董藏品所代表的成人文化。

从文化属性角度来看，艺术作品和古董藏品被布尔迪厄归入高雅文化的范畴，但在NFT数字藏品中，高雅文化属性被以"玩"为核心的"游戏本体文化"替代，表现出"游戏化"的网络亚文化属性，代表着一种全新的亚文化风尚，其中的文化资本也具有浓烈的亚文化底色。资本将游戏逻辑嵌入NFT数字藏品之中，赋予其新的表征方式，不同的NFT数字藏品对应着不同的玩法，收藏者以"玩家"身份加入其中，在NFT数字藏品上线交易时展开争夺，数字藏品圈将争夺较高价值的NFT数字藏品称为"打野"。可见，相较于注重藏品质量、需要正规机构背书的艺术作品和古董藏品，NFT 数字藏品文化实践偏向多样化、炒作式的玩法，呈现网络亚文化属性，这预示着布尔迪厄用以解释传统高雅文化的"文化资本"概念，在 NFT 数字藏品的文化实践中已转变成一种全新的"亚文化资本"（subculture capital）。

"亚文化资本"是英国社会学家萨拉·桑顿在《俱乐部文化：音乐、媒介和亚文化资本》中提出的概念。桑顿在书中坦言"亚文化资本"概念的灵感来源于布尔迪厄《区分：判断力的社会批判》中关于"文化资本"和"趣味"的讨论。桑顿将"亚文化资本"视为赋予亚文化群体一定地位的文化资本，是俱乐部文化进行"贸易"的货币[1]，并认为不论何种形式的亚文化，总是存在某些被成员当作独有的、稀缺的、标榜自身趣味的物件和理念[2]，每种亚文化也会因此形成自身的独特风格。

亚文化资本以时尚的发型和精心收集唱片的形式被具体化了……正如"良好"的举止和文雅的谈话象征着文化资本一样，亚文化成员使用着（但不滥用）最近的行话和装扮，看起来好像天生就能把握最流行的舞蹈风格，如此亚文化资本就以一种"懂行"（in the know）的形式被具体化了。[3]

在桑顿看来，亚文化资本同文化资本一样，可以通过具身化和客观化的途径获得。亚文化资本可以具身化为"懂行"的形式，比如"酷样"（hipness）作为俱乐部文化所特有的风格，被看作具身化的亚文化资本。因此，亚文化资本依赖身体实践，是个体在长期"亲力亲为"的亚文化实践中习得的，具身化的亚文化资本也是弥散的、潜在的、不可传承的状态，需要借助于物化的形式呈现。桑顿将时尚的发型、精心收集的唱片视为客观化亚文化资本，行动者通过消费的方式占有客观化亚文化资本，但客观化亚文化资本一旦离开具身实践的语境就会失去意义，因此具身化亚文化资本与客观化亚文化资本相伴相生。

在 NFT 数字藏品的亚文化实践中，亚文化资本同样存在具身化和客观化的形态。在具身化的形态中，选择 NFT 数字藏品的过程如同鉴宝，需要玩家长期浸润于游戏、酷玩、周边和手办收藏等亚文化实践，积累"识货""懂行"的经验，即具身化亚文化资本，最终能在众多同类别的 NFT 数字藏品中准确甄别出具有较高价值的 NFT 数字藏品，提高具身化文化资本向经济资本转换的可能性。例如，在以潮玩为主题的 NFT 数字藏品中，"潮"的不同风格体现玩家的鉴赏差异，玩家要通过长久积累的对"潮"的经验进行判断，在众多 NFT 数字藏品中准确地挑选出真正"潮"的产品。从客观化的

---

[1] THORNTON S. Club cultures: music, media and subcultural capital [M]. Cambridqe: Polity Press, 1995.
[2] THORNTON S. Club cultures: music, media and subcultural capital [M]. Cambridge: Polity Press, 1995.
[3] THORNTON S. Club cultures: music, media and subcultural capital [M]. Cambridge: Polity Press, 1995.

形态角度来说，正如古董藏品能够显示文化资本一样，NFT数字藏品本身就对应着客观化亚文化资本，可以通过消费占有。同时，NFT数字藏品具有稀缺性，一般而言，NFT数字藏品的发行数量是限定的，提供给购买者有限的占有机会，因此，稀缺性又将NFT数字藏品的客观化亚文化资本固定在更小的范围内，使得NFT数字藏品拥有更高的收藏和经济价值。概言之，NFT数字藏品对应着客观化亚文化资本，其与"懂行"的具身化亚文化资本共同生成隐秘的支配力量，建构着以NFT数字藏品为核心的青年群体的网络亚文化实践。

第二节 数字藏品消费的亚文化特征

媒介技术的不断突破，拓展了媒介可供性的空间。网络传播从Web 2.0阶段进入Web 3.0阶段，实现了信息传播的海量化、互动化、虚拟化。从广泛连接到充分交互，互联网发挥了社交中介功能，也推动了文化生产的脱实向虚。基于区块链技术的去中心化、加密货币及非同质化代币、数字孪生的虚拟世界为文化创新留出很多空间。毫无疑问，Web 3.0技术更具传播兼容性，它包含互联网三个发展阶段的所有成果，即连接、互动、虚实共容共生。媒介技术的可供性建构起了新的传媒生态，尤为重要的是培养了一代人新的传播观念和文化消费观念。在文化生产脱实向虚的数字化转型过程中，新的亚文化样式出现了，数字藏品生产与消费就是一种典型的网络亚文化行为样式，其具有以下一些特点。

▶▶ 一、挑战主流文化消费模式，彰显个性

在所有知道"数字藏品"概念的"00后"群体中，约有95.92%的用户会选择继续购买数字藏品。而在"80后"和"90后"群体中，这一比例均仅为80%左右。[①] 以"00后"为代表的新生代群体在文化消费时会注重彰显个人的趣味、爱好，突出自己小众化的存在。新生代群体出生在经济快速发展时期，因此其在成长过程中很少有物质匮乏的体验，在丰饶经济的背景下，他们的消费需求更倾向于现代、新奇的事物。他们在精神层面更强调独到的体验，因此其消费自然而然体现出亚文化的特征，往往带有反叛

---

① 欧科云链.数字藏品，一个"年轻"的行业：消费者用户画像调研[EB/OL].(2022-06-30)[2023-04-21]. https://www.oklink.com/academy/zh/hot-oklink-digitalcollectibles-survey.

成人文化、主流文化的特点，这种自建藩篱的取向显然具有亚文化的"仪式抵抗"意味。因此，新生代群体更喜欢追求偏离主流文化的亚文化，尤其是一些小众文化，以此来彰显自己的个性和反叛精神。NFT 数字藏品正好满足了他们这种特殊需求。NFT 音乐门票、潮玩、卡牌等数字藏品，这些看似在现实消费世界里没有什么价值的物品，在亚文化群体那里就可以被"化腐朽为神奇"，被赋予新的价值。将数字虚拟物塑造成一种精神标签，本身就是一件奇特的事，但其中恰恰暗含了"自我"个性追求，它是超越实用价值的存在，是一种非我族类不能理解的异常行为。NFT 的流通方式给这种文化消费蒙上了一种神秘色彩，强化了其亚文化传播特性。

▶▶ 二、独特的亚文化价值造就独特的市场潜力

新生代群体的消费需求和爱好是多样的，互联网空间中有许多亚文化形式，而林林总总的亚文化能否流行全凭资本如何对其进行包装。资本将亚文化所具有的新奇属性放大，这样可以培植亚文化消费群体。表面上是亚文化自然生成亚文化消费者，实际上是资本对亚文化进行收编。英国学者迪克·赫伯迪格指出："一种崭新的风格的创造与传播，无可避免地和生产、宣传与包装的过程密切关联。"① 在消费社会，亚文化生产者需要借助于资本的力量来增强自己的影响力和话语权。而一旦被资本收编，亚文化就必然放弃与资本对抗，放弃自己的原则和个性，只能按照资本的要求和消费者的趣味进行创作，这导致亚文化相关周边产品的种类、样式都呈现出同质化特征。例如，偶像崇拜带来粉丝对偶像相关周边物品的拓展。喜欢收集与偶像有关的物品，是粉丝文化的一大特点。偶像推销的数字藏品总会受到多数粉丝的追捧，当前偶像 NFT 藏品销售与其说是销售不如说是一种追星行为。IP 粉丝是衍生品消费的基础群体，IP 影响力越大，数字藏品的受众就越广，发行收益就越高。一个具有代表性的案例是 Phanta Bear（幻影熊）的销售，Phanta Bear NFT 共发行了 1 万个，单价为 0.26 个以太币（约人民币 6200 元），在"周杰伦效应"下仅用 40 分钟就售罄了。随后该藏品价格一路暴涨，超过了许多境外知名项目。在其他类型的藏品销售中，只要能体现独特的亚文化价值的都具有市场潜力。

▶▶ 三、用户心理感受至上，消费体验成为重要因素

在丰富的物质条件下成长起来的青年群体，他们的文化消费已呈现多元化趋势。在

---

① 赫伯迪格. 亚文化：风格的意义 [M]. 陆道夫，胡疆锋，译. 北京：北京大学出版社，2009：117.

这一趋势下，趣味化产品作为需求量最大的产品是青年参与生产的结果。当前虚拟产品设计的重点是怎么获得"体验感"，比如玩家如何博弈、如何实现自我、如何装扮自己等。亚文化群体消费兴趣的迭代更替从现实走向虚拟是总体趋势。相对来说，原先存在于网络空间的亚文化形式在近期已有多元化取向，数字藏品的使用属性被其符号属性取代，物质属性不再重要，传统消费中的品牌、款式、材质等要素不再被视为核心要素，甚至连现实空间的品牌要素都不再是核心要素，重要的是用户的心理感受。因此，图片、游戏道具、表情包、音乐专辑等，只要能被群体赋予价值和意义，并使个体产生愉悦的消费体验或深刻的人生感悟，就会很受欢迎。至于哪些数字藏品能激发他们的兴趣、哪些数字藏品具有什么独特意义都不重要，完全凭用户的心理感受，这可以说是亚文化部落共同塑造的特征。当前购买数字藏品成为亚文化群体的一种新时尚，也是新生代青年消费行为转型的表征。各种限量版数字内容产品、各种能给自己带来情感慰藉和心性滋养的数字藏品设计，都会成为他们的"至爱"，如网易游戏《永劫无间》IP 授权发行的"NARAKA HERO"系列 NFT 盲盒、腾讯动漫《一人之下》IP 的花草水墨主题数字藏品、奥飞娱乐动漫《喜羊羊与灰太狼》IP 的"赛博朋克喜羊羊"和"赛博朋克灰太狼"数字版画、汤姆猫游戏《会说话的汤姆猫家族》IP 的飞车主题限量版 NFT 卡牌等。这些产品均突出了用户体验的效果，因而在推出后瞬间售罄。新生代青年强调与数字藏品之间的"眼缘"与"秒见生情"，得到了钟爱的产品会喜不自禁，若无法拥有钟爱的产品则怅然若失，心理体验是他们消费的最终目的。

▶▶ 四、圈层内部场域对数字产品消费行为具有控制力

"趣味相投"是网络亚文化消费群体的总体特点。互联网的开放性使人们的各种文化诉求得到满足，因此在网络空间各种亚文化群体也因为共同的兴趣爱好走到一起，形成亚文化部落。例如，青少年对乐高的消费，将 IP、颗粒数量、细节丰富程度、现实映射等视为收藏乐高的标准，形成"树屋""怀旧""保时捷""兰博基尼""布加迪""迪士尼城堡"等收藏主题。这些"趣味"是在圈层内部生成的，其内在机制较为复杂。在以新生代青年为主体的亚文化消费圈层中，这种消费趣味本身就具有一定的个性化特征，但在圈层内部又存在着从众性的特点。圈层内的意见领袖往往具有较丰富的知识、较高的技能水平和较强的经济实力。在进行符合该圈层特性的消费时，意见领袖往往具有巨大的影响力，能够带动圈层内部成员向某种趣味聚集，圈层内部成员也会自觉或不自觉地服从群体推动的力量来从众消费。有时会出现产品尚未发布却已尽人皆知，最终造成人人争相抢购的现象。在数字藏品这种亚文化消费中，产品的稀有性在产品发行前就已吊足圈层内部成员的胃口，以至于产品一发行就被抢购一空。"个性化"与

"从众性"双重特点并存的圈层消费是新生代群体亚文化消费的独特现象。在某种意义上，圈层内部场域力量与其说是共同趣味，不如说是一种内部控制力。这是因为亚文化"共同体"内部的等级化和差异化心理，使亚文化圈层内部形成身份区隔，这种圈层场域"磁力"深深地控制了每个成员，如不懂某款数字藏品的价值，你就落伍了，在圈层内就会受到鄙视。很明显，这种场域力量从内部对亚文化"共同体"进行了瓦解。新型消费主义模式正在"绑架"和"瓦解"亚文化"共同体"，从而生成一种新的炫耀性消费和"鄙视链"效应。

第三节 数字藏品亚文化的生产与消费逻辑

数字藏品亚文化之所以流行，是因为其生产和消费逻辑具有某种独特性。作为当前亚文化的新形式，它仍然建立在亚文化圈层趣味基础之上。圈层趣味是网络时代特殊的人类交往黏合剂，传统社会学研究认为一个人的文化趣味与家庭出身、资本、学校教育等因素有着密切的关系。这些因素造成了社会主体分层，不同的阶层拥有不同的趣味空间。[①] 但在网络传播时代，圈层趣味的形成更为复杂，为什么数字藏品会成为青年群体的新宠？其中有其基本存在逻辑。

一、数字藏品亚文化的消费已成新惯习、新时尚

近二十年，随着互联网从 Web 2.0 阶段走向 Web 3.0 阶段，去中心化的节点传播登上历史舞台，开启了个体用户与平台之间的互动。平台算法培植了新型消费主体，也培养了布尔迪厄文化意义上的网民新惯习，以"90 后""00 后"为代表的新生代网民已完全适应互联网文化消费模式，其在互联网空间的消费行为开始展现出媒介实践的特征[②]。他们对在虚拟世界消费习以为常，更热衷于以满足自身精神需求为目标的悦己型消费。以追星、二次元文化、虚拟偶像、网络文学等为内容的消费，成为典型的悦己型消费。他们观看了自己喜欢的动漫后，会去购买自己喜欢的 IP 角色周边、手办等藏品，无论是收藏硬周边（core hobby）还是收藏软周边（light hobby），用他们的话说就是

---

① 布尔迪厄. 区分：判断力的社会批判［M］. 刘晖，译. 北京：商务印书馆，2015.
② 陈龙，陈小燕. 刷短视频何以成为一种媒介实践：基于短视频用户群体的民族志研究［J］. 新闻与写作，2022（4）：33-45.

"千金难买我喜欢"。他们愿意为喜欢的人、喜欢的东西消费。他们购买正版，支持自己的爱好，支持"创作者"们，获得快乐这种最直接的体验。①"自己喜欢"成为亚文化消费的主要动机，因此在网络平台，喜欢的偶像、网红和喜欢的物品，包括虚拟产品，都可以成为数字藏品。这种消费行为涉及情感、兴趣、爱好等心理特点，在网络空间已成为一种新惯习，并转化为圈层内部成员之间的一种特殊的交往方式，甚至某些数字藏品消费成为时尚后还会"破圈"，影响圈外网友。

二、数字藏品亚文化生产与消费的价值在于区隔

数字藏品在很大程度上是一种基于身份认同的品味文化，收藏主体通过消费来表达品味，由此形成区别于他人的生活方式和身份认同。而 NFT 模式则在圈层内部形成了一道区隔的壁垒，在某种程度上使数字藏品购买者获得了大多数人无法企及的优越感。特殊文化消费行为通常伴随着"区隔"行为。通过数字藏品的消费行为，实现了亚文化圈层内部的彼此区隔。例如，"无聊猿"高昂的价格使购买者实现了与成千上万粉丝的区隔，限量发行使收藏行为实现了对一般粉丝的超越，因为从全球数以千万计的周杰伦粉丝中脱颖而出，成为值得炫耀的亚文化资本，由此获得了一种离偶像更近、与其他一般粉丝相区隔的优越感和虚幻感。由此观之，数字藏品的收藏行为实质上是突显消费主体的身份认同。

在亚文化圈层内部，个人所拥有的藏品既是品味差异，也是成员间阶级区隔的具象化，在这种亚文化实践中会慢慢形成"品味歧视链"。圈层内段位较高的收藏者会通过炫耀性消费显示其优越感，引发段位较低的爱好者效仿，成为"大佬""大神"。这种品味结构对较低段位的成员形成压力，因而常常转化为一种驱动力，使他们产生突破层级的欲望。同样，较高段位的成员为了保住自己的地位并尽可能拉开自己与其他成员的差距，他们会不断地投入金钱和时间去购买新产品。于是，"不进则退"成为 NFT 数字藏品亚文化圈层内的隐含逻辑。

三、数字藏品亚文化的生产与消费是一种新型交往实践

虚拟世界的文化生产与消费本质上是一种新型交往实践，即一种新型社会关系的建构与维护过程。这一逻辑与现代人的情感存在方式有很大关系，现代人的精神和情感世界仅靠亲密关系已无法得到充分满足，于是他们将情感投射到虚拟世界中，通过参与互

---

① 汪永涛. Z 世代亚文化消费的逻辑 [J]. 中国青年研究，2021（11）：88-95.

动和消费来完成虚拟亲密关系的想象性建构，从而获得一种虚拟的情感满足①②。虽然网络交往行为中人与人之间的关系的建构是通过虚拟形式传达的，但在情感上是真实的。③ 建构新型人际关系的形式在网络时代迭代速度加快，当人们的日常交往转移到虚拟空间时，人与人之间的交流就成了数字交流，这种交流是目光缺失的交流，于是匿名者彼此之间缺少敬意，对物的敬意代替了对人的敬意，或者说对人的敬意用物来衡量。于是，NFT数字藏品在某些情况下成了圈层成员交流思想、构建趣味共同体及圈层秩序的新途径。这种交流新模式预示着一种精神危机症候，虚拟物成为情感交流的载体，这也是我们需要正视的社会问题。

第四节 数字藏品亚文化传播机制对文化生产的启示

数字藏品亚文化的流行为当下的文化生产提供了极有意义的参考。当前的NFT数字藏品亚文化逻辑对文化生产具有一定的启示意义。

首先，亚文化特征越明显，数字产品就越具有市场潜力和开发价值。新生代青年的文化消费已转向以亚文化消费为主，文化生产面向青年市场时，就需要面对这种消费特点，重视亚文化传播逻辑。网络亚文化有其独特的风格，早期伯明翰学派的文化研究者和后亚文化研究者都曾对青年亚文化的独特风格进行过专门研究，但对其存在意义有不同的解释，前者强调其"仪式抵抗"取向，而后者则强调其"身份认同"取向。斯图亚特·霍尔等人认为亚文化群体具有区别于大众的风格，并能够从形象、行为和行话上体现出来。在阶层话语的语境中，亚文化往往具有"反常"符码。亚文化提供的个性风格越强烈、越具有吸引力，对主流文化的仪式抵抗就越强烈，受到青年群体的欢迎程度就越高。拥有较高的人气和较庞大的消费群体的亚文化往往容易成为主流文化关注的对象，因而也容易成为政治和资本"收编"的对象。资本的助推容易使亚文化成为流行文化。要充分研究新生代青年的亚文化趣味，从而开发出适应其兴趣、爱好的数字产品。

---

① 王宁. 情感消费与情感产业：消费社会学研究系列之一 [J]. 中山大学学报（社会科学版），2000（6）：109-113.

② 成伯清. 当代情感体制的社会学探析 [J]. 中国社会科学，2017（5）：83-101.

③ 董晨宇，丁依然，叶蓁. 制造亲密：中国网络秀场直播中的商品化关系及其不稳定性 [J]. 福建师范大学学报（哲学社会科学版），2021（3）：137-151.

其次，数字藏品传播模式具有"区隔"效应，容易带来亚文化资本。事实上，区块链正是网络朋克为抵制互联网的不断中心化和垄断趋势而创造的变革性技术。区块链旨在对当前的互联网进行重构，以实现"去中心化"。区块链对网络空间的重构是从数据到网络、从代码到应用的整体性与架构性重构。[1] 这一特点迎合了青年群体"仪式抵抗"的精神需求。虽然藏书证、潮玩、GIF 动图、表情包等数字藏品的交换价值难以估算，但运用区块链模式包装发行，自然就使用户之间产生区隔效应，使购买者产生亚文化资本。桑顿对此有深刻的认识，他在《俱乐部文化：音乐、媒介和亚文化资本》中提到，"酷样"会产生各种职业和收入，DJ、俱乐部的组织者、服装设计师、音乐和时尚记者及各种唱片业的专业人员都依靠亚文化资本谋生。[2] 亚文化资本可以转化为经济资本。同时，这些拥有大量亚文化资本的个体不仅在群体内部拥有更高的声望和话语权，还在形成和创造亚文化资本的过程中发挥着作用。

正如英国社会学家保罗·威利斯所指出的，青年人的商品消费活动即对媒介的利用不是消极而杂乱的，而是积极的"符号创造"实践。他认为，如今的中国年轻人被物质秩序和文化秩序的同步变化深刻影响和塑造着。[3] 事实上，新生代群体的"符号创造"活动主要在网络空间，在平台、商业资本、媒介与亚文化的互动中共生并发展。[4] 那么，文化生产如何适应"符号创造"？如何赋予青年亚文化资本？这是值得研究的问题。

再次，数字藏品营销模式为大出版提供可资借鉴的经验。数字藏品作为一种互联网空间的新生事物，其本质是数字内容资产化，是虚拟世界的产权确定和交易机制。将数字资产的范围从数字货币拓展到图像、音视频、游戏道具等非同质化的数字内容，即以非同质化代币/通证标价的虚拟产品。NFT 模式销售的文化产品目前主要是一些趣玩性数字产品，诸如书签、藏书证、音乐会门票、潮玩、卡牌、画作、摄影作品、GIF 动图、表情包等，这一模式的特点是通常限量发行，从而保障单位价格处于高位。显然，我们不能再沿着传统追求码洋、下载量的模式进行文化生产，限量、保值成为分众营销模式的首选。此时，要保证数字资产的唯一性、真实性和永久性，内容创新是关键。具体而言，数字产品的内容是否适应青年群体的趣味特点，能否产生高端价值品味（收藏价值），能否产生"区隔"效应，是生产者需要考虑的。只有研究青年亚文化的趣味和

---

[1] 陈鹏. 区块链的本质与哲学意蕴 [J]. 科学与社会, 2020, 10 (3): 97-110.
[2] THORNTON S. Club cultures: music, media and subcultural capital [M]. Cambridge: Polity Press, 1995.
[3] 林于人.《学做工》作者保罗·威利斯：中国年轻人正被物质秩序和文化秩序的同步变化深刻影响和塑造 [EB/OL]. (2022-02-26) [2024-04-21]. https://www.jiemian.com/article/7140968.html.
[4] 胡疆锋. 伯明翰学派青年亚文化理论的生成语境 [J]. 青年研究, 2007 (12): 14-20.

流行趋势，才能把握NFT文化生产的精髓。

那么，文化生产物如何使消费者由实用价值认同走向身份认同，从而在精神气质上因阅读而产生一种超凡脱俗的自我升华？很明显，青年群体亚文化消费心理特点是未来多元化文化生产所必须研究的内容。传媒技术变革带来了文化转型，尤其是技术的赋能、赋权，将网络文化趣味带入一种全新的模式，促成了文化的小众化。技术的赋能、赋权改变了文化趣味的分层模式。因此，文化生产要注重塑造用户的身份意识，要体现新型文化趣味的"区隔"效应，规避传统的大众化模式，遵循尊贵、专享、独到等内容取向应成为产品设计的路径。

最后，可以借鉴数字藏品亚文化圈层内部运作机制，培植文化产品的意见领袖。NFT数字藏品消费是一种高度专业化的文化消费行为，目前主要的表现形式是粉丝购买偶像推荐的藏品——由热门动漫、影视剧衍生出的趣味设计产品。在建立群体认同的过程中，资深玩家在其中扮演着引路人和意见领袖的角色，他们有专业的知识储备、较广的人际关系和众多的社会资源。圈层意见领袖往往有自己的视频号或者公众号，定期发表作品，他们在社群中享有较高的权威，是社群文化的主要奠基者。[①] 在数字出版领域，同样可以借鉴数字藏品营销的有关做法，注重与网络达人、"大V"等意见领袖合作，在数字出版方面听取他们的意见，确定数字出版物的内容选题，改进产品结构设计，提升艺术、趣味的感知效果，进而引入亚文化生产机制，以迎合青年群体的趣味。例如，在可读性较强的小说成为出版物时引入资深读者进行讲解，让他们分享自己对人物、情节、历史背景的理解，与圈层中的新人互动，从而让新人去点赞或者点评他们的收藏作品，这有助于深化新人对作品的理解。

作为意见领袖，网络圈层内的资深读者与数字藏品的资深玩家略有不同，前者的亚文化资本来源于长期的阅读实践，其中包括其在纸质读物时代的知识积累，而后者的亚文化资本来源于在网络空间的游戏实践，如游戏、手办收藏，资深玩家的"识货""懂行"都是基于其实践积累，类似于古玩收藏家的经验。基于大多数亚文化群体的消费特点，作为意见领袖的资深读者应当向资深玩家靠拢，突出亚文化趣味，以在青年群体的认同建构中发挥作用。

---

① 汪永涛. Z世代亚文化消费的逻辑[J]. 中国青年研究, 2021 (11): 88-95.

第五节 亚文化资本：NFT 数字藏品的圈层交往实践

在有关"趣味"的讨论中，布尔迪厄对康德美学的非功利美学原则进行了批判，他反对康德将趣味视为非功利、普遍性、先验式和纯形式的审美，转而认为趣味广泛存在于物质基础和社会历史的互动之中，从而赋予趣味社会性的功能与属性。在他看来，个体的文化趣味并不是表面上的个人喜好与审美判断的差异，而是与家庭出身、学校教育、社会地位和资本等因素密切相关，体现了不同阶级之间的社会距离，塑造着阶级的身份，即在一定的社会关系和阶级中，阶级群体会拥有内部专属的审美趣味，最终所有的行动者皆传承着共同的、相似的文化资本。可见，布尔迪厄对文化实践的探讨并没有停留在"审美趣味"的概念上，而是进一步将其引申到"文化资本"的讨论范畴中。作为布尔迪厄社会学理论的核心概念，文化资本涵盖审美趣味，审美趣味是反映文化资本的价值形态[①]，对应着具身化文化资本。换言之，看似主观与个人化的趣味，实则能够折射出个体的社会地位、经济资本和文化资本，因此趣味具有重要的区隔作用。

在《俱乐部文化：音乐、媒介和亚文化资本》一书中，桑顿的亚文化资本分析同样围绕着"趣味"展开，她将俱乐部文化视作一种趣味文化。但是，不同于布尔迪厄将趣味视为特定阶级及其习性的必然产物，在桑顿看来，对"酷样"风格的区分正对应着行动者的趣味差异，最终独特的审美与文化趣味披上了"懂行"的外衣，既成为圈内行动者的亚文化资本，又成为区隔亚文化圈层内部成员与局外人的重要标志。因此，在亚文化实践中，文化趣味分野所带来的区隔更多地存在于圈层内部成员之间、圈层与圈层之间，而非阶级之间。首先是圈层内部成员之间的区隔。即使在趣味共同体之中，网络亚文化圈层内部成员仍不遗余力地完成"自我的小众化"。在俱乐部文化中，通过对"酷"（hip）和"不太懂酷"（hipness）的区分，俱乐部成员被划分为两个层级——结构上层的成员和结构下层的普通爱好者。这种圈层内部不同层级的区隔是重要的，决定着行动者在亚文化结构内的位置，标志着群体成员间亚文化资本的差异。其次是圈层与圈层之间的区隔。在当下的网络社会，传统文化形态逐渐转变为弥散的、小众化的网络亚文化形态。网络亚文化圈层作为一种新的社会结构，在文化维度上带来了新

---

① 翁冰莹. 审美趣味的演绎与变迁：兼论布尔迪厄对康德美学的反思与超越 [J]. 厦门大学学报（哲学社会科学版），2015（3）：67-74.

的人聚合模式。① 这种聚合模式以"兴趣"为导向，将不同阶级的人聚合成趣缘群体，相应地，文化趣味与阶级的对应关系在网络亚文化圈层中被不断弱化，而趣味作为一种亚文化资本，成为区隔不同网络亚文化的标志。具体来说，基于共同的兴趣爱好、价值观念、话语逻辑和情感需求，青年群体以趣味为核心建立圈层关系。例如，在饭圈、二次元圈、cosplay 圈和电竞圈中，每种亚文化圈层都拥有独特的文化风格和专属的趣味配置，通过较为一致的话语风格或行为方式，亚文化群体成员共同建构趣味文化。因此，基于共同趣味的文化选择是构成网络亚文化圈层的核心纽带，构筑起区别于其他文化的趣味圈层，从而达到建立区隔的目的。

作为当下网络亚文化的新形式，NFT 数字藏品本质上仍然是一种趣味文化，NFT 数字藏品中的趣味区隔也同样发生在圈层内部成员之间和不同圈层之间。就圈层内部成员之间的区隔而言，在 NFT 数字藏品的亚文化部落中，成员因占有不同的亚文化资本而存在地位上的差别，即成员拥有 NFT 数字藏品的数量越多、种类越丰富、价格越高，所获得的客观化亚文化资本就越多，在亚文化部落内的地位与声望也就越高。而成员对 NFT 数字藏品的趣味（具身化亚文化资本）判断会将玩家分为高端玩家和一般玩家，这亦是在亚文化部落中突出自我象征性身份、地位的重要方式。同时，趣味鄙视链成为一种深层控制力，支配着玩家的行为。高端玩家的趣味与风格会受到一般玩家的追捧，一般玩家试图通过自下而上的模仿跨越层级，跻身高端玩家行列，而高端玩家为了稳固自身的地位，会投入更多的金钱与时间。甚至在区块链和 NFT 技术的去中心化模式下，产消者身份合一，富有创造力的高端玩家极有可能主动加入 NFT 数字藏品的创作之中，将自己的趣味判断与风格注入 NFT 数字藏品。由此，高端玩家与一般玩家彻底拉开差距，建立起难以逾越的层级区隔。

NFT 数字藏品的文化实践是一种圈层化的文化生产，区隔同样发生在不同圈层之间，具体表现为文化区隔和代际区隔。从文化生产模式来看，NFT 数字藏品存在两种内容创作方式：其一，偏向艺术性的独立原创，在内容创作中会运用到赛博朋克、电子像素和重工业风等亚文化风格元素，每个 NFT 数字藏品都极具个性和趣味性，比如非常火爆的 NFT 数字藏品"无聊猿""CryptoPunks"《每一天：前5000 天》等，均是包含亚文化风格元素的独立原创作品；其二，与其他网络亚文化的组合创作，即在 NFT 数字藏品的内容创作中，借助于网络游戏、二次元、萌宠和粉丝文化等网络亚文化 IP，生成相应的 NFT 数字藏品，网络亚文化所携带的文化趣味被转移到 NFT 数字藏品中。从整体来看，无论是独立原创还是组合创作，NFT 数字藏品将亚文化趣味分野所带来的文化

---

① 彭兰. 网络的圈子化：关系、文化、技术维度下的类聚与群分 [J]. 编辑之友，2019（11）：5-12.

多样性和圈层区隔，在数藏圈中重新整合，使得具有不同网络亚文化趣味的青年群体游牧其中。这使某些网络亚文化圈层之间的区隔消失了，带来了圈层内部的自由组合，最终构建起一个流动的、包罗万象的网络亚文化的趣味圈层，与艺术作品、古董藏品等传统高雅文化形成文化区隔。同时，NFT 数字藏品亚文化是青年群体的专属文化，各种新奇搞怪的 NFT 数字藏品成为青年群体的亚文化资本，他们通过标新立异的风格来彰显个性，彰显自己独特的文化趣味，以此区别于成人文化，区隔也随之发生在代与代之间。

在 NFT 数字藏品的网络亚文化生产中，趣味、区隔和亚文化资本共同决定着 NFT 数字藏品网络亚文化圈层的内部规则和流动边界。但在 NFT 数字藏品圈层内部，趣味、区隔和亚文化资本是共同体成员在社交网络空间的交往实践中共建的产物，可以说没有青年群体的交往实践，NFT 数字藏品中的趣味就无人欣赏，也不会形成亚文化资本和区隔。从表面来看，NFT 数字藏品是基于行动者趣味判断的收藏游戏，个体通过对自我兴趣的想象、喜好标准的判断，在众多产品中挑选出专属于自己的 NFT 数字藏品，游戏性和体验性支撑着个体的行动。但往深层看，依托社交网络空间，NFT 数字藏品已从艺术品转变为一种社交货币，青年群体占有 NFT 数字藏品的根本目的并非商业变现，而是实现虚拟社交。他们在购买 NFT 数字藏品后，会将藏品发布在社交媒体空间或亚文化部落之中，吸引共同体成员驻足观看、鉴赏和讨论，从而完全进入符合期待、可以建立身份认同的趣味共同体之中，以此建立社交联结，而琳琅满目的 NFT 数字藏品更是让社交内容充满趣味性。概言之，以"趣味"为基础货币的 NFT 数字藏品的网络亚文化实践是青年群体特有的新型交往实践，预示着新的交往行动方式正发生在网络空间，重构着亚文化部落成员间的关系。

第六节 连接弱关系与自由行动：NFT 数字藏品的交往实践意义

交往行动是人与人之间发生社会性关系的中介。在马克思看来，人是一切社会关系的总和，而社会交往是社会关系得以建立和发展的重要基础。对此，马克思的交往实践观认为，实践即人们能动地改造世界的社会性的客观物质活动，交往则是在人们最基本的实践即生产活动中产生的人与人之间的关系。[①] 交往作为人与人之间的联系，不仅包

---

① 吴毅. 马克思的交往实践观及其现实意义 [J]. 华东师范大学学报（哲学社会科学版），2008（2）：97 – 103.

括生产关系，而且包括生产过程之外更广泛的人际关系，特别是日常生活和文化领域内的人际关系。因此，在关于实践的讨论中，马克思把人与人之间的交往置于十分重要的位置，并将交往实践视为诸主体间通过改造相互联系的中介客体而结成社会关系的物质活动①。同时，马克思始终从"人对自然的改造关系"和"人与人的改造关系"两种逻辑出发审视交往实践，即物质交往和精神交往。在 NFT 数字藏品的交往实践中，NFT 数字藏品作为中介客体，连接着参与交往实践的青年群体，重塑社会交往模式，其中也包含物质交往和精神交往两个层面，具有社会关系变革的重要意义。

NFT 数字藏品是媒介技术发展的产物，其中的交往发生在社交网络空间，由平台媒介逻辑统摄、支配。NFT 数字藏品的交往实践与其所处的技术环境密切相关。事实上，NFT 数字藏品是面向 Web 3.0 的交往实践。Web 3.0 包含着互联网三个发展阶段的所有成果——连接和互动，在此基础上，还包含更高层次的虚实共生、共容互建。Web 3.0 将推动公众的日常生活全面进入安德烈亚斯·赫普所说的深度媒介化（deep mediatization）时代，其中，新的社会关系将被建立，"日益增长的连接性"（increasing connectivity）将成为交往实践的趋势，各种关系错综复杂地缠绕、连接，生成新的社交网络，包含着人与人的交往、人与物的交往，共同构成"人-物-实践"的虚拟交往时代。弱关系的连接将被前所未有地激发，不同的群体将被结合成更大的网络社会，而各种关系的聚拢与升级也将成为 Web 3.0 时代交往实践最为核心的任务。

聚焦 NFT 数字藏品的交往实践，错综复杂的人际网络连接生成新的社会关系，人与人之间的交往呈现出更高维度的弱关系连接。NFT 数字藏品作为社交货币参与到青年群体的交往实践中，"人-物-实践"贯穿交往行动的始末。从物质交往来看，NFT 数字藏品交往实践的行动者并不局限于青年群体，也包含以物为核心的非人的行动者，表现出以数字交往为主的新形式。布鲁诺·拉图尔在行动者网络理论（Actor Network Theory）中，将社会的本来之义视为"追溯连接"，其中物与人等量齐观，共同交往。万物互联的技术基础让人与媒介、人与物在实践意义上日渐融合趋同。媒介的本质就是社会关系的隐喻，媒介即关系，人的社会生存、社会实践的全部意义和价值其实都是从关系的建构中被反映出来的。② NFT 数字藏品在物质性上属于一种数字物，它连接起 NFT 数字藏品交往实践中的所有主体，在其中发挥中介、媒介或桥梁的作用，青年群体可以通过占有 NFT 数字藏品而获得某种情感，构建起人-物交往的独特的数字交往

---

① 任平. 马克思主义交往实践观与主体性问题：兼评"主体—客体"两极哲学模式的缺陷[J]. 哲学研究，1991（10）：11-19.

② 喻国明，陈雪娇. 数字资产：元宇宙时代的全新媒介：数字资产对传播价值链的激活、整合与再连接[J]. 出版发行研究，2022（7）：21-29.

形式。

  由表及里，拨开 NFT 数字藏品的本质，便会发现其身为数字货币的物质内核。在既往关于货币的研究中，从媒介视角出发，格奥尔格·齐美尔直言，探讨货币就是探讨各种关系。在他看来，货币"总是以相互的方式有求于另一个人的那种关系、那种人与人之间的相互需求与相关性的表达和媒介"①。这意味着货币已从一种物质转变成具有社交属性的中介，货币作为一种媒介具有极强的关系属性。对此，有学者"以币为媒"，认为货币对社会关系的塑造具有客观化和网结化的作用，对社会行动的主体和路径具有个体化和多样化的影响，最终，货币媒介化的结果共同指向"自由交往"的文化意涵。② 与传统具有物质性的真实货币相同，数字货币在数字交往中充当具有社交属性的媒介，而等效价值、可计算和可比较的物质量化属性为全部实践关系的连接提供基础，个体可以通过交换数字货币进行自由交往。从数字货币的物质基础和功能属性出发，非同质化货币及其数字藏品，在指向弱关系连接的基础上，也在青年群体的自由交往中扮演至关重要的角色。NFT 数字藏品在区块链和哈希算法的支持下，拥有不可篡改、唯一性的背书，通过建构客观化、标准化和统一化的理性原则，为 NFT 数字藏品的行动者建立起共同约束，从而为自由有序的交换、流通、行动和实践奠定基础。NFT 数字藏品交往实践的文化意涵指向"虚拟空间中自由、开放、有序的交往实践"。

  就精神交往而言，在当下的网络亚文化实践中，趣缘成为社会关系连接的新范式，趣缘群体成为网络群体化生存的主要模式。一方面，NFT 数字藏品的交往实践以弱关系连接为核心，基于"共同趣味"生成趣缘群体，是以情感认同、感性体验为主的精神交往模式。通过参与和消费 NFT 数字藏品，借助于个性化的外在表现形式，个体与兴趣爱好相同的青年群体进行互动，在互动中投射自己的情感，唤起情感共鸣。感性体验和情感表达成为 NFT 数字藏品文化生产的常态，以"感觉"为动机的精神交往成为青年群体致力 NFT 数字藏品交往实践的深层动力。至此，情感投射进入虚拟空间的平行世界，基于弱关系连接的虚拟"亲密关系"逐渐代替以强关系连接为主的现实社会关系，最终形成以趣缘、个体精神为核心的交往关系，青年群体沉浸在 NFT 数字藏品的交往实践中，寻求寄存自我的精神乌托邦。概言之，NFT 数字藏品化身为圈层间的社交中介，连接起以弱关系为核心的精神交往实践，形成情感体验的虚拟趣缘共同体。

  另一方面，NFT 数字藏品所形成的趣缘圈层并不是封闭的，其中包含着不同网络亚文化圈层间的流动，个体按照喜好游牧其中、自由行动。Web 3.0 以自由为号召，服务

---

① 齐美尔. 货币哲学[M]. 许泽民，译. 贵阳：贵州人民出版社，2009：117.
② 李华君，张智鹏. 媒介的货币："关系-行动"与自由交往：齐美尔货币思想的传播社会学解读[J]. 新闻与传播研究，2020，27(10)：23-38.

器由自由开放的源代码构成，这意味着人们在开放式的框架与协议内拥有了更高的自由度。参与 NFT 数字藏品的个体在行动上不受生态隔离的限制，流动性增强使得个体并不局限在特定的趣缘共同体之中，自由和游离才是常态。同时，NFT 数字藏品的种类繁多，个体完全可以按照自己的精神意志随时进入或随时退出某个趣缘共同体，在其中停留多久完全由个体自己决定，多重身份的超个体并不局限在特定的趣缘共同体之中，他们游走于不同的趣缘共同体。例如，网络 IP 与 NFT 数字藏品之间的梦幻联动已成为一种商业模式，网络 IP 自带流量，拥有粉丝基础，具有极高的辨识度，已经形成较为成熟且闭环的趣缘圈层，而 NFT 数字藏品与之结合，则直接成为连接不同趣缘的桥梁，可以突破单一趣缘圈层的限制，实现不同群体之间心灵的碰撞，多重身份的超个体游牧其中、自由行动，最终建立起开放、共建的 NFT 数字藏品的虚拟化网络亚文化社群。

兰斯·班尼特将此种行动方式称为"连接性行动"（connective action）。在他看来，连接性行动以更为个人化及个性化的路径，通过科技手段来协调彼此行动，不依靠科层制的组织机构作为行动中介，也不需要强烈的集体身份认同。① 高度个人化和数字媒体的使用构成了连接性行动的基本要素。连接性行动分为两种类型：自我组织网络和由组织激发的网络。前者几乎不存在组织进行协调行动，完全由个人通过社交网络分享，具有完全个人化的行动框架。② NFT 数字藏品中青年群体的交往实践便是自我组织网络式的连接性行动，个人化、个性化和去中心化始终存在于个体的行动逻辑之中，自由构成行动底色，这预示着 NFT 数字藏品的交往实践已从"集体性行动"（collective action）向"连接性行动"转变，构成一种新型的参与式文化③。"共同生产"与"共同分享"成为 NFT 数字藏品最为重要的交往方式，当展现的个人化和个性化的 NFT 数字藏品被他人认可、大量分享时，收藏者便获得参与行动的自我激励，而其他生产者与共享者也自由地参与其中，期待获得认同。久而久之，弱关系型的人际网络关系在 NFT 数字藏品的交往实践中稳固生成。NFT 数字藏品中青年群体的交往实践整体呈现出弱关系的虚拟性和交往的自由性、灵活性。

从交往实践与信任关系的角度来看，在区块链技术的加持下，NFT 数字藏品具有去中心化、不可篡改和保护隐私等特征，可以在行动者之间建立起牢固的信任关系，而这种信任关系的建立对于弱关系的再连接、资源的再整合具有重要意义。正是在可见的信任机制的保障下，NFT 数字藏品成为信任关系的直接承载体，在散沙状、隐匿化、弱连

---

① BENNETT W L. Communicating global activism: strengths and vulnerabilities of networked politics [J]. Information Communication & Society, 2003, 6(2): 143–168.
② 崔娇娇. 新媒介赋权与连接性行动：公益众筹的网络动员研究 [D]. 南京：南京大学，2016.
③ 陈龙. 元宇宙：一种深度媒介化时代的媒介实践 [J]. 探索与争鸣，2022 (4): 71–74.

接的群体间建立起信任关系,使得网络亚文化社群中的个体放下戒备,积极地参与NFT数字藏品的创作、生产与共享实践活动。在有序交易的保障下,参与者和创作者的潜能将得到激发,最终实现资源的再整合。可见,在NFT数字藏品的交往实践中,新的信任关系在弱连接的群体中生成,为个体的自由行动与自由交易提供底层保障。总体而言,连接弱关系和自由行动贯穿NFT数字藏品的物质交往和精神交往,这亦说明在以数字媒介与万物互联为基础的NFT数字藏品的数字交往中,马克思所说的物质交往与精神交往截然分开的状态已不再存在,物质与精神之间已生成互嵌模式,相融相生。

NFT数字藏品是一种全新的数字化文化产品,可以被视为传统艺术作品、古董藏品等在平行虚拟世界的数字延伸。相较于重视作品艺术性和藏品质量的传统文化产品,NFT数字藏品更加注重趣味性与游戏性,其中的文化生产与消费极具网络亚文化特征。这预示着布尔迪厄用以解释传统文化产品的文化资本概念在NFT数字藏品的文化实践中转变成全新的亚文化资本,包含客观化和具身化两种形态。NFT数字藏品对应着客观化亚文化资本,而在实践中获得的独特审美与文化趣味披上了"懂行"的外衣,成为行动者的具身化亚文化资本,两种形态的亚文化资本共同生成隐秘的力量,支配着青年群体的网络亚文化生产和交往行动。

作为亚文化资本的NFT数字藏品,既是一种趣味货币,又是一种社交货币。以"趣味"为基础货币,NFT数字藏品网络亚文化是一种趣味文化,构建起一个流动的、包罗万象的网络亚文化趣缘圈层,为青年群体提供全新的交往实践空间。玩家通过占有亚文化资本,标榜自我独特性,获得身份认同,基于文化趣味分野的区隔也随之发生在不同圈层、代际及圈层内部成员之间。传统区隔意义上的阶级属性在NFT数字藏品的亚文化实践中完全消失,不同阶级的青年散落其中,而代际的趣味与文化分野则成为区隔的重要标志。随着NFT数字藏品的形式与种类变得丰富多样,亚文化群体更加垂直化、分众化,他们越来越追求个性与特立独行,圈层内部成员之间的区隔也会越来越明显。因此,NFT数字藏品对青年群体的交往实践也具有重要意义,NFT数字藏品的网络亚文化实践为青年群体建构出自由交往的空间,连接弱关系成为NFT数字藏品最为重要的任务,而基于自由意志的行动则成为交往实践的底色,寻求精神乌托邦成为青年群体交往实践的终极目的,在这一过程中物质实践与精神实践融为一体。

【思考题】

1. 非物质文化遗产是中华优秀传统文化的重要组成部分,以数字藏品为代表的文化数字化过程,其实是经济与文化、科技与文化不断融合的表现。请以非物质文化遗产

为对象,思考非物质文化遗产数字藏品的文化传播策略。

2. 作为一种典型的网络亚文化行为样式,数字藏品的生产与消费有哪些特点?

3. 数字藏品亚文化圈层趣味是如何形成的?在数字藏品的文化实践中,圈层区隔有何具体表现?如何理解数字藏品的交往实践中物质与精神的相融相生?

第十讲

身份展演与符号消费：
作为文化实践的"打卡"

将背诵外语单词、精读外语文章的成果随手分享到微信朋友圈，在健身 APP 上记录每次完成运动的"任务"，到小红书博主推荐的网红美食店尝新、拍照……近年来，社交媒体上活跃着年轻人各种忙碌的"打卡"身影。可以说，"打卡"已然成为社交媒体上一道亮丽的风景线，也是越来越受年轻人欢迎的数字化生活方式。

2017 年起风靡微信朋友圈的英语学习等读书打卡现象引发了学者对知识付费的新一轮思考；2018 年抖音平台上火爆的"抖音之城"短视频吸引了无数网友前去重庆李子坝轻轨拍照打卡……。随着打卡内容与场景的不断扩展，打卡实践已经渗透到青年群体的日常生活中，"手机先吃"成了他们与朋友约饭时的第一要事，去网红景点拍照要打卡分享早已成为惯例。与此同时，打卡逐渐成为人们以完成任务为导向的一种"自追踪"（self-tracking）方式，人们以不同的方式在线上平台规律地记录、展示和分享个人经历，以完成既定任务为导向进行打卡，如学习、工作、健身等，希望能通过这种方式管理时间并重构生活。

那么，打卡这种以数字记录与展示为主要表现的生活方式是如何兴起的？对于年轻人而言，热衷于各种花样打卡意味着什么？满足了他们怎样的需求？作为一种亚文化形态，打卡又具有怎样的意义？对打卡现象的表现形式、产生机制、文化意义等进行深入探讨，有助于我们理解在当前互联网技术资本与消费社会双重逻辑的驱动下，青年群体的生活方式、社交形态、审美观念、身份建构是如何发生变化的。

第一节 打卡现象的兴起与文化表征

一、打卡的含义与类型

"打卡"原指"一种考勤方式。工厂或企事业工作人员在上下班时将自己的考勤卡在考勤仪器上例行插验，以便准确记录来到或离开单位的时间"[①]。随着社会的不断发展，打卡在各行各业中发展出更为丰富多样的形式，如交通运输、工作学习、生活消费、休闲娱乐等，远远超越了考勤的范畴。有研究者梳理了打卡的六种使用类型，包括支付方式、记录方式、习惯方式、参与方式、游览和宣传[②]；或者更简要地将打卡从内

---

① 刘海润，亢世勇. 新词语10000 条 [M]. 上海：上海辞书出版社，2012：53.
② 孙宝新. "打卡"新义新用 [J]. 语文建设，2018（25）：71-72.

容上划分为四类：出行旅游、美食探店、阅读学习和运动健身①，以区别于传统的考勤工具。在媒介使用方面，打卡也由之前的电子或生物识别向发布与事件相关的图文、视频、链接、位置等多种方式发展，越来越依托智能媒体和移动终端，借助于各类社交媒体，不但实现了记录、标记、规划、监测、管理等个性化目标，也集合了展示、分享、陪伴、互助等社群化功能。打卡目的千差万别，打卡方式五花八门，可供打卡的平台也如雨后春笋般涌现。因此，根据不同的划分依据，可将打卡划分为不同类型，目前在年轻人中流行的打卡主要有以下四种类型。

（一）学习打卡

学习打卡是指在社交媒体上记录和分享语言学习、考试准备、书籍阅读等与学习相关的内容的行为。在内容方面，学习打卡者会发布诸如学习成果、学习笔记、习题、成绩单等与学习相关的内容。学习打卡者所使用的记录类工具主要包括番茄ToDo、Forest、滴答清单等时间管理APP，所使用的学习类工具则包括百词斩、英语流利说、喜马拉雅读书等常见APP。

（二）运动打卡

运动打卡是指在社交媒体上发布并记录自己的健身项目、运动时间、运动里程等与运动相关的内容的行为。运动打卡者所使用的运动数据大多来源于微信运动、Keep、薄荷健康等第三方平台、应用软件或个人智能手表。打卡内容还有运动打卡者个人所进行的文字或图片记录，包括健身房标志、健身课程截图、个人健身成果等。

运动打卡和学习打卡一样，都是以目标任务为导向进行的打卡实践，即通过规律性地使用移动终端，在网络平台上记录个人日常数据，以达到规范自身、提升能力的目的，通常在一定时间内具有持续性。

（三）旅游打卡

旅游打卡是指在社交媒体上分享旅行经历、体验，并以图文、视频等形式记录的行为。旅游打卡的内容通常包括名胜古迹、典型建筑、当地美食、网红店铺等，加上地点或位置标签。由于大多数年轻人的旅游打卡行为不存在一定时间内的持续性，因此对于旅游打卡的界定，关键在于旅行者是否会在分享旅游过程时采用与打卡有关的文案内容。

（四）特殊打卡

特殊打卡是指在特定时间、特殊场合进行的纪念性打卡行为，如纪念追星经历、探

---

① 韩金. 朋友圈"打卡"：社交媒体时代的理想自我建构［J］. 新媒体研究，2019，5（16）：15-16.

寻有纪念意义的地点等。与旅游打卡类似，特殊打卡也不一定具备长时间的连续性，因此对其界定的关键也在于行为者是否会在分享时采用与打卡有关的文案内容。

二、打卡流行的社会背景与动因

从阅读分享、外语学习、备考互助，到运动健身、生活事务记录，再到影院观影、美食店探店、旅游城市网红景点游览等，这都可以通过在社交媒体上留下数字痕迹而实现打卡。可以说，随着打卡内容与场景的不断扩展，打卡越来越成为融入年轻人日常生活的一种媒介使用方式，更成为一种文化实践方式。每一种新的媒介技术及其应用的勃兴，都根植于技术、经济、文化等社会语境。

首先，打卡文化的兴起得益于移动终端的普及这一重要的技术前提。中国互联网络信息中心发布的第 49 次《中国互联网络发展状况统计报告》显示，截至 2021 年 12 月，我国网民规模达 10.32 亿人，较 2020 年 12 月增长 4296 万人，互联网普及率达 73.0%。其中，我国手机网民规模达 10.29 亿人，较 2020 年 12 月增长 4373 万人。网民的即时通信、移动通信进一步普及，社交应用移动化、全民化趋势进一步增强，即时通信、网络视频、短视频用户使用率分别为 97.5%、94.5% 和 90.5%，用户规模分别达 10.07 亿人、9.75 亿人和 9.34 亿人。由此可见，随着互联网通信基础设施的普及，网民的媒介使用从 PC 端向智能手机、平板电脑等移动端迁移已是主流趋势。这也推动了社交媒体的迭代更新，以微博、微信等为代表的各类社交平台提供了丰富的、不断推陈出新的技术方案和应用场景，形塑了社交媒体时代交流方式的社群化、场景化。

其次，打卡文化作为低门槛的参与式文化，适应了社交媒体时代人们特别是年轻人表达、展示与交往的内在需求。从图片、音视频、表情包，到小程序、公众号、APP 等各类展示性社交媒体，新媒介技术越来越充分地满足普通人自我表达、分享、社交、展示、形象管理、情感宣泄等多方面的社会心理需求。对于普通人而言，像微信、抖音之类的社交媒体为其搭建了表达与展演的平台，人们通过对工作、学习、运动、休闲娱乐等日常生活的打卡记录，更积极地建构虚拟空间的自我形象和社交关系，并进一步将其转换为社交货币，以实现长期的价值增值，甚至对现实中的社会关系产生影响。

最后，资本力量助推打卡文化兴盛。社交媒体以流量为资本积累的底层逻辑，以网状节点的无限增殖为内在驱动力。打卡这一基于社交分享的记录与展示方式，更是集中了知识付费、网红效应、病毒式营销等不同的盈利形态，因而受到资本的青睐。相应的平台通过各种激励手段，如链接分享、广告植入、跨平台引流、潜力用户培育、广告分红等，激发用户打卡热情，使打卡行为成为培育流量和进行广告宣传的有效模式。

▶▶ 三、打卡现象的文化意涵

打卡从一种职场管理手段演变成风靡社交媒体、为众多年轻人所追捧的流行现象和新鲜生活方式，有着丰富的文化意涵。

首先，基于社交媒体的打卡是一种文化实践。区别于传统的记日记等私人化的记录方式，无论何种类型的打卡活动，社交媒体都鼓励用户将各种记录以不同形式进行呈现，因此这种记录一开始就具有展示属性。如何展示自己涉及打卡者对自我、他人与周遭社会的认知，对更美好的自我甚至"理想自我"的投射。在某种程度上，打卡所呈现出的是打卡者自我的另一种镜像，这种镜像总是试图以超越现实的、完美的、超凡脱俗的方式形塑自我，如认真学习、积极健身或具有丰富的阅历、独特的审美和思维等，哪怕是偶尔的懈怠、出丑、"摆烂"、受挫，也是塑造真实的、可爱的、丰富的自我的一部分，在"美好自我"所允许的范围内。通过这种有意识的、持续的甚至系统的展示，打卡者完成对自身的指认，从而获得某种想象中的文化身份。因此，社交媒体上公开的打卡行为本质上是一种身份展演。这种展演在使打卡者塑造令自己满意的形象的同时，往往能让他们相应地获得关注。这种关注在社交媒体上体现为阅读量/观看量、点赞量、评论数等客观可测的数据，成为打卡者人格魅力、社交能力的证明，也即虚拟空间的社交货币。这也是打卡者获取文化资本的重要方式。

其次，打卡是一种消费方式。这里的消费不仅仅是指所有与打卡相关的经济行为，如在网红景点、网红商店消费，或者购买网红打卡者推荐的商品等，更根本地，是指在消费社会语境下，符号包围着人们，使人们从对物品的消费转向对符号的消费。在这种社会，物要变成符号物，才能进入消费系统，成为消费对象，人与物的关系也就转变为人与符号的关系。社交媒体上泛滥的符号，分散着人们有限的注意力。人们制造形形色色的符号，也消费各种各样的符号，打卡便是生产和消费符号的典型方式。无论是健美的身体、精致的面容，还是绝美的景色、别致的商店或陈列物，都能引发人们围观、议论、赞叹、模仿，接着又催生一轮新的但本质类似的符号生产和消费……在这种循环中，图像不断增殖、信息不断"内爆"，形形色色、光怪陆离的符号成为一系列空洞的、漂浮的能指。作为符号的打卡实践，其价值甚至超过了通过打卡形塑更美好的自我。

最后，打卡具有自我规训的功能。不同类型的打卡都包含对自我的确认和建构。对于男性或女性而言，怎样才是健美的身体、健康的生活习惯、有品位的审美、有格调的生活方式？对这些问题的回答或媒介呈现都根植于某种意识形态，而意识形态总是运作于身体的、姿态的或习惯的层面①，通过个体的自愿配合得以实施，并内化为个体自我认知的一部分，由此形成对主体的"询唤"。下面将通过分析基于微博社区的学习打卡和受年轻人青睐的咖啡店打卡两种打卡类型，更深入地阐释打卡这种文化实践是如何内嵌到技术与资本相互交织的深层逻辑中的。

第二节 学习打卡：平台规则下的身份展演

对于进行学习打卡的青年群体来说，学习打卡的初衷一般是养成良好的学习习惯，他们试图在碎片化的信息网络中，借助于学习打卡来督促自己保持专注、完成既定的学习任务。然而，当下社交媒体上所流行的打卡，很大一部分是作为一种能够帮助自我呈现的社交方式而存在的。或是为了以完美的线上形象激励自我，或是出于对网络人际交往的回应，打卡者们利用不同的策略在此表演和交往，塑造一个完美的"学习人设"。随着新媒体技术发展带来视觉化转向，社交媒体上不断涌现的美化编辑软件与功能也为打卡带来了更多的可能性。看似同质化、程序化的学习打卡正表现出一些新鲜的特征——活跃在社交媒体上的打卡者们会通过学习打卡记录自己的美好生活、分享自己的新款文具或书桌、发布一系列精修图片、精心构思打卡文案……这些打卡内容正形塑着打卡青年们的认知方式与审美观念，并逐渐形成一种新的文化样式。

以新浪微博学习日常超话#studyaccount#为例，该社群成立于 2017 年 12 月 5 日，目前有 396.2 万 SAer，累计 188.3 亿阅读量（截至 2023 年 12 月 12 日）。作为一个社交媒体上的学习打卡社群，#studyaccount#超话为众多微博用户提供了学习打卡功能与问答互动专区。这些活跃于#studyaccount#超话的打卡青年们将自己称为"SAer"。SAer 们以学习为纽带聚集在此，进行学习干货分享、考试经验交流和小组互助激励。从"小学初中"到"硕博职场"，从文字到视频，#studyaccount#超话所涉及的大量人群与数据为观察打卡实践及其文化特征提供了丰沃的土壤。

▶▶ 一、勤勉、精致、友善的"人设"建立：打卡的理想化表演

欧文·戈夫曼在其拟剧理论中对人际交往中的印象管理策略进行了一系列分析，

---

① 福柯. 规训与惩罚：监狱的诞生［M］. 刘北成，杨远婴，译. 北京：生活·读书·新知三联书店，1999.

提出了"理想化表演""神秘化表演""补救表演"等概念。① 这些表演策略同样体现在青年群体的学习打卡实践中。在#studyaccount#超话中，SAer 们会运用一些表演策略来呈现更加理想的自我形象，如呈现自己任务完成度高、生活丰富多彩、品味高雅独特等方面的理想形象。而在面对不同的"观众"时，SAer 们也会采取相应的调整措施，根据不同的"观众"设置权限、调整行为，使自身形象符合大多数"观众"的期待。

（一）积极进取的学习者

打卡学习的初衷是在虚拟社区的非强制性监督氛围中，促进自己完成学习任务，因此社区中众多内容围绕"完成学习任务"展开，如各种今日任务完成的标记帖、各阶段任务完成的总结帖、最终任务完成的庆贺帖等。在日常生活中，打卡学习者相约于社区，以群体的软性力量互相带动、提醒、监督，减少学习的枯燥与艰辛，如考研者相约每天早晨在超话内进行晨读打卡，并将打卡帖截图分享在群聊中。这些内容都显示出他们认真学习及试图提升自我、改变命运的积极形象。他们中的"佼佼者"成为社区中有影响力的学习博主。这些有影响力的学习博主往往成绩优异，分享的内容丰富充实，如分享字迹工整优美的笔记、梳理总结的学习要点和难点、学习方法与工具等，并且版面美观，极其讲究。有些 SAer 会在持续打卡中不断提高对自己的要求，甚至逐渐产生追求完美的"强迫症"——不仅在乎完成打卡任务，还在乎如何更完美、更有格调地呈现打卡内容。

即使没有完成当天的学习任务，有些 SAer 也会将真实的状态呈现出来，以此反思学习状态、得到同伴激励，这种"更真实"的形象也能得到社区其他成员的理解和接受。有时，由于种种原因，会有一部分人停止打卡，一些粉丝量大的 SAer 会在停止打卡前发布一则解释帖，向粉丝解释停止打卡的原因；也有一些 SAer 会在重新开始打卡前发布一则回归帖，以通知粉丝。他们往往都会说明自己停止/回归打卡的真实原因，以求有始有终、有所交代，使之前精心建立的"人设"得到维护。一些放弃打卡的 SAer 通过表露真实自我，往往能得到其他 SAer 的理解，甚至会收到一些祝福或寄语。

（二）具有独特生活品位的美图制作者

随着移动社交文化的视觉化转向，复杂的视觉呈现与精细的视觉实践共同勾勒出社交媒体时代打卡文化的新特征。汤姆·米歇尔提出，传统社会中原有的读写文化正在被

---

① 戈夫曼. 日常生活中的自我呈现 [M]. 冯钢, 译. 北京：北京大学出版社, 2008.

一种视觉文化逻辑取代，社交媒体的"读图"时代已经到来。① 在这样的背景下，青年群体越来越热衷于使用图像进行表达，并以此为自身提供审美与情绪价值。大部分 SAer 在进行学习打卡时，除展现学习任务已完成以外，还会记录自己的美好日常，进行精致的"九宫格"图片摆拍（图10-1）。相较于过往分享在微信朋友圈中的单词背诵打卡、阅读打卡等打卡形式，#studyaccount#超话中的学习打卡并不注重展现学习数据或任务完成量，而是将重点放在了对打卡内容的呈现方式上，既包括对打卡帖文案的精心构思，也包括对色彩、排版、美化等打卡帖图片的要素操作。

图10-1 #studyaccount#超话中的"九宫格"学习打卡帖

在"九宫格"图片中，通常会出现的内容包括打卡者的学习笔记、手账，学习休息过程中的风景、美食，还有打卡者在其他学习软件上的学习记录等。大多数 SAer 在发布学习打卡帖时，会考虑到不同软件的流行度和美观度，进行选择性地使用。对打卡内容的美化编辑已然成为打卡者的默认操作，通过美化图片，青年群体能够获得自我满足感，同时也能收获同伴的认同。经过美化编辑的图片记录了打卡者的学习日常，也展示了打卡者的审美品位，能够帮助 SAer 在#studyaccount#超话中塑造更加理想、更受欢迎的形象。

---

① 米歇尔. 图像学：形象、文本、意识形态［M］. 陈永国，译. 北京：北京大学出版社，2020.

(三) 人际关系良好的分享者

在进行理想化表演时，SAer 也需要与 #studyaccount# 超话中的其他成员保持互动，做出符合"观众"期待的回应。#studyaccount# 超话发起的初衷是为学习打卡者打造一个互动学习的天地，在这里，SAer 可以进行知识分享和经验交流，记录自己的学习过程，与他人相互激励。因此，SAer 的表演离不开其他成员作为"观众"的参与，他们互相关注、鼓励、赞赏、交流，共同完成一场持续的、日常化的"表演剧目"。

#studyaccount# 超话中经常会有 SAer 发布一些经验分享帖（图10-2），包括日常如何学习、如何准备考试、如何处理校园人际关系等内容，甚至还有对学习打卡中使用到的文具、日程计划表、电子产品或软件等的"安利"帖。当发帖人的经验或打卡内容获得其他 SAer 的认可时，他便有机会积累大量粉丝，为他们答疑解惑。

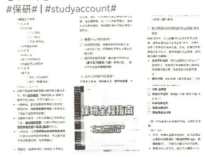

图10-2　#studyaccount#超话中的学习经验分享帖

大多数 SAer 对 #studyaccount# 超话中的互动持积极态度，当有人对自己发布的内容进行点赞、评论时，SAer 都会给予正面回应，希望自己的打卡内容能够帮助或鼓励他人，以此建立更加亲密的社群关系，同时也树立起自己友好、和善、乐于助人的形象。

二、平台、博主与互助小组的剧班配合：#studyaccount#超话的运作规则

社交媒体的联结作用能够将人与各种互联网平台连接起来，构成一张"社会-物质"网，人和物会通过这张网凝结成一个稳定的媒介系统，从而实现人与技术之间的某种特殊的协同运作。在 #studyaccount# 超话与 SAer 之间，微博平台、学习博主和互助小组互相影响与配合，共同维系 #studyaccount# 超话的正常运作。

（一）个性化的打卡功能：微博平台的基础属性

微博是当下使用最广泛的社交媒体之一，具有丰富的社交功能，为网络用户打造了一个相对自由的线上环境。微博平台所具备的三种属性——匿名性、持久性、可见性——调节了 SAer 的打卡实践。

1. 可隐藏的自我：打卡的匿名性

尽管微博已实行实名制注册，但其仍然保留了很大程度的匿名性，即微博用户能够自主编辑个人昵称、性别、爱好、教育经历等资料，因而能够在网络上塑造一个相对满意的个人形象。在这些匿名性措施的保护下，微博用户能够不受线下身份的束缚，在通过打卡进行自我呈现的过程中感受到一定的自由。在匿名条件下，一方面，SAer 可能会披露更多的信息，如在#studyaccount#超话中分享自己的心情并寻求他人的鼓励；另一方面，SAer 也有机会以一种更加理想的方式来呈现自己，即对自己的打卡帖进行精心的策划。

2. 可保存的日记：打卡的持久性

所谓持久性，是指数据或信息在一段时间内的留存度，或者说其是否能够被存档并随时调取。用户在微博上所发表的内容能够被存储在网页中随时调取，因而微博被许多用户作为日记（一本可保存的日常手账）来使用。于是，人们经常通过在微博上发帖来记录自己生活中的美好瞬间。与此同时，在用微博进行打卡时，SAer 也会相应地更加深思熟虑和有选择性，部分原因是微博内容具有持久性。

3. 可出圈的机会：打卡的可见性

当平台上的信息很容易被检索或看到时，我们就认为对这种平台的使用具有很高的可见性。微博具有较高的可见性，用户在微博中使用热门话题标签或在超话中发表分享帖，均有机会获得曝光，从而得到出圈的机会。与此同时，微博有"不同步内容到个人主页"的功能，用户能够根据自身需求对帖子的可见性进行调控，从而管理哪些用户可以看到哪些内容。在具有较高可见性的条件下，用户能够通过选择性的自我呈现，如上文提到的精致摆拍、营造氛围感等，建构一个理想的社交形象。而在具有较低可见性的条件下，他们能够保护个人隐私，通过设置权限来避免某些用户进入特定范围。

（二）学习社群制度化：微博超话的核心功能

微博超话于 2016 年正式上线，作为微博平台内的在线社区，为不同群体打造多种类型的网络社群。除#studyaccount#超话外，还有明星超话、运动超话、美食超话等一系列超话，超话成员往往因共同的兴趣而聚合，又在不断的互动中产生了属于自己的群体文化。在这里，超话成员共用一套游戏规则，共有一套价值观念，共建属于他们的分享与交流空间。微博超话相对于整个微博平台具有一定的独立性。超话成员基于相同的兴趣或文化形成趣缘群体，讨论共同的话题，畅所欲言，彼此鼓励。这样的机制能够形成超话内部稳定的内容输出，便于平台审核与管理。同时，超话中的每一名成员都有机会申请成为超话主持人，进行群体自治，这实现了超话成员的平等性与高度可见性。在超话内部，每一名成员都可以自由地发布内容，他们既能充当发帖人，也能扮演旁观者。

在这里,他们能够根据自身情况进行学习打卡签到,也能够根据兴趣进行点赞、评论并分享他人的打卡内容。

此外,微博超话本身也设置了一定的成长机制,以激励用户长期创作优质内容,如图 10-3 所示。这套机制包含了对打卡用户的原创能力、互动能力和圈粉能力三大能力的评价,用户在超话内部发帖、打卡,以及进行或被点赞、评论、转发等,均可以获得经验值,最终经验值会显示在每一个 SAer 的超话昵称旁边,展示其在超话内部的综合能力。此外,这套规则还设定了总经验值排名及周经验值排名,实时更新 SAer 的超话参与程度。经验值排名越靠前,说明 SAer 的活跃度越高、创造的数据越多,也在一定程度上体现了 SAer 的"吸粉"能力。经验值较高的 SAer 有机会成为超话主持人,具有更大的话语权,其数据流量甚至能够"变现"。

图 10-3　#studyaccount#超话的经验值规则

超话的一系列规则为其正常运作奠定了良好的基础,为 SAer 创造了一个相对安全和自由的学习打卡环境,同时也保证了超话内部的用户及信息相对充足,使用户有机会建立更加广泛的社交关系并进一步积累经验值以维持活跃度,实现了超话的可持续运作。

(三)学习博主引领潮流:流量引导的出圈规则

基于微博平台及其超话中的规则,一批具有一定粉丝量和影响力的学习博主应运而生。他们的打卡内容往往精彩绝伦,不仅包含标准的"九宫格"美图,还常常包含商品信息。通过超话中的规则逻辑,学习博主得以出圈,超话内容精选助推他们脱颖而出,吸引大量粉丝,进而掀起跟风潮流。

1. 理想"人设"与商家青睐：成为学习博主

多数学习博主的打卡帖都呈现出如上文所述的标准"九宫格"图片配以心情"碎碎念"的样式，并且使用了大量的美图编辑功能，加上滤镜及花体字、贴纸等装饰。这些打卡行为往往需要利用大量的技术手段，如使用合适的相机进行摆拍、使用一些编辑软件对图片进行美化、使用花体字撰写文案等。除此之外，学习博主还会分享自己的学习方法与工具，这些被称为"干货"的内容中不乏对学习产品的推荐（图10-4）。

这些学习博主往往成绩优异，且生活经历丰富，因而受到许多粉丝的崇拜。他们会用高级的单反相机拍摄照片，从笔记本电脑、平板电脑到电子书阅读器等学习工具可谓一应俱全，学习过程中用到的日程计划本、拍纸本等文具更是五花八门。当"干货"输出与粉丝积累达到一定数量时，许多学习博主还会将自己的学习经验与日常用到的学习工具整理成文字，发表在微博个人主页的置顶帖（图10-5）中，供粉丝参考。学习博主通过持续稳定的"干货"输出与"人设"塑造来维持自己的地位。

图 10-4　#studyaccount#超话中的学习产品推荐帖

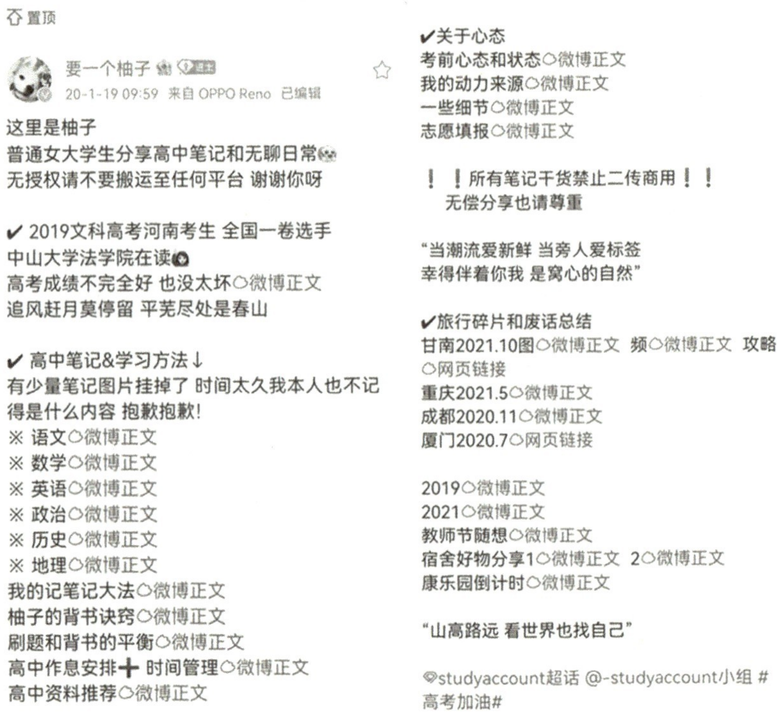

图10-5 #studyaccount#超话中学习博主的置顶帖

学习博主的"九宫格"美图打卡帖中通常包含大量与学习相关的产品。这种打卡帖往往更容易被超话列为精选内容并进行广泛推送,引发更多SAer点赞、评论和转发,甚至能够受到一些商家的青睐。收到商家邀请的学习博主在同意进行软文推广之后,便会在自己的打卡帖中夹带"私货",进行软性的商品推广。

2. 精选推荐与粉丝效仿:跟随学习博主打卡

在#studyaccount#超话中,SAer之间的互动通常基于打卡帖的内容,包括学习文具、桌面摆件、电子产品等。这些内容往往最先由超话中的学习博主抛出,随后引发大量SAer的互动与模仿。在超话的"精华"板块,我们经常能看到一些"高赞、高评"学习打卡帖,帖子的评论区中往往是其他SAer在询问发帖人有关日记本品牌、文具链接、桌面装饰等内容的问题(图10-6)。

第十讲　身份展演与符号消费：作为文化实践的"打卡"

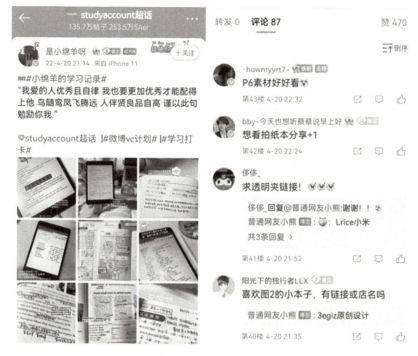

图 10-6　#studyaccount#超话中的常见打卡互动

在超话精选推送机制的不断规训之下，SAer 逐渐建立起一套社群独有的审美系统，甚至演变成一种"强迫症"，在心中形成对学习打卡的完美标准。

SAer 通过分享漂亮的学习日常图片，能够收获大量点赞和评论，而这些点赞和评论又能使 SAer 在超话中获取经验值与粉丝量，获得更多曝光。当粉丝数量积累到一定程度时，SAer 便会成为一名学习博主，在超话中分享学习好物，展现美好日常。在这样的流量逻辑引导之下，一些 SAer 开始效仿学习博主的打卡策略，试图积累更多经验值，或者建立群体认同。在学习博主的积极回应与 SAer 的纷纷效仿之中，对学习打卡标准的界定便深深烙印在了每一个 SAer 的心中，并通过二者的彼此拥护与效仿而逐渐稳固。

（四）互助小组持续监督：社区自发的实践规则

基于超话所提供的自治条件，超话中诞生了大量的学习打卡互助小组。这些互助小组往往基于 SAer 自身对学习的特定需求，通过超话互动板块中的组团帖自发组建。待成员达到一定规模后，它们再转移到微博私信群、微信群聊、学习软件自习室等社交媒体平台上，成为更细分的社群。互助小组成员往往会设定自己的打卡规则，进行自治管理，互相监督。

1. 寻找打卡好友：基于个性化需求的伙伴匹配

为了激励 SAer 更好地完成学习任务，在#studyaccount#超话置顶帖的评论区也有大量自发组建学习打卡小组的打卡者。打卡者根据各自的具体需求，在超话中发布寻找监督小组伙伴的帖子（图 10-7），内容包括小组成员数量、打卡时间、打卡形式、未完成打卡的惩罚机制等规则，不同打卡小组的具体规则各不相同。

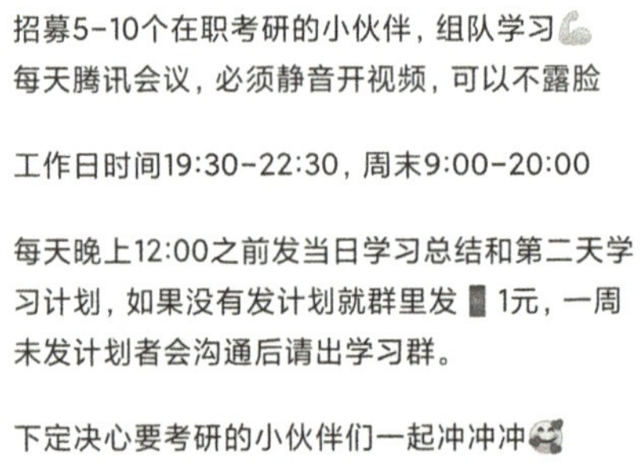
招募5-10个在职考研的小伙伴，组队学习
每天腾讯会议，必须静音开视频，可以不露脸
工作日时间19:30-22:30，周末9:00-20:00
每天晚上12:00之前发当日学习总结和第二天学习计划，如果没有发计划就群里发 1元，一周未发计划者会沟通后请出学习群。
下定决心要考研的小伙伴们一起冲冲冲

图 10-7　#studyaccount#超话中的学习打卡小组组队帖

在超话内部组建的学习打卡小组成员人数从三人到几百人不等，人数较少的小组会选择腾讯会议视频、微博群聊等方式进行学习打卡监督，而人数较多的小组会通过建立番茄 ToDo 自习室或微信群聊互相监督。

学习打卡小组的成立通常源于打卡者所发布的小组规则与组队发起帖（图 10-8），这些发帖人在寻找学习伙伴时通常会根据 SAer 的学习阶段进行划分，如初中、高中、大学、考研等。根据不同需求，其他 SAer 会在发帖人的评论区回复，自动匹配小组。其中，也有“借楼”寻找队友的 SAer 在发帖人的评论区寻找符合自己学习需求的同伴（图 10-9）。

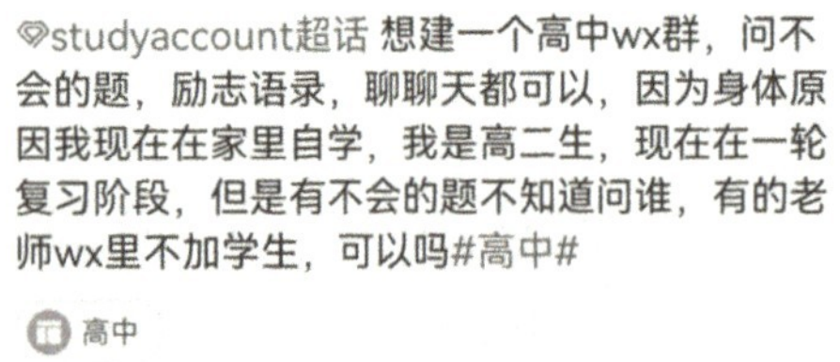
studyaccount超话 想建一个高中wx群，问不会的题，励志语录，聊聊天都可以，因为身体原因我现在在家里自学，我是高二生，现在在一轮复习阶段，但是有不会的题不知道问谁，有的老师wx里不加学生，可以吗#高中#
高中

图 10-8　#studyaccount#超话中的学习打卡组队发起帖

studyaccount超话
转发 0
评论 86
赞 34
Ssswen--
同高二
第73楼 5-11 11:18 来自河南
顺其自然-天天向上
蹲
第72楼 5-11 11:10 来自广东
戚戚暖阳
蹲
第71楼 5-11 08:07 来自江西
今天小蘑呼呼了没
蹲高二物生地
第70楼 5-10 23:07 来自...
1
耶斯椰丝yes33
蹲旧高考文科
嘢嘢星野-: 咩！！
第69楼 5-10 20:47 来自内...

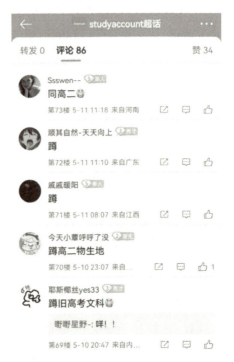

图 10-9　SAer 们在发起帖评论区的回应

2. 持续打卡监督：自治规则与持续积攒的"情感场"

不同的学习打卡小组存在不同的规则，在人数较少的学习打卡小组中，打卡规则相对严格，对打卡内容、形式、时间的规定也较为固定；而在人数较多的学习打卡小组中，打卡者相对自由，但对小组成员的活跃度要求较高。此外，针对那些没有按照规则完成打卡任务的小组成员，惩罚机制一般是在群内发数额较小的红包，最严厉的"惩罚"也只是被要求退出打卡群。

通过设置各种规则，#studyaccount#超话内部与学习打卡小组中的学习环境被所有打卡者建构并维护，而学习打卡小组的氛围在很大程度上取决于大多数成员的活跃度与参与度。如果一个学习打卡小组中的打卡者越来越少，打卡行为越来越懈怠，往往会造成整个学习打卡小组的崩溃，即面临解散。因此，学习打卡小组发起人的管理能力及其所设置规则的合理性、可行性在维持小组秩序方面起到关键作用。在学习打卡小组中，小组成员也会逐渐建立一种群体情感，在日复一日的打卡行动中产生并积攒一种群体特有的"情感场"——一股抱团取暖、分享情绪、互相鼓励的群体力量。

综上所述，#studyaccount#超话中存在超话本身设定的一系列规则，粉丝较多的学习博主参与引领潮流，由 SAer 自发组建的学习打卡小组持续进行学习监督，从而形成一个自上而下的打卡运作机制，保证超话正常运行，使 SAer 得以完成其打卡实践。在这个运作机制中，所有参与其中的 SAer 共享同一套群体价值与规则体系，他们具有相似的学习目标、打卡方式或交流话术，从而能够协同完成在超话学习打卡这个"表演剧目"。

三、资本逻辑下平台与参与者的合作：消费式打卡文化形成

（一）符号消费与审美规训：商业化的底层逻辑

打开#studyaccount#超话，映入眼帘的仿佛是精美符号的天堂：工整的字迹、精致的文具、彩色水笔、盲盒摆件、墙面装饰……打卡者用视觉符号装点自己的个人主页，将九宫格图片填充得满满当当。于是，学习打卡超话开始了一场又一场符号消费展览，看似内容丰富的打卡帖实际上变成了零碎物品的堆砌。学习打卡超话中不仅包含对学习图像的记录，还出现了家居装饰、手账、盲盒、美食咖啡甚至周边手办，这些极具视觉冲击力的内容激发着打卡者的创造欲，堪称视觉盛宴。

微博将过去用户在一则帖子中仅限发布九张图片的规则改为允许用户在一则帖子中发布十八张图片，可见网络用户对发布视觉图片的需求之高。SAer 发布琳琅满目的"九宫格"图片，又为其配上心情"碎碎念"，但真正发表在文字框中的文案内容少之又少，图片正在逐渐侵蚀原本属于文字的空间。可以说，过去的学习打卡只是在简单地

展示打卡者的学习成果，如公开自己的背单词量、阅读进度或备考阶段性成绩，以此塑造打卡者热爱学习、效率高的个人形象；而如今，打卡者不仅要树立刻苦学习的形象，还要进一步展现自己的美好生活。在这个过程中，视觉表征无疑给了这些打卡青年新的自我呈现手段。而图像的泛滥也造成了符号的堆砌，使得打卡实践逐渐转向了消费。

随着电子技术的不断发展，当代媒介能够实现的功能已从简单的机械复制转向数字化复制甚至全真再现。法国哲学家让·鲍德里亚（又译作"让·波德里亚"）提出了"仿像"（又称"拟像"）概念，试图用此概念来描述仿造技术的发展过程。从古典时期的"仿造"到工业时代的"生产"，如今人们已经过渡到"仿真"阶段，接受着符号的任意支配。① 数码相机、高清摄像头、剪辑软件与编辑工具为"拟像"的生成提供了多样化的途径，文化消费甚至不再需要实体，凭借符号便可进行无限的自由生产。如此一来，在诸多元素的堆砌与符号消费中，#studyaccount#超话逐渐转向了消费盛宴。#studyaccount#超话中接连不断出现的精致打卡帖就如同一场接龙游戏，符号连着符号，放眼望去无限精致且引人入胜，细看却均为同质化的内容，甚至没有确切的含义。打卡者进入学习超话，接触最多的或许不是知识与方法，而是文案编辑与图像制作，是最新商品与新奇小物。这些打卡内容甚至可能并不具备任何意义，只是一张贴在笔记本上的小熊贴纸、一个摆放在收纳架上最新购入的盲盒摆件，甚至只是一个挂在书包上的水果形状的挂件而已。

实际上，不只是微博超话，在小红书等以视觉呈现为主的"种草"平台上也充斥着大量的美化编辑案例或教程。通过打卡分享精致日常的学习博主更是数不胜数。大量由美化软件和网上教程打造的精致图片流入青年群体的社交媒体，"发照片一定要修图"逐渐成为当下青年心照不宣的共识。这些美图编辑软件帮助青年群体修饰枯燥或平淡的日常生活，创造出符合青年群体个性化需求的美图。他们认为自己通过分享美图，能够在社交平台上获得大量点赞和关注，事实也的确如此。

在这场对 SAer 的审美规训中，平台通过精选内容将那些包含丰富物品内容的打卡帖推送给更多的用户，并建立一系列经验值积累规则，激发 SAer 对精选内容进行效仿创作。而商家则会寻找拥有大量粉丝的学习博主，将商品的特性与博主联系在一起，通过他们的打卡帖宣传自家商品，从而为 SAer 营造一种"使用了这些商品，我也能像他们一样认真学习"的假象。此外，入驻微博的文具品牌也会不定期推出活动，联合学习博主，吸引那些来自学习打卡超话的打卡青年。在这个过程中，平台、商家、学习博主和普通 SAer 构成了一个动态平衡的生态，他们相互认同、互动活跃，平台帮助商家推

---

① 波德里亚. 象征交换与死亡［M］. 车槿山，译. 南京：译林出版社，2012.

广商品，商家推出精美文具，学习博主引领潮流，而 SAer 则需要效仿进行消费式打卡，购买商品，不断互动，以积累经验值。在平台商业规则的隐性操控下，众多学习博主引领着学习打卡潮流，刷新着 SAer 的审美体验，对 SAer 的学习打卡实践完成一轮又一轮规训，而学习博主自身也在将这种规训内化。

（二）网红化打卡：社交化营销策略渗透

打卡文化为商家进行营销推广提供了新路径。不少商家在微博开通官方账号，发布相关商品的介绍，如宣布品牌推出的新品、新店铺或网购活动等；并定期推出转发抽奖活动，进行新产品的营销推广，取得扩散式的宣传效果，从而在微博用户中建立品牌形象。同时，抽奖帖能够在一定的趣缘圈层中不断传播，这不仅能增加品牌的曝光度，还会激发更多产品爱好者的购买行为。一些商家通过将其产品植入博主的帖子中进行近距离渲染，实现对品牌的宣传。更有一部分商家通过精挑细选，与拥有大量粉丝的博主联合，推出博主联名款产品，进行精选推广，以激发粉丝的新一轮购买行为。

品牌在进行产品宣传时，挑选合适的学习博主至关重要。这些被挑选的学习博主往往成绩优异，并且爱好在微博中发布包含大量图片内容的打卡帖。微博会对这些学习博主进行精选推广，帮助其增加曝光，积累更多粉丝。当学习博主的粉丝达到一定数量时，他们便会在微博个人主页进行商品推广。有一定影响力的学习博主往往会收到来自其他 SAer 或关注者的提问，包括学习经验、学习工具、个人经历等方面的问题。这时，学习博主通常会将这些问题的相关信息罗列在微博个人主页的置顶帖中，并在其中设置大量的超链接（图 10-10）。随着时间的推移与经历的丰富，学习博主会不断更新置顶帖。一则长长的置顶帖仿佛是学习博主的一份个人履历，又仿佛是一间小小的杂货铺。

图 10-10 学习博主的微博置顶帖

学习博主积累大量粉丝后，依旧需要坚持在#studyaccount#超话中打卡，以维持个人形象。而在坚持日常打卡的同时，他们还会时不时与品牌联合，利用自身的粉丝积累及数据流量，帮助品牌推广产品。在这个过程中，粉丝能够通过学习博主获取一定的购买优惠福利，而粉丝购买所创造的收益也能使学习博主受到品牌青睐。学习博主通过接软广获取一定的收益，这个过程在网络上被称为"恰饭"。

综上所述，商业品牌利用了视觉文化背景下出现的符号消费趋势，并借助于微博平台进一步实现了对打卡的消费引导。学习打卡在被商业逻辑渗透的过程中，逐渐具有了一些消费特征，最终演变成一种消费式的打卡实践。

近年来，越来越多的年轻人选择以学习打卡的方式来记录自己的学习和生活。他们希冀通过规律性的打卡实践，记录个人的学习和生活情况，从而更好地管理自我、掌控时间。然而，当打卡成为青年群体在社交网络中展示自我、建立社交关系的一种方式时，打卡者不可避免地试图呈现更加完美、符合社群期待的个人形象，并借此激励自我。美图编辑、商业植入和流量逻辑乘虚而入，随之而来的是学习打卡中不断出现的消费特征，这进一步对青年群体的审美观念与认知系统进行形塑。

通过对#studyaccount#超话中青年群体的打卡实践的分析可以发现，SAer 试图通过各种表演策略塑造出理想的个人形象，记录整洁、精致、风格清新和小资情调的日常学习。微博平台为 SAer 提供了自由的线上环境与游戏化的超话平台。在 SAer 通过打卡进行自我呈现的过程中，微博超话、学习博主和互助小组三者构成了一个自上而下的规则系统，不断规训着 SAer 的持续性打卡实践，从而维持#studyaccount#超话的正常运作。同时，在平台规则与技术资本的合谋下，消费式的打卡实践逐渐成为潮流，并在学习博主的引领与 SAer 的纷纷效仿中出现了网红化现象。商业逻辑的侵蚀使学习打卡逐渐由一种自我呈现方式演变为一场消费盛宴，充斥着物的堆积与符号游戏。

第三节 咖啡馆打卡：符号消费与媒介仪式

近年来，社交媒体上掀起一股网红地打卡热潮，旅游景点打卡和网红餐厅打卡充斥着微信朋友圈、微博、小红书、短视频平台等虚拟社区，打卡这种仪式化的社交活动似乎已经成为一种独特的青年亚文化现象。长沙的茶颜悦色奶茶店、深圳的老友记主题咖啡馆等网红地，经过社交媒体的助推在网络上迅速走红，人们争先恐后地从线上去到线下进行打卡，并在各类社交平台上记录和分享他们的打卡经历，吸引了一波又一波用户进行互动和模仿。这些打卡的相关图文、视频也为景点、餐厅等网红目的地带来了大量的流量，促进了网红打卡地的发展。其中，别具一格的现象是咖啡馆打卡。近年来，各式各样的主题咖啡馆层出不穷，各种网红咖啡馆的相关图文、视频不断出现在微信朋友圈和其他社交媒体上，人们对咖啡馆餐品的消费逐渐转变为对咖啡馆所代表的符号的消费，可以说社交媒体的出现对人们的消费行为产生了颠覆性的影响。

鲍德里亚在《消费社会》一书中提出，当前社会已经为符号所包围，商品的价值和使用价值已经为符号价值所代替。[1] 符号价值是指商品本身以外的价值，可以给人带来身份和地位。人们为符号价值而消费，而不是为满足自己的实际需求而消费，于是符号被嵌入物中，成为物的标记，最终成为人对自身地位和身份的象征。当符号离开其指代的对象时，商品的使用价值也就与其交换价值分离了。在资本主义语境下，人们的选择不再受制于物的使用价值，消费被视为一种以生产为目的的活动，这意味着人们消费物、消费符号，本质上是通过符号化物的消费来彰显自己的价值。[2] 在符号消费的背景下，商家通过赋予商品特定的符号价值来突显其个性，从而吸引消费者购买。由此可见，在对物消费的过程中，人与人之间的关系得以实现并转变为人与物之间的关系[3]，这里的消费是指对符号的消费，因此人与物之间的关系也就转变为人与符号之间的关系。鲍德里亚在《符号政治经济学批判》一书中进一步指出，对物的功能及使用价值的支配是通过虚拟符号确立起来的社会关系，而不是一种消费行为。[4] 在符号价值的控制下，消费成为一种积极的符码操控。鲍德里亚归纳了符号价值并系统性地呈现了消费对物的控制。他认为，人们消费的主要是商品的符号意义，而商品的符号意义也是人们身份和地位的承载者，整个社会都陷入了符号的深渊，人们不自觉地被卷入其中。[5] 在消费社会，消费不单单是对商品使用价值的获取，更是对商品符号价值的获取。商品符号价值的社会地位日益提高，它支配着人们的生活和消费方式。鲍德里亚认为，人们更加重视商品所蕴含的文化内涵和构建自身地位的社会功能，而不是其本身所具有的存在价值。[6] 当消费者将网红物品当作一种符号并对其进行消费打卡时，他们的消费实践所产生的意义是通过物品所代表的符号形成的，而这种符号可以是消费品外观上的示差符号、消费品的地位象征符号、消费品的消费环境和消费的仪式[7]。这有助于我们理解咖

---

[1] 波德里亚. 消费社会 [M]. 刘成富，全志钢，译. 南京：南京大学出版社，2000.
[2] 仰海峰. 消费社会批判理论评析：鲍德里亚《消费社会》解读 [J]. 长白学刊，2004（3）：53-58.
[3] 张一兵. 消费意识形态：符码操控中的真实之死：鲍德里亚的《消费社会》解读 [J]. 江汉论坛，2008（9）：23-29.
[4] 鲍德里亚. 符号政治经济学批判 [M]. 夏莹，译. 南京：南京大学出版社，2009.
[5] 鲍德里亚. 符号政治经济学批判 [M]. 夏莹，译. 南京：南京大学出版社，2009.
[6] 鲍德里亚. 符号政治经济学批判 [M]. 夏莹，译. 南京：南京大学出版社，2009.
[7] 肖显静. 消费主义文化的符号学解读 [J]. 人文杂志，2004（1）：170-175.

啡馆打卡现象背后的文化逻辑。

一、塑造精致高雅的生活情调：社交媒体加持下的外观消费

当下，物品对消费者的价值正在从其实用功能转向文化功能的衍生意义，物质消费逐渐转变为符号消费。主题咖啡馆的摆盘极具特色的餐品、整体的装修风格这些视觉元素已经成为触发消费者打卡的关键因素。在社交媒体上，主题咖啡馆的餐品具有审美的价值，餐品的卖相及咖啡馆的装潢成为消费者打卡追求的目标对象。消费者通过这些视觉元素给自己贴上"精致""高雅"的标签，试图在这些符号标签的作用下，在社交媒体上塑造一种小资、轻奢的生活风格。在社交媒体上搜索主题咖啡馆，浏览各种打卡帖，可以发现打卡者几乎千篇一律地拍摄店内场景和店内产品的照片。造型可爱、"颜值"极高的咖啡和甜点（图10-11），不同主题的个性化装修风格，或高端大气或温馨雅致的环境（图10-12），以及经过精心设计的摆拍动作、场景构图等，无不在呈现一种高档别致的生活格调和艺术氛围。

图 10-11　摆盘精致的餐品

图 10-12　雅致的用餐环境

英国社会学家迈克·费瑟斯通指出，日常生活的审美化正在消灭艺术和生活的距离，在"把生活转换成艺术"的同时也"把艺术转换成生活"。[①] 通俗地讲，艺术与文化领域的审美活动已深入广大人民群众的日常生活，消费的主导价值已由商品的使用价值转向商品的审美符号价值。随着我国进入消费社会，居民消费的目的已不仅仅是满足

---

① 陶东风. 日常生活的审美化与文化研究的兴起：兼论文艺学的学科反思 [J]. 浙江社会科学，2002（1）：166－172.

衣食住行等基本需求，更多的是追求愉悦、惬意的感受，寻求审美气氛的营造。与此同时，受社交媒体高速发展的影响，人们还以图像化、虚拟化、视频化等方式来美化现实世界乃至重构世界。在移动互联网时代，这种现象在大众生活中已十分常见，全民的审美水平被互联网带到了一个新的高度。

主题咖啡馆的目标客户的年龄集中在20—35岁，这与微博、小红书等社交媒体的用户群体年龄相吻合。可以说，正是用户群体的吻合使社交媒体成为一些主题咖啡馆的宣传阵地，越来越多的消费者在社交媒体上进行打卡实践，这些打卡图文、视频等给后续的消费者提供了参考。社交媒体上有关主题咖啡馆打卡的点赞量高、收藏量大的图文、视频，展示的咖啡或美食大多是精致的、赏心悦目的，这些主题咖啡馆一般有着富有艺术感的装潢，适合拍照或拍视频，而咖啡馆的食物是否美味已不再是消费者的首要考虑因素，其消费的对象转变为咖啡馆的装修风格或食物的外观。

除满足审美的欲望外，日常生活审美化的第二层含义是对生活的艺术化改造，把日常生活转化为一种艺术方案。在主题咖啡馆打卡这一行为中，则表现为人们有意地通过图文、视频等在社交媒体上营造一种小资情调的审美风格，让生活充满艺术和浪漫气息。

最初，审美化的生活标志着社会地位，因为只有"有闲"阶级才有可能过着不以现实生活为导向的炫耀式生活。在生活水平不断提高的今天，物品的审美价值消费已不再局限于特定人群，审美活动也不再仅仅是纯艺术领域的活动，而是变成了公众日常生活中的文化现象之一。周宪认为，日常生活审美化本质上是通过商品消费来产生感性体验的愉悦，审美体验本身的精神性在这个过程中似乎正在转化为感官的快适和满足，它进一步体现为感官对物品和环境的挑剔上。[①] 人们追求衣食住行和娱乐等方面的感官享受最大化，由此衍生出很多过去并没有被视为艺术的宽泛的艺术，如室内装修设计、广告等，它们比传统意义上的艺术更贴近人们的日常生活，因此也更容易被人们接受和喜爱。在主题咖啡馆的消费不再是传统意义上对一件商品的消费，主题咖啡馆独特而又华丽的装修设计（图10-13）带给消费者艺术上的享受，让消费者在消费过程中满足了自身对诗意般艺术生活的期盼。

---

① 周宪．"后革命时代"的日常生活审美化［J］．北京大学学报（哲学社会科学版），2007（4）：64-68．

图 10-13　雕塑与咖啡馆的结合

在日常生活审美化的社会背景下，消费者在主题咖啡馆的消费更加追求一种文艺品味。日常生活审美化大大提高了艺术在社会中的地位，激发了公众对艺术化生活的兴趣，也让艺术更加贴近公众的生活。对于那些对打卡网红主题咖啡馆充满热情的消费者而言，选择一家艺术化的主题咖啡馆是一种将艺术融入生活的实践，因为艺术是他们打造美好生活不可或缺的组成部分。对于他们来说，去网红主题咖啡馆打卡是一种休闲活动，尤其是去具有艺术气息的主题咖啡馆打卡，更是代表着一种超脱平凡生活的生活方式，是自身对诗意生活的向往。

▶▶ 二、塑造理想自我：对物品社会象征性符号的消费

消费者在主题咖啡馆的消费过程中，通过对物品社会象征性符号的消费建构起丰富的意义。无论是为迎合某一圈层的品味而进行打卡，以构建具有共同生活趣味的社会圈子，还是通过炫耀式的打卡消费来展示自己的个性，以形成具有特色的个人形象，抑或是为吸引更多的流量而进行打卡，以实现流量变现，其最根本的目的都是在社交媒体上塑造一个自己满意的形象。

（一）以共同品味建构身份认同：咖啡圈子文化的形成

在咖啡文化逐渐流行的今天，人们从消费咖啡这种饮品本身过渡到对特定咖啡文化的消费。在青年群体中，咖啡文化的流行让部分青年出于融入某一圈子的需要，在特定

主题咖啡馆消费后在社交媒体上发布图文、视频，通过这些象征性的符号展现自己的品味，在一次次的消费实践中对符号消费产生认同，并选择模仿自己理想群体的消费方式来缓解自身的身份认同焦虑。

皮埃尔·布尔迪厄在《区分：判断力的社会批判》一书中用"惯习"概念展开对现代社会各阶层文化趣味的评判，认为现代社会各阶级、阶层日常生活呈现的"品味"差异正是由这种带有"惯习"色彩的实践主导的。① 喝咖啡是现代都市青年的生活惯习，咖啡成为过着忙碌都市生活的青年的必需品。随着咖啡文化在社交媒体上的盛行，青年也开始以咖啡为核心开展一系列社交活动，并将咖啡作为社交的重点。"新概念早C晚A：早上咖啡，晚上酒精""早上不喝咖啡今天就不完整"等以咖啡为话题的帖子很容易引发广泛的讨论，人们利用咖啡这一话题在社交媒体上获取他人的关注，可以说，是否喜爱咖啡、依赖咖啡已经成为青年"入不入群"的社交标准之一。

青年因对咖啡或某一主题咖啡馆的共同喜爱（共同品味）而形成一个紧密的社群。社交媒体上对咖啡或主题咖啡馆的热火朝天的讨论，借助于社交媒体的传播和意义的加工，让咖啡文化成为青年群体中的文化潮流。布尔迪厄强调，品味是生活风格的生成原理，它在将消费活动转化成象征活动的同时，也将消费从"物理秩序"的层次提升到"象征秩序"的层次，并且以价值标准来统治世界。青年在从消费咖啡到消费咖啡文化，再到消费以咖啡为中心所产生的符号的过程中，塑造了他们特有的生活风格，并不断形成新的咖啡圈子文化。

（二）夸示炫耀的心理：塑造精致美好的自我形象

人们在差异化消费心理的作用下，通过对小众主题咖啡馆的打卡，运用独特的视觉符号，试图在社交媒体上展示自己与他人不同的形象。打卡小众主题咖啡馆的主要目的是分享，通过分享来实现对自己的个性化展示，这是一种标榜自己与众不同的行为。去小众主题咖啡馆打卡是出于寻求新奇和差异化的心理，这是因为打卡者希望通过展现他们的日常生活来获得自身风格与他人风格的差异感。人们打卡小众主题咖啡馆，将这些独特的视觉符号作为自己生活记录的一部分发布到社交媒体上，并赋予其特殊的意义，如"浪漫""小资"等，以此来彰显自己的个性。美国经济学家索尔斯坦·凡勃仑提出的炫耀式消费是指在别人面前消费产品，它是对产品的视觉展示，是一种对身份、财富或社会地位的展示，脱离了使用的直接目的。人们可以通过炫耀式消费来将自己与群体区别开来，通过显示自身与他人的不同来展示自己的个性，进行自我形象的管理。例

---

① 朱伟珏，姚瑶. 阶级、阶层与文化消费：布迪厄文化消费理论研究［J］. 湖南社会科学，2012（4）：52-57.

如，去一家小众主题咖啡馆打卡可以彰显"小资"的生活格调，因为小众主题咖啡馆与那些"烂大街"的网红主题咖啡馆相比更像是还未被人知晓的宝藏，打卡这类咖啡馆能够给打卡者一种与众不同的成就感。相较于那些尽人皆知的网红主题咖啡馆，小众主题咖啡馆更能给人新鲜感，更能令打卡者获得网络流量和关注，从而能够成为打卡者炫耀自己与众不同的资本。

在社交媒体上进行主题咖啡馆打卡分享的消费者往往是打卡内容的主角，他们大多会把自己呈现在打卡的照片里。在有本人出镜的打卡内容里，他们通常穿着时尚、身材苗条、妆容精致。在社交媒体上展示这样的形象，一方面是以记录自己生活的名义炫耀自己的外表，另一方面是希望自己的形象能够得到他人的称赞。社交媒体为用户提供了一个展示自我的场所，而用户自身则是供人观赏的"景观"。在各类媒体的烘托渲染下，人们越来越关注自己的外貌，并将其视为一种资本。在物质资源分配相对平等的情况下，对自身形象的炫耀性展示本质上是一种争夺象征性资源的手段。打卡者通过巧妙借助于咖啡馆的雅致装潢和艺术氛围来为自己的形象增光添彩，在展示咖啡馆场景的同时，也展示了理想中的自我形象。

如今，社交媒体不断发展，越来越多的人想要在社交媒体上炫耀自己的形象，再加上美化技术不断成熟，诸如美图秀秀、醒图等P图软件大流行，人们可以根据自身的审美随意美化自己在社交媒体上的形象，利用P图软件修饰自己的五官，鹅蛋脸、大眼睛变成了模板化的存在。通过使用P图软件对自身形象进行美化，打卡者在互联网上建立了一个符合自己期望的个人形象，并认为这一形象是真实的自我形象。在内心得到满足后，打卡者会满心欢喜地炫耀自己的形象。这样的对自我形象的管理其实是在社交媒体的影响下对同质化审美的认同和迎合。

（三）被量化的魅力与影响力：博取流量和热度

社交媒体的流量逻辑从根本上规训着打卡者的分享行为，打卡者通过在社交媒体上展示自身形象，吸引流量，增加热度，甚至将流量变现。

在社交媒体上，转发量、点赞量和评论量往往能够量化一个人的魅力、知名度和影响力，于是这也成为年轻人纷纷在社交媒体上"打卡""晒照"，展示自身形象和趣味的驱动力。为了获得更多的点赞和评论，从而满足自己的虚荣心，他们在选择发布的内容时通常会考虑如何吸引眼球，这样的内容往往是新鲜、有趣又好看的。不同主题的咖啡馆，其装修风格和餐品风格不尽相同，有些小众主题咖啡馆新颖又独特，容易吸引眼球。因此，人们会优先选择别具一格的主题咖啡馆，加上一些主题咖啡馆自带热度，打卡者通常能够通过打卡这些主题咖啡馆获得更高的点赞量和评论量。

对于部分打卡者来说，其打卡目的是蹭主题咖啡馆的热度，给自己的社交账号引流,最终实现流量变现。一些与知名 IP 联名的主题咖啡馆本身具有一定的名气,很多用户或自媒体看中了 IP 的人气和知名度,前往这些主题咖啡馆打卡,以期获得更多的流量。关于 IP 的讨论越多,越是能将主题咖啡馆推向全民讨论的热潮,而在社交媒体的广泛宣传下,越来越多的人前去打卡分享,这又一次提高了主题咖啡馆的曝光度,助推着下一轮的打卡热潮。在流量为王的时代,人气、影响力都能够被一系列的数字量化,因此无论是普通的游客还是网络红人,都乐意加入这场资本游戏。

三、塑造理想中的空间:空间符号的意义再造

(一) 满足空间中的情感需求:体验式的场景消费

随着经济的发展和移动互联网的普及,人们的消费不断升级,从占有某物的消费逐渐转向以情感为基础的感受消费,场景体验式消费逐渐在人们的生活中占据重要地位。从符号消费角度来看,场景消费是指消费者基于场景给自身带来的情感体验进行消费活动,这种消费的情感化在互联网时代的年轻一代身上体现得尤为明显。在当今的网络时代,人们的社交方式和社交关系随着社交媒体的兴起发生了变化,网友成了最熟悉的陌生人,年轻人将"爱豆"和二次元人物视为精神寄托,场景体验式消费也在社交媒体的推动下逐渐发展壮大。

主题咖啡馆与爆火 IP 的联名合作将情感化的场景消费推向了高潮,这种联名合作往往会在咖啡馆的环境布置及餐品营销上做文章。乙女手游《未定事件簿》与 LAVAZZA 咖啡馆的合作在微博等社交媒体上掀起了一股热潮,咖啡馆的环境布置基于游戏中的相关主题,游戏中的角色形象被印刷在餐品包装上(图 10-14),现场还有与打扮成游戏角色的工作人员在展台上互动拍照的环节,吸引了众多粉丝打卡留念。

图 10-14 印在包装上的联名角色

《名侦探柯南》是一部广受欢迎的日本动画作品，其所呈现的场景深刻地留在了观众的脑海中。在与《名侦探柯南》联名的主题咖啡馆中，场景布置高度还原了动画作品中的情景。社交媒体不断创建相关话题并制造有关的图文、视频，给消费者营造一种身临其境的沉浸感，这可以唤起人们对这部动画作品的回忆和情感，从而让人们产生情感共鸣。大量的消费者都是因为《名侦探柯南》这部动画作品前往主题咖啡馆打卡的，而通过将在动画作品中看到的场景转移到线下的打卡，消费者从信息的被动接受者转变为信息的分享者。

　　他们不仅去主题咖啡馆打卡，还将自己的亲身体验分享到社交媒体上，社交媒体上其他用户的点赞、评论等行为为沉浸式场景的形成提供了助力。借助于社交媒体所创造的沉浸式体验，人们从线上到线下参与打卡，如此，打卡主题咖啡馆的行为就由一次简单的消费变成了一场具有仪式感的打卡活动，在这样的活动中，人们获得了情感上的满足。主题咖啡馆还会不定期地与知名 IP 进行联名合作，为消费者创建新的记忆点，以此把握住消费者的潜在需求。消费者线下打卡是对主题咖啡馆这一物理空间的消费实践，而他们在线下消费后在社交媒体上打卡的行为则是对虚拟空间的构建。因此，打卡这样的消费实践既是对物理空间的二次塑造，也是对社交媒体上主题咖啡馆这一虚拟空间的构建。

（二）构建视频化社交方式：用于表演的虚拟空间

　　社交媒体的发展让视频化的生活成为主流，视频化的空间是对现实空间的再现或再加工，消费者用大量碎片化的视频在社交媒体上构建了一个虚拟空间，在这个空间里，人们能够进行更自由的自我表达。彭兰认为，视频化生存既意味着人们以视频这样一种符号方式存在与互动，也意味着人们日常生活的媒介化。① 在视频化生活的背景下，人们往往会主动观察周围的事物是否适合拍视频，是否能够吸引眼球，并根据自己预定的视频内容规划自己的行动，甚至制造一些活动。社交媒体为用户创造了能够双向交流互动的空间，社交媒体上的图文、视频往往以第一视角呈现出来，就像是其他用户亲自在现场看到的一样，创造了一种亲临感。在主题咖啡馆的打卡过程中，大多数视频都是基于实地实景拍摄的，所以能够给人以真实感，即使是那些不擅长语言表达的人也能够通过视频表达自己的感受，这对其他用户的下一步行动也会产生一定的影响。例如，在主题咖啡馆的相关图文、视频中，创作者以拍摄主题咖啡馆的餐品及氛围为主，无须多加言语的表述就能给观众传达一种消费感受，在社交媒体的虚拟世界里建立主题咖啡馆的消费空间，进而感染观众，激发其消费冲动。

---

① 彭兰. 视频化生存：移动时代日常生活的媒介化[J]. 中国编辑, 2020 (4): 34-40.

社交媒体构建了一个不同于现实的新社交空间,在这个空间中,用户可以进行自我表演,通过对打卡内容的把控引发他人的广泛讨论。在作为社交空间的社交媒体上,用户以图文、视频等形式场景化地展现了自己的真实生活和感受,日常生活的私人化真实场景被以图文、视频等形式转移到了虚拟的线上空间。现实场景中的真实在场和社交媒体上图文、视频中的虚拟在场的交替出现,模糊了私人与公共之间的界限,表现出一种剧场化的景观。戈夫曼的拟剧理论表明,日常生活中人们所进行的一切社交活动皆是表演,这种表演在社会规范下,在人们统一默认的"符号"里进行。[①] 我们在社交媒体上看到的用户发布的与主题咖啡馆有关的图文、视频,看上去是对日常生活的真实记录,其实是用户的一场自我表演,因为在图文、视频编辑和制作过程中不可避免地存在着"把关"的痕迹。内容的拍摄只是图文、视频编辑和制作的第一步,图文、视频发布后是否能够吸引眼球、能否在社交媒体上引发广泛讨论、是否能够获得较高的点赞量和评论量,这些都会有人"把关"。因此,社交媒体上的图文、视频所展现的生活与人们的真实生活并不完全相同,它是一种被拟态环境掩盖的真实生活。例如,在社交媒体上发布的主题咖啡馆打卡图文,其内容仅仅展现了主题咖啡馆光鲜亮丽的装修和打卡者光鲜亮丽的形象,作为观众的其他人无法得知打卡者真实的生活状态,社交媒体上呈现的只是一个美好的表象。

▶▶ 四、模式化的沉浸体验与情感参与:打卡消费实践中的媒介仪式

网红主题咖啡馆在社交媒体上掀起的打卡热潮实质上是咖啡馆所倡导的一种消费仪式的体现。一般的网红主题咖啡馆最初在社交媒体上走红也是利用打卡这一形式引导消费者进行消费,在社交媒体上进行打卡就是一种媒介仪式。尼克·库尔德利将"媒介仪式"归纳为三大类型:媒介报道内容上的仪式性、媒介报道方式上的仪式化和媒介自身变成仪式或集体庆典。[②] 网红主题咖啡馆打卡正是基于社交媒体以"打卡"为媒介报道方式呈现图文内容的媒介仪式化现象。这样的打卡行为是用户在社交媒体上自发产生的行为。消费者前往网红主题咖啡馆消费后在微博、小红书等社交媒体上发布相关图文、视频对其消费行为进行记录,而随着网红主题咖啡馆在社交圈的传播,更多的人前去消费以满足他们的好奇心和攀比心理。随着越来越多的人参与这种打卡活动,打卡这一行为就逐渐成为一种群体性的仪式性行为,人们在不同的空间进行相同的活动,而这一仪

---

① 戈夫曼. 日常生活中的自我呈现 [M]. 冯钢, 译. 2 版. 北京:北京大学出版社,2022.
② 库尔德里. 媒介仪式:一种批判的视角 [M]. 崔玺, 译. 北京:中国人民大学出版社,2016.

式性的行为是由联想性心理活动维持的①。当大多数人都热衷于打卡,从打卡中得到心理满足时,其他人就会觉得既然别人都在打卡,我也要去打卡,以此来证明自己是顺应潮流的,加入打卡队伍让他们感觉自己跟上了潮流,没有落伍。在这种仪式中,打卡者在仪式活动中创造出了具象的意义。

随着一些网红主题咖啡馆的爆火,咖啡馆门前排起长队、消费者专程赶路前来打卡的现象十分常见,从排队到购买,再到拍照片、拍视频发布在社交媒体上,整个消费仪式就是通过这一连串的行动完成的。这种耗费时间和精力的行为一旦被赋予仪式价值,就会具有独特的意义。学界普遍认同的丹尼斯·鲁克的仪式四要素理论指出,仪式一般由象征物、脚本、参演者和观演者四个要素组成②。在网红主题咖啡馆打卡的过程中,可以把主题咖啡馆当作象征物,那么消费者的排队、购买、拍照、拍视频等一系列行为就是按照消费的脚本进行的,其中参演者是参与打卡的人,作为观演者的群众在线上和线下就不计其数了。在排队、购买、拍照、拍视频这一系列行为成为常态以后,这些消费者也就在消费这一仪式化的行为中完成了他们对意义的建构。有的人在生活中创造亮点,有的人在社交媒体上展现"完美"自我。一开始,人们对主题咖啡馆的打卡是出于对自己生活的记录,但随着有关内容在社交媒体上传播开来,人们在争相模仿的过程中逐渐形成某种既定的风格——一种模式化的媒介仪式。通过对整个仪式的展演建构关于自身和周围世界的关系,并进一步将"理想自我"内化。

托马斯·赫胥黎认为,"仪式化"是人们为应对自然和社会压力而做出的有意识的选择,随着时间的推移,它已经演变成一种适应性的形式和情感疏通的方式。随着消费文化的兴起和社会媒体的快速发展,人们已经习惯在社交媒体上展示自己的消费行为和消费能力,借此张扬个性,通过社交获得满足。从另一个角度来看,仪式的形式可以促进言说者的"言说"通过特定活动的"程序公正"获得社会认可和公证。③ 消费者行为的仪式化是一个让消费者的消费意图合理化的过程,即消费者在主题咖啡馆消费,拍照、拍视频并上传到社交媒体上,成功地将"晒"这一行为合理化和正规化,把一种具有炫耀意味的行为转变为记录美好生活的行为。

除整个打卡过程的仪式化外,在对餐品的消费过程中的参与感也是仪式塑造个性化消费的一个重要组成部分。部分主题咖啡馆对餐品的设计别出心裁,强调消费者的参与

---

① 刘伟兵,龙柏林. 仪式感如何生成:仪式发挥文化功能的运行机理研究 [J]. 西南民族大学学报(人文社科版),2020,41(2):26-34.
② 林晓珊. "香烟"弥漫的青春:作为一种"过渡期仪式"的青少年香烟消费 [J]. 青年研究,2010(3):46-57.
③ 彭兆荣. 人类学仪式的理论与实践 [M]. 北京:民族出版社,2007.

感。消费者参与餐品的食用仪式后，将其发布在社交媒体上，通过向他人展示这一消费仪式来展现自身的品味和个性。

现代社会是一个物的社会，人们的生活被物包围，消费决定了现代生活的方方面面。在现代消费社会，人们购买的不再是产品本身的功能，而是某种被制造出来的象征性符码意义。人们购买的是产品的情感价值和其他附加值，是一种意义系统上的消费。在对主题咖啡馆的打卡中，消费者的主要目的其实是满足自己的社交需求：将主题咖啡馆的主题作为传播的内容，把店内餐品的图片上传到社交媒体上，向他人展示餐品的外观，展现自身的品味和个性，从而满足自己的社交需求。具有仪式感的消费过程是能够展现消费者品味和个性的形式之一，因此，在消费者看来，主题咖啡馆最大的特色是消费过程中食用餐品的仪式感。同样地，有的主题咖啡馆会将餐品设计得别出心裁，消费者只有完成一系列的程序和操作后才能开始享用，这增强了消费者线下参与的仪式体验。

综上所述，年轻人对某些主题咖啡馆进行打卡的行为，本质上是围绕一种想象中的、理想化的"自我展演"展开的，这种文化实践根植于社交媒体以观看、点赞、评论为机制的"流量"逻辑。通过对主题咖啡馆从物品的外观消费、社会象征符号的消费、空间实践中的意义再造，到一系列"打卡"媒介仪式的建构，消费者能够在社交媒体这一虚拟空间塑造一个理想化的新社交空间，在实现情感上、心理上满足的基础上，完成对自身精致美好形象的构建，打造一种品味高雅、具有小资情调的生活方式。

【思考题】

1. 有人认为，在社交媒体上进行学习或运动等任务型打卡时，展示的意义往往大于自我管理的意义，对此你如何评价？

2. 从商品推销到培育潜在"网红"，资本的逻辑无孔不入地渗透到各种打卡实践中，如学习类打卡超话。即使初衷与消费无关，个体是否也无法避免消费主义对基于社交媒体平台的文化行为或生活方式的裹挟？

3. 其他类型的打卡实践，如探访网红景点、网红商店等，其文化意义是如何被建构出来的？试运用其他理论视角来解释这些现象。

后 记

　　这里呈现的是近年来我们对网络亚文化领域所做的思考，部分内容已在研究生课堂上讲授过。作为专题性的研究，本书试图通过对网络亚文化的几个关键问题的阐释来让读者了解网络亚文化的谱系、风格、特性。近年来，网络亚文化的研究呈现出星火燎原之势，但从总体趋势来看，微观的、感性的研究居多，而宏观的，社会学、政治学层面的研究似乎并不多见。传统的亚文化研究路径基本上沿着伯明翰学派的路线，强调连接微观的符号意义建构与宏观的社会权力运作，在性别、阶级、趣味、圈层等方面着力较多。进入数字传播时代，相关的研究已有所突破，研究视野相对也较开阔，自互联网兴起以来，林林总总的网络亚文化现象均已得到破解和分析，这是一个好现象。然而，如何建构网络亚文化的体系，尤其是突破传统路线的体系研究，似乎仍然是一个难题，相关研究的问题意识、路径、方法逐渐呈现出僵化的态势。

　　到底应该怎样看网络亚文化？按照曼纽尔·卡斯特的观点，互联网的崛起带来了社会整体的再结构化，近三十年互联网发展最为突出的变化就是媒介文化的生产方式、呈现风格所发生的革命性变化，面对这种革命性的变化需要从内部世界和外部世界加以观察。这涉及媒介技术、传播主体的嬗变、社会行动者网络的组成与裂变、文化实践等方面，需要我们有一个全新的视野。

　　首先，媒介技术的变革改变了社会运行方式，社会生活的方方面面都要按照新媒介逻辑来运行。新媒介尤其是社交媒体赋能，使得文化生产由"中心化"的机构生产转向了"去中心化"的个体生产，而尤为突出的是，这种个体化生产表现为一种交往行动式的生产，交往行为又转化为媒体消费行为，这是一场变革。媒体不再是传统意义上的媒体，受众也不再是传统意义上的受众。媒体节点的倍增和个体独立自由时间的增加，都对媒介文化的生产在形式和内容上提出了要求。西方媒介研究学者通过观察得出结论：媒介进步的长期后果将进一步分层、碎片化或极化生活世界，而不是像传统那样整合它们。因此，个体化用户生成内容的兴起，可能是一种长期化形态，会促进亚文化的崛起。也就是说，媒介文化永远不可能回到原来的那种生产模式了。

其次，从文化主体层面看，传统意义上的文化生产主体的清晰界限消弭了。对网络亚文化的主体研究，其路线也自然地发生转型。进入信息社会，作为后福特主义社会弹性发展的特征之一，消费端被纳入生产领域，从而模糊了原来生产与消费的截然界限，一种新型的文化参与主体——生产型消费者（prosumer）得以诞生。例如，在文化传播领域，积极的受众即"粉丝"，正是这种生产型消费者。这种新型主体是一种媒介技术变革的产物，本质上说仍属于"伪主体"，西方媒介化研究学者将其纳入"行动者网络"加以考察。这给我们提供了一种新的思路，即不能固守传统的批判研究，应当理性看待亚文化的生产与传播主体的变迁。

再次，从信息方式角度看网络亚文化，就是将其视为一种信息方式。马歇尔·麦克卢汉提出的"媒介即讯息"虽指明了信息方式的研究方向，但正如马克·波斯特所说，走得还不够远。麦克卢汉着重探讨接收者主体的"感觉中枢"，从而认定主体是一个感知的而非阐释的存在。这是洛克式的认识论传统，把人当作有感觉的动物。在波斯特看来，信息方式中的主体已不再居于绝对时空的某一点，不再享有物质世界中某个固定的制高点，再不能从这一制高点对诸多可能选择进行理性的推算。任何亚文化内容其实也是信息方式的成果，进一步说是交往行为的方式。

最后，网络亚文化既是一种文化实践，也是一种媒介实践。媒介实践包含着被不断建构、不断调整的具体的社会秩序和个人习惯，嵌入日常生活，展现着媒介对人类实践和社会文化的形塑能力，也显示出媒介技术对文化的形塑能力。网络亚文化作为网络空间的文化实践，是动态发展的，即它永远不是一种固定形态。技术所带来的创新在很长时间内都将以亚文化姿态出现，这种媒介亚文化实践首先是新媒介实践，从社交媒体的实践如 UGC、PUGC 等到 ChatGPT、Sora 等人工智能软件的使用，都可能产生新的文化形态。所以，网络亚文化是媒介实践的产物。

我们在本书中关注的不仅仅是网络亚文化的几个问题，更重要的是传递了这样一种信息，即网络亚文化的研究需要一种观念变革，媒介化作为一种"元过程"对社会的深刻影响是潜移默化的，无论用哪种方式都难以对其进行简单阐释。近几年，我尝试回到"交往行动"这个哲学本体来考察：所有的文化现象首先是一种数字交往行为。当前，技术带来的脱域融合给大众的数字实践创造了机会，可以看到网络亚文化的诸种形式均已由传播搭载社会行动转化为社会行为本身。因此，我们的研究就不可能是一种简单的褒贬、批判。

本书第一讲、第二讲、第三讲第一节、第四讲、第七讲、第八讲由我撰写；第三讲第二节和第三节、第五讲、第十讲由曹洵撰写；第六讲、第九讲内容由我根据我与李婧讲师、刘峰副教授合作的论文改写。苏州大学学生吴柚柚、关丽、孙瑞鸽、凌珠参与了本书第五讲、第十讲的撰写工作；博士生李超对本书写作也有贡献。

学术生产是一项复杂的劳动，端赖各路朋友关心、支持。本书能顺利付梓，苏州大学出版社编辑付出了辛勤的汗水，在此一并致谢！本书可作教材，亦可作一般理论读物，期待更多的学界朋友批评、指正！

陈　龙

2024年5月于姑苏